MA VIE À DORMIR DEBOUT

Jean-Jacques Debout

Ma vie à dormir debout

Autobiographie

Avec la collaboration de Denis Taranto

XO ÉDITIONS

ISBN : 978-2-84563-418-3

À ma Juliette chérie,
ma maman

1

Je suis né le 9 mars 1940. Mes tout premiers souvenirs ont trait à l'atmosphère de guerre. Je me souviens des sirènes qui hurlaient en bordure du bois de Vincennes, lorsque survenait une alerte aux bombardements. Dans ces cas-là, on me descendait, roulé dans une couverture militaire, jusqu'à l'abri que nous partagions avec des voisins. Là, avec ma mère et mes deux sœurs, et plus tard avec mon père revenu d'un camp de travail en Allemagne, nous attendions la fin des bombardements. Nous habitions square Sarah-Bernhardt, dans les immeubles en brique rouge situés juste à côté du lycée Hélène-Boucher; par la suite, nous avons déménagé pour aller vivre à Saint-Mandé, près de la chaussée de l'Étang.

J'étais le troisième enfant; mes deux sœurs, Paule et Claudie, avaient déjà respectivement dix et quatre ans. Ma santé a d'emblée été fragile. À l'âge de cinq semaines, j'ai failli mourir. Je vomissais tout ce qu'on essayait de me faire avaler; je ne digérais plus rien. Je ne m'alimentais plus. J'ai commencé à perdre du poids : mon état devenait critique. À l'hôpital Trousseau, on a proposé à ma mère de m'opérer. Après bien des hésitations, bien des angoisses, et sans doute bien des larmes, elle a fini par accepter. Un chirurgien allemand m'a ouvert le ventre et m'a, ce faisant, sauvé la vie. J'avais une sténose du pylore doublée d'une occlusion intestinale. Cela m'aurait certainement conduit à la mort si on avait attendu davantage. Quelques semaines plus tard, j'ai fait une récidive qui s'est conclue par une éventration, c'est-à-dire une hernie ventrale. On m'a donc opéré une seconde fois ; au terme de cette seconde intervention, le médecin me considérait comme fichu. Dans ces circonstances, ma sœur Paule a été autorisée à faire sa communion solennelle plus tôt que prévu. Elle souhaitait obtenir ainsi ma guérison et de fait, contre toute attente, j'ai survécu.

Naturellement, je n'ai aucun souvenir de cet épisode. En revanche, il m'en reste une marque tangible : j'ai sur le ventre une cicatrice en zigzag de vingt centimètres de long. Quand j'étais petit, je demandais ce que c'était et ma mère me répondait : « C'est un arbre de Noël. » La forme de ma cicatrice évoque en effet vaguement celle d'un sapin. Peut-être est-ce à cause de cela que j'ai toujours aimé les enfants, la fête de Noël ? Que j'ai écrit pour les enfants des chansons à chanter à cette occasion ? Noël est une période où il faut de beaux spectacles pour faire rêver les enfants.

L'autre souvenir qui me revient en mémoire lorsque j'évoque mon enfance, c'est la voix de ma mère. Elle me chantait des chansons qu'elle avait apprises dans sa jeunesse, avec une voix si pure, si juste, que cela m'enchantait. Aujourd'hui encore, alors qu'elle approche les cent trois ans, j'en suis stupéfait. Elle connaissait des dizaines d'airs, faisait preuve d'une mémoire étonnante, et me berçait ainsi conjointement de musique et de mots.

Elle s'appelait Juliette Bonaventure de son nom de jeune fille ; elle était orpheline de père depuis l'âge de sept ans. Les photos qui la représentent montrent une jeune femme d'une grande beauté : elle a été élue reine de Paris en 1927. Avant d'épouser mon père, elle a fait partie du conservatoire populaire Mimi-Pinson, créé par Gustave Charpentier, où les femmes pouvaient recevoir une éducation musicale gratuite. Elle a d'ailleurs participé à l'opéra *Louise*, de Gustave Charpentier. Assurément, c'est à elle que je dois ce goût de la musique que j'ai manifesté très tôt, ces dispositions artistiques que j'avais et qu'elle a toujours encouragées, même lorsque cela lui occasionnait des différends avec mon père.

Dès mon plus jeune âge, j'ai été fasciné par le poste de TSF, sur lequel étaient inscrits les noms des stations de radio. À trois ou quatre ans, je m'installais dès mon réveil devant le petit meuble en bois aux coins arrondis et j'écoutais, un bol de chocolat au lait à la main, les nouvelles qui nous arrivaient d'ailleurs. Mon père était particulièrement attentif lors de l'émission *Les Français parlent aux Français*. Comme tous ceux de ma génération, dans mon enfance, je n'entendais parler que de Hitler, de Pétain et de tickets de rationnement.

C'est grâce à ce poste de TSF que, très jeune, j'ai découvert les voix de Maurice Chevalier, Tino Rossi, Charles Trenet, Mireille, Mistinguett, Joséphine Baker, Édith Piaf... L'oreille collée au poste, j'écoutais aussi les orchestres de Ray Ventura et ses collégiens, Victor Sylvestre et Glenn Miller, Louis Armstrong, Marlène Dietrich... Les émissions consacrées au jazz étaient sans conteste celles qui m'éblouissaient le plus ; Nat King Cole, Tommy Dorsey, Frank Sinatra, les Andrew Sisters m'ont dès l'enfance communiqué leur amour du rythme et de la mélodie. Dans mon jeune âge, j'ai contracté le virus de la musique en entendant tous ces immenses artistes qui me paraissaient alors aussi éloignés de moi que les étoiles au-dessus du ciel de Saint-Mandé. J'étais naturellement bien loin de m'imaginer qu'un jour la vie m'offrirait la chance de les rencontrer.

La première étoile à avoir croisé mon chemin fut Joséphine Baker. Elle était venue présenter un spectacle à Saint-Aignan-sur-Cher, où je séjournais. Comme ma grand-mère paternelle, nous nous étions installés là en attendant que la capitale retrouve son calme et sa liberté. J'avais cinq ans. Avant de chanter, Joséphine Baker est descendue dans le public pour offrir aux femmes quelques petits bouquets de violettes. « Comment t'appelles-tu ? » m'a-t-elle demandé. Ému et émerveillé, j'ai répondu que mon nom était Jean-Jacques Debout. « Avec un nom pareil, tu iras loin, mon petit », m'a prédit cette bonne fée. Puis elle m'a installé sur le rebord de la scène du théâtre de verdure, où je l'ai vue de près chanter *J'ai deux amours*.

Ce spectacle reste dans ma mémoire comme un instant de pure magie. Joséphine Baker était auréolée d'éphémères venus des bords du Cher, qui scintillaient dans la lumière des projecteurs. Elle a salué à plusieurs reprises le public qui l'applaudissait, m'a envoyé un baiser, puis elle a disparu.

Après le concert, mes sœurs sont rentrées à bicyclette, tandis que ma mère et moi sommes montés dans la charrette des voisins, qui vivaient dans une grande ferme du côté de Seigy. Nous habitions pour notre part une fermette louée pour l'occasion, non loin du domicile de ma grand-mère paternelle, que nous appelions Mémé Clarisse.

Écrivain, membre de la Société des gens de lettres, ma grand-mère était installée au presbytère de Seigy depuis le début de l'Occupation. Nous allions passer les soirées chez elle. Elle tenait au premier étage du presbytère un petit salon littéraire, souvenir de sa vie parisienne. Ma grand-mère avait publié plusieurs ouvrages qui faisaient l'admiration des familles avoisinantes. *Le Manoir des saules*, un roman dans lequel elle relatait la perte de l'un de ses enfants, mais aussi des ouvrages poétiques. Elle nous lisait de temps à autre des lettres qu'elle avait reçues de Marie Laurencin et de Colette, dont elle avait été l'amie. Colette avait d'ailleurs dédicacé à ma grand-mère un exemplaire de son roman *La Femme cachée* en ces termes flatteurs : « À Clarisse Loyot-Debout, la seule femme qu'il ne faut pas cacher. » Outre son parcours littéraire, ma grand-mère avait été infirmière pendant la Première Guerre mondiale et à ce titre décorée de la médaille de la Croix-Rouge et de la croix de guerre, qu'elle avait reçue des mains du général Weygand. Il lui arrivait de nous montrer ces décorations. J'en éprouvais une grande fierté, mais aussi un peu d'inquiétude. Serais-je à la hauteur de cette femme si originale et si intelligente ?

Tout Seigy appréciait ma grand-mère pour son courage et son dévouement. De jour comme de nuit, un voisin venait la chercher lorsqu'on avait besoin d'elle pour une piqûre, pour poser des ventouses ou pour un accouchement. Il n'y avait pas de médecin dans les environs. Le plus proche était à six kilomètres. Ma grand-mère offrait donc son aide sans retenue à ceux qui pouvaient en avoir besoin.

Je me souviens aussi des visites de nuit de petits contingents allemands qui faisaient irruption au hasard dans les fermes, à la recherche de FFI (Forces françaises de l'intérieur). La ligne de démarcation était toute proche, et l'atmosphère parfois électrique dans la région.

Comme tout le monde, à Seigy, je participais aux travaux des champs. Pendant les vendanges, un jour où je venais d'apporter un seau rempli de grappes de raisin dans une cave, je me suis trouvé seul à seul avec un paysan nommé Banban, qui m'a fait signe d'approcher. Il allait me montrer quelque chose de très amusant, m'a-t-il dit. Il m'a mis un tuyau en caoutchouc dans la bouche, et m'a recommandé d'aspirer, ce que j'ai fait. Le tuyau était relié à un énorme tonneau dans lequel le vin commençait à fermenter. Sur les recommandations de Banban, j'ai longuement aspiré le liquide apporté par le tuyau. Quand je suis ressorti de la cave, je marchais de travers. Je ne savais plus du tout où j'étais ; je n'étais plus capable de retrouver le chemin menant à notre ferme. C'est un voisin qui m'a ramené sur le cadre de son vélo. Ma mère m'a obligé à me coucher. À l'en croire, je répétais constamment : « Je suis content ! Je suis content ! » Voilà comment j'ai pris ma première cuite, à l'âge de cinq ans. Le lendemain, j'ai vu le fameux Banban accomplir un nouveau tour de force : cette fois, il avait fait un pari avec des vendangeurs. Pour gagner un paquet de gauloises, il mangeait des mulots crus, après leur avoir arraché la queue. Il les avalait tout rond, en les faisant passer avec un verre de vin tiré d'un petit tonneau qu'il gardait près de lui.

Le village était traversé par un ruisseau dans lequel j'allais pêcher de tout petits poissons argentés. Mon père nous emmenait aussi en promenade sur le Cher, qui passait tout près de la fermette où nous vivions. Il s'était fait construire une barque et la soignait comme la prunelle de ses yeux. Il adorait pêcher à la ligne au lancer et nous rapportait des brochets ainsi que des tanches, que ma mère nous préparait d'une façon délicieuse. Mon rôle consistait à cultiver les asticots qui servaient d'appâts.

Il m'arrivait aussi de jouer à la guerre avec ma plus jeune sœur Claudie et les enfants de nos voisins. Un homme nous avait fabriqué des fusils en bois. Claudie tenait le rôle de l'infirmière, et moi celui du FFI.

Comme mes sœurs, j'allais à l'école à Seigy. Mais à la différence de celles-ci, mes résultats scolaires n'étaient déjà pas très brillants. En dehors de l'école, je prenais donc des cours de rattrapage chez Mme Riberrioux, un ancien professeur de français. C'était une dame patiente et bonne. Je me souviens que, pendant les cours, je lui chantais *Les Trois Cloches*, en imitant les voix de Piaf et de Fred Mella. Il y avait un très bel écho dans sa cuisine, qui me donnait l'impression de chanter dans une église.

Un jour, j'ai appris que L'Île-Plage de Saint-Aignan organisait un concours de chant devant la piste de danse, avec l'orchestre de Roger Guillet. J'ai alors fait des pieds et des mains pour qu'on m'y inscrive. Ma mère a fini par céder à ma demande. Les organisateurs m'ont trouvé trop jeune, bien sûr. Mais après m'avoir fait passer une audition, ils ont accepté de m'inscrire. J'ai choisi *Je chante* de Charles Trenet, que j'avais appris en écoutant la radio. Le jour venu, j'ai interprété ma chanson avec toute l'ardeur de mes cinq ans. Je revois les gens m'encourager de leurs sourires et de leurs applaudissements. Après délibération, le chef d'orchestre a annoncé à l'assistance que j'avais remporté le concours. Je revois les gens m'applaudir à tout rompre. J'avais gagné un an d'entrée gratuite à la plage ! C'était ma première victoire dans le domaine de la chanson. Elle est restée chère à mon cœur, bien sûr.

Ces souvenirs sont associés à celui de ma première bicyclette ; celle-ci a été une grande joie pour moi. J'étais enfin autonome, je pouvais désormais me déplacer d'un endroit à un autre, découvrir des petits chemins de campagne comme bon me semblait. Je pouvais me rendre à la plage de Saint-Aignan où je retrouvais mes copains. J'y avais aussi fait la connaissance d'une petite fille de la bande qui répondait au prénom de Dominique. Elle avait le teint mat et des yeux aux cils merveilleusement fournis qui la faisaient ressembler à une poupée ancienne. Elle jouait au tennis et ses jambes étaient d'une élégance incomparable. Sa maman était originaire de Nouvelle-Calédonie, ce qui conférait à sa beauté une pointe d'exotisme. Après l'école, j'allais à la plage, où je la retrouvais. J'imaginais qu'un jour je me marierais avec elle et que nous ferions ensemble des voyages extraordinaires.

En dépit de la guerre, ces années ont compté parmi les plus beaux moments de ma vie. Quelque temps après le terrible bombardement de Vierzon, nous avons commencé à suivre les progrès du Débarquement à la radio. À partir de là, nous avons parlé de retourner à Saint-Mandé. Le nom de De Gaulle était sur toutes les lèvres et, en quelques jours, sa croix de Lorraine avait été reconnue comme l'emblème des Français. Ma mère s'est mise à préparer les valises, en attendant que mon père, qui était retourné à Paris, vienne nous chercher.

Après la Libération, nous avons retrouvé la rue Renault et Saint-Mandé. Paule et Claudie ont été inscrites à l'Institut Sévigné, rue Jeanne-d'Arc, une école tenue par des religieuses. Quant à moi, je fréquentais l'école Decroly, qui se trouvait presque en face du zoo de Vincennes. C'était une institution expérimentale, avec des professeurs au tempérament artiste. Mes parents, compte tenu de ma santé fragile, avaient décidé de m'y inscrire pour que je profite du grand air du bois de Vincennes. J'y suis resté un an. Je garde surtout le souvenir des cours de dessin, de gymnastique et de chant.

J'allais souvent au zoo, ainsi qu'au musée des Colonies qui avait été construit pour l'Exposition universelle de

1889. J'adorais les singes sur leur rocher et le gros éléphant à qui j'offrais des croissants qu'il attrapait du bout de sa trompe, et qui semblait toujours me remercier en hochant la tête.

Cette année-là, j'ai eu des problèmes pulmonaires ; ma mère m'a donc accompagné à Arcachon, dans une pension de famille où nous avons séjourné plusieurs mois, le temps nécessaire à mon rétablissement. C'est là que j'ai assisté à un spectacle inoubliable : Fernandel se produisant en comique troupier. Il chantait tous ses succès, et la salle reprenait ses refrains avec ardeur. J'ai moi aussi chanté : « Félicie... aussi ! » La représentation était d'une incroyable gaieté et j'ai senti confusément à quel point j'avais de la chance d'assister à semblable performance artistique.

Durant les grandes vacances de la même année, j'ai également assisté, au théâtre de verdure de L'Île-Plage de Saint-Aignan, à un concert d'André Claveau et Jacqueline François. Cette dernière, qui chantait alors *Mademoiselle de Paris*, était assaillie de bouquets de fleurs que le public tenait absolument à lui offrir. Pour ma part, je me suis battu pour obtenir un autographe.

À la rentrée des classes, fini l'école Decroly : on m'a inscrit en 7e à l'école paroissiale de Saint-Mandé. Là, je me suis lié d'amitié avec un garçon qui se passionnait pour toutes les disciplines artistiques. Il aimait non seulement le dessin, pour lequel il manifestait déjà des aptitudes remarquables, mais aussi la musique, la danse, le cinéma... Il connaissait toutes les comédies musicales américaines par cœur et sa mère, une ancienne danseuse étoile des ballets de Busby Berkeley de New York, dirigeait un cours de danse à Saint-Mandé. Ce nouvel ami répondait au nom de Jean-Paul Goude, rêvait de rouler en Rolls-Royce et de s'habiller comme Oscar Wilde. Nous allions ensemble aux puces de Montreuil, où il achetait de vieux vêtements pour des sommes dérisoires. Je me souviens notamment d'un manteau gris foncé, dont le col était en velours noir. Jean-Paul s'était mis d'accord avec la couturière de ma mère pour qu'elle l'ajuste à sa taille. Après quoi, son père s'est fâché contre lui et l'a sommé d'abandonner ce vêtement démodé et ridicule. Jean-Paul s'est alors avisé qu'il y avait sur notre palier un grand coffre à bois. Il m'a demandé la permission d'y cacher son manteau. Aussitôt dit, aussitôt fait ! Quand il sortait, il passait à la maison chercher son manteau, qu'il redéposait dans le coffre à bois avant de rentrer chez lui. Ce système de vestiaire fonctionnait à la perfection, quand la concierge de notre immeuble s'est avisée que des mites commençaient à attaquer le tapis de l'escalier principal... Malgré tous les produits antimites disponibles dans le commerce, elle ne parvenait pas à venir à bout de l'invasion. Et un jour, venu chercher son manteau, Jean-Paul a bien malgré lui élucidé ce mystère. En soulevant le couvercle du coffre à bois, il a libéré un nuage de petits papillons blancs. Quant au manteau, il a découvert qu'il avait été littéralement rongé par ces petites bêtes... La mort dans l'âme, nous sommes allés ensemble le déposer sur un tas de feuilles mortes qui se consumaient dans le bois de Vincennes.

2

Après une année passée à l'école paroissiale, mes résultats scolaires étant toujours décevants, mon père a décidé de m'inscrire dans un établissement où je serais, espérait-il, « vissé ». J'avais huit ans, en 1948, lorsqu'on m'a envoyé au collège de Juilly. Il s'agissait d'un établissement dirigé par des prêtres oratoriens, ces mêmes religieux qui géraient le collège Massillon à la Bastille.

Ma mère m'a commandé à La Belle Jardinière l'uniforme avec blason en vigueur à Juilly. Il se composait d'une cape bleu marine, que l'on portait sur un pantalon et un pull-over bleu marine également. La tenue était complétée par des galoches noires et une chemise bleu ciel. Un lundi de septembre, je me suis trouvé place de la Bataille-de-Stalingrad, où des cars attendaient les futurs pensionnaires pour les conduire à Juilly. J'avais le cœur gros de quitter ma mère. Elle aussi retenait ses larmes à la pensée de notre séparation prochaine.

Ma valise a été chargée sur le toit de l'autocar. Comme les autres futurs pensionnaires, je me suis rangé en attendant qu'on appelle mon nom. Quand mon tour est venu, un prêtre oratorien m'a indiqué une place en me souhaitant la bienvenue. Il y avait des garçons de tous les âges. Je figurais parmi les plus jeunes. Un garçon un peu plus vieux que moi, à l'allure fière et décidée, s'est installé sur le siège voisin. « Salut toi, comment t'appelles-tu ? » m'a-t-il demandé. Je lui ai dit mon nom. « Tu te fous de ma gueule ! s'est-il exclamé. C'est comme si moi, je m'appelais Assis ! » J'étais déjà habitué aux plaisanteries sur mon nom. Je le lui ai expliqué. « En tout cas, a-t-il repris, moi, je m'appelle Jacques Mesrine, mais comme on est appelés à se revoir, tu peux m'appeler Jacky. »

Le car a démarré et nous avons quitté la place Stalingrad. Par la vitre, j'ai vu défiler les faubourgs, les champs de betterave et les petits villages. Puis la circulation a ralenti et le car s'est arrêté. À un carrefour, deux gendarmes stoppaient les véhicules. « Regarde ces deux cons ! m'a dit Jacky. Au lieu de démêler l'embouteillage qui nous empêche d'avancer, ils restent l'un à côté de l'autre, comme deux vieux pigeons qui se disputent un bout de pain ! » Je n'ai pas pu m'empêcher de rire à cette remarque irrévérencieuse.

Peu après, nous avons aperçu de hauts murs, une grille ouvrant sur une façade austère, une cour pavée de gris. Nous étions arrivés au collège. Le chauffeur a descendu nos bagages. On nous a fait mettre en rangs et avancer vers la façade. Je marchais la peur au ventre en regardant autour de moi l'allée d'arbres, les pavés mouillés par une pluie d'automne. Je pensais avec tristesse à ma mère, à Saint-Mandé et à Dominique, mon « amoureuse », en me demandant quand je les reverrais. J'avais la gorge serrée de me retrouver si loin de chez moi et de ceux que j'aimais.

Un prêtre nous a orientés vers les bâtiments où nous devions nous installer. J'ai été envoyé à la villa Saint-Philippe ; Jacky, lui, devait aller avec les « grands » au « Vieux Collège ». « Ne t'en fais pas m'a-t-il dit. On se verra aux récréations et je me débrouillerai pour causer avec toi au réfectoire. » Je me suis retrouvé dans un hall glacial où je me suis déshabillé ; là, j'ai attendu mon tour pour passer la visite médicale. Ensuite, on nous a envoyés au réfectoire. Jacky s'est assis à côté de moi. Un jeune prêtre nous a annoncé qu'il allait lire des passages du *Voyage au centre de la Terre* de Jules Verne pendant que nous prendrions notre repas. Plutôt que de laisser les enfants parler ensemble, il était d'usage de leur faire la lecture. Cela ne faisait pas dix minutes qu'il avait commencé que Jacky s'est exclamé : « Il commence à me barber, celui-là ! » Il l'a dit très fort, de façon à être entendu de tous les élèves : « Ma parole ! C'est lui qui se prend pour le centre de la Terre ! » a-t-il précisé, en désignant le prêtre. Celui-ci lui a ordonné : « Levez-vous. Je vous mets au piquet : allez dans la cour, sans prendre de petit-déjeuner. » Nous étions arrivés depuis un quart d'heure, et c'était la première punition de Jacky.

Quand j'y repense aujourd'hui, son attitude était étonnante pour un enfant de dix ans. Jacky était déjà très défini dans ses jugements. Il n'avait pas supporté la contrainte consistant à nous imposer *Voyage au centre de la Terre.* Quelque chose devait germer en lui dès cette époque, qui le rendait allergique à toute autorité. Il ne reconnaissait même pas celle de Jules Verne. Il était déjà fondamentalement rebelle.

C'était le moment où le général de Gaulle avait demandé à tous les collèges et à tous les pensionnats de France de prendre des orphelins de guerre. Les orphelinats étaient tous pleins, il n'y avait plus de place nulle part et un effort particulier avait été requis pour accueillir ces enfants. Comme moi, Jacky a découvert tout à coup qu'il y avait à Juilly des élèves que personne ne venait jamais voir. Il y en avait un dont les chaussures avaient des semelles toutes trouées. Ce garçon me faisait de la peine. La neige était déjà tombée cette année-là, et je voyais l'eau entrer dans ses chaussures. Moi, j'avais des souliers neufs que ma mère m'avait achetés pour mon entrée au collège. J'ai donc échangé mes chaussures contre les siennes. Huit jours après, ma mère est venue me voir. Sa première question a été : « Mais où sont les souliers que je t'ai achetés ? » Je lui ai expliqué l'échange et ce qui l'avait motivé.

Il y avait plusieurs autres élèves dans le même état de dénuement ; Jacky aussi s'en était rendu compte. Son père était brodeur de haute couture, et la famille Mesrine était très à l'aise. Jacky demandait régulièrement de l'argent à sa mère, qui n'osait rien lui refuser. Et avec l'argent qu'elle lui donnait quand elle venait le voir le week-end, il achetait aux orphelins des vêtements neufs ou des fournitures à l'épicerie. Le dimanche, sa mère nous invitait à déjeuner dans le village de Juilly, hors du collège, et Jacky conviait des orphelins, ou des gosses que leurs familles ne venaient plus voir. On sortait de la guerre. Ces enfants avaient peut-être encore une tante ou un cousin quelque part, mais il fallait le temps qu'on les retrouve... Et j'ai remarqué qu'il était devenu le chef de bande de tous ces malheureux à qui il achetait des chaussures, des chaussettes, des pull-overs, des cahiers, des stylos, des crayons...

Un jour, sa mère m'a demandé si je voulais lui rendre service. « Bien sûr, madame Mesrine », ai-je répondu. « Jacky me demande de l'argent tous les week-ends... » Elle voulait savoir ce qu'il en faisait. À l'époque, elle devait lui donner chaque semaine l'équivalent de cinq cents francs, ce qui représentait une grosse somme. J'ai donc expliqué qu'il achetait des vêtements et des douceurs aux enfants démunis du collège. De ce fait, il était devenu leur idole. Il les menait tous. Il leur donnait des ordres : « Toi, tu vas être gardien de but, toi, tu t'occuperas de ça. » Ils en étaient arrivés à former une petite bande. Alors que c'étaient la plupart du temps de pauvres gosses, ce groupe finissait par faire peur aux autres élèves.

Il se trouvait que le père Cognet nous avait choisis, Jacky et moi, pour être enfants de chœur. Pour servir la messe, à la collégiale, nous arrivions avant le curé, quand il faisait encore nuit. On nous réveillait à 5 heures du matin. À 5 h 30, il fallait mettre le vin blanc dans les burettes, préparer le ciboire et les hosties.... Un matin, Jacky m'a dit : « Regarde, j'ai trouvé un truc ! Mais surtout, n'en parle à personne. » Il avait tordu une épingle à cheveux, de façon à ouvrir le tronc dans lequel les parents venus assister à la messe mettaient de l'argent. Avec son épingle, il crochetait le tronc, prenait l'argent derrière le pilier et refermait la petite porte. Moi, je le voyais faire, mais je n'osais rien dire ; il m'avait fait jurer de ne jamais en parler, d'une part. D'autre part, l'argent qu'il récupérait ne représentait jamais que de petites sommes, il y avait en majorité des pièces de un, deux, cinq centimes. Enfin, j'avais remarqué qu'il distribuait cet argent aux gamins de sa bande ; ceux-ci s'achetaient avec du chocolat Cémoi, à l'épicerie du collège, et aussi des crayons, des buvards, des bricoles que l'on pouvait y trouver.

Je me gardais bien d'en parler à qui que ce soit, mais, un jour, un prêtre l'a vu faire. Il y a eu une explication et Jacky a été renvoyé du collège pendant quinze jours. Le motif de ce renvoi n'a pas été mentionné, mais, pour ma part, je savais bien de quoi il s'agissait. Quand mon père m'a questionné à ce sujet, j'ai simplement répondu que Jacky avait un cœur d'or et ne supportait pas de voir ses copains sans un sou. Bien sûr, il volait l'Église, mais après tout, c'était pour redistribuer l'argent aux pauvres ! À mes yeux, ce n'était donc pas un crime.

Après ses deux semaines d'expulsion, il est revenu au collège et m'a annoncé qu'il allait se venger. On l'avait pourtant menacé de sanctions sévères, on lui avait répété que ce qu'il avait fait était très grave et qu'il devait se tenir à carreau. Mais, entre-temps, le prêtre qui l'avait surpris avait été muté à Saint-Martin de Pontoise, ce qui fait que l'affaire s'était un peu estompée. Jacky, lui, n'avait pas oublié.

Nous étions toujours enfants de chœur, tous les deux. Vers 5 h 30, nous préparions la sacristie avant la messe. Rien que pour les aubes que nous devions enfiler, avec tous les petits boutons qu'il fallait attacher, nous avions besoin d'au moins une demi-heure. Et un matin, j'ai vu Jacky partir vers le lac qui se trouvait en face de la collégiale, au milieu du parc. Je me demandais ce qu'il faisait tout en préparant les burettes et le ciboire, quand il est revenu en courant. Je le revois avec ses galoches, son petit pantalon court bleu marine et ses grandes chaussettes grises. Il est arrivé près de moi et m'a demandé : « Où est le ciboire ? » Je le lui ai donné. Je venais d'y placer les hosties. Il m'a dit : « Moi aussi, j'ai quelque chose à mettre dedans. Mais ne regarde pas. » Je me suis éloigné. Quand je suis revenu, après m'être occupé des linges blancs que les prêtres posent sur leur bras, le ciboire était fermé avec son couvercle. Puis les élèves sont arrivés et le père Merle a commencé à célébrer la messe. Pendant l'élévation, au moment où tout le monde doit baisser la tête, il a brandi le ciboire, l'a présenté à Jésus devant la croix, et les élèves sont sortis des rangs pour communier. Le ciboire à la main, le prêtre se tenait dans l'allée centrale. Le premier élève est venu s'agenouiller devant lui. Le père Merle a ouvert le ciboire pour prendre la première hostie. C'est à ce moment-là qu'est apparu un énorme crapaud.

Évidemment, quand le crapaud a sauté du ciboire, l'élève agenouillé a eu tellement peur qu'il est parti en courant. Le prêtre a laissé tomber par terre toutes les hosties. Le crapaud faisait de grands bonds parmi les élèves agenouillés sur des prie-Dieu : c'était une horreur. Là-dessus, le père Merle a interrompu la messe et s'est mis à hurler dans l'église : « Mesrine ! Mesrine ! »

Le temps qu'il comprenne qui pouvait avoir fait le coup, Jacky était déjà parti ; il s'était caché dans la forêt. Pendant deux jours, tout le collège de Juilly, les gardiens et les gendarmes ont fouillé le parc pour le retrouver. En vain. Il a fini par réapparaître de lui-même, parce qu'il avait faim et froid, mais il avait passé deux jours tout seul, dissimulé dans la végétation. Pour un gosse de dix ans, c'était un exploit impressionnant. Après coup, il m'a avoué qu'il avait été mû par une impulsion irrésistible : « Quand j'ai vu le crapaud, j'ai tout de suite compris qu'il fallait le mettre dans le ciboire », m'a-t-il expliqué, les yeux brillants.

À Juilly, outre les leçons habituelles, et mon activité d'enfant de chœur, je prenais des cours de piano avec maître Chobet ; j'étais aussi inscrit à la chorale qui s'appelait La Cigale et qui faisait partie de la manécanterie des Petits Chanteurs à la Croix de Bois. Quand les Petits Chanteurs à la Croix de Bois venaient à la cathédrale de Meaux, les enfants de La Cigale les rejoignaient. C'est ainsi que j'ai chanté à Notre-Dame, quand Mgr Maillet voulait la chorale au complet. J'étais soliste et je chantais *La Nuit* de Rameau : « Ô nuit, qu'il est profond ton silence quand les étoiles d'or scintillent dans les cieux, j'aime ton manteau radieux, ton calme est infini, ta splendeur est immense... » À la sortie de la messe, tous les parents d'élèves disaient à ma mère : « Ah ! comme votre fils chante bien ! »

Notre maître à chanter, celui qui me donnait des cours de piano et m'a appris le solfège, que je n'ai pas bien retenu du reste, a dit un jour à ma mère : « N'insistez pas trop sur les études avec Jean-Jacques. Dites de ma part à votre mari qu'à mon avis, vous n'en ferez jamais un opticien. En revanche, vous pourriez en faire un artiste. »

Mais quand je repense à cette période-là, je revois surtout des épisodes dans lesquels Jacky joue le rôle principal. Juilly est le premier collège de France à avoir fait construire une piscine olympique. Et un samedi matin, le révérend père Tardivot, qui était le révérend du collège Massillon, de Saint-Martin à Pontoise, de Juilly et des Avenières en Haute-Savoie, et qui devait avoir dans les quatre-vingt-cinq ans, est venu bénir cette nouvelle piscine. Je me souviens qu'il portait une mitre, et qu'il a dit une petite messe en plein air, avec tous les élèves rangés autour du bassin. La cérémonie touchait presque à sa fin, quand je me suis rendu compte que Jacky n'était plus à côté de moi. J'ai vu le révérend père Tardivot lever les bras en l'air, en balançant l'ostensoir au-dessus de l'eau. J'ai entendu les pas précipités de quelqu'un qui courait. Et tout à coup : plaf ! Le révérend père est tombé dans la piscine, poussé par-derrière par Jacky. Ça a donné lieu à une scène mémorable : tous les prêtres se sont jetés à l'eau pour porter secours au révérend. Ils nageaient de leur mieux, avec leurs soutanes gonflées d'eau. L'un d'entre eux, je m'en souviens, vidait l'eau qui était entrée dans la mitre du révérend... Tous les élèves riaient à s'étouffer en baissant la tête. Qui aurait pu s'attendre à une chose pareille ? Pendant ce temps-là, Jacky courait pour échapper au châtiment.

Il a foncé jusqu'à la loge du gardien du collège. C'était lui qui détenait les clés d'un portail immense, grand comme la grille de Versailles, qui clôturait le mur du collège. Il faut savoir que Juilly était un collège d'époque Louis XIII et Louis XIV : en d'autres termes, il était conçu comme une véritable prison. Il y avait de hauts murs d'enceinte tout autour du parc, surmontés de tessons de bouteilles. Tout était prévu pour empêcher les fugues. Arrivé à la loge, Jacky a trouvé le moyen d'attacher le gardien avec les draps de son lit. Il avait déjà eu un blâme avec le tronc, un autre avec le crapaud... Il savait que cette fois, il n'aurait droit à aucune indulgence. Après avoir ligoté le gardien, il lui a pris ses clés, il a ouvert le portail et il est parti. Les gendarmes ont été immédiatement avertis qu'un élève venait de s'évader. La suite, c'est Jacky qui me l'a racontée.

Il s'est d'abord caché plusieurs heures dans Juilly. Et là, il a attendu qu'un car – un de ces cars jaunes avec une échelle derrière pour monter les bagages sur le toit – parte pour Paris. À l'époque, il n'y avait pas de train qui faisait ce trajet. Il est monté discrètement sur le toit par l'échelle ; il s'est caché au milieu des valises. Il se doutait que les gendarmes arrêteraient tous les véhicules sur la route entre Meaux et Paris. Et de fait, ils avaient posé des barrages absolument partout ; le car sur lequel il était monté a été arrêté trois fois... Les voyageurs ont été examinés par les gendarmes... Mais ils n'ont pas trouvé Jacky ! Il est arrivé à Paris vers 23 heures. Il s'est rendu à Clichy chez son parrain, qui était commissaire de police. Il n'osait pas retourner chez ses parents. C'est donc son parrain qui a dû appeler tout le monde, la gendarmerie, le collège et les parents. Jacky avait dix ans. C'était sa première évasion et comme on peut le constater, il promettait.

À la suite de cela, naturellement, on n'a plus voulu de lui au collège. Il a été renvoyé et ses parents l'ont inscrit rue de la Lune, dans un établissement qui donnait aux élèves une formation d'électronicien. À onze ans, en 1951, j'ai moi aussi quitté Juilly. La période n'était pas fameuse pour moi. J'avais pris deux ans de retard dans mes études et mes résultats scolaires étaient déplorables. On m'a donc transféré à Villiers-sur-Marne, dans un internat réputé pour le suivi des enfants.

3

Mon père avait un magasin d'optique, la Franco-Anglo Opticale, 70, rue des Archives à Paris, et comptait sur moi pour prendre la relève. Son rêve le plus cher était de faire de moi un opticien. Il avait prévu de m'envoyer à l'école de Morez, dans le Jura, qui était la seule école d'optique de France. Il m'avait déjà acheté la blouse grise dont on a besoin là-bas pour apprendre à fixer des verres sur des montures. L'optique était toute la vie de mon père. Il avait d'ailleurs bonne réputation dans son milieu ; ses verres et ses montures étaient considérés comme très performants pour les gens dont la vue commençait à décliner.

C'est pour cette raison que le général de Gaulle fit appel à lui. Il était atteint d'une cataracte. Au front, dans sa jeunesse, il avait été confronté aux émanations de poudre de canon, ce qui était très mauvais pour les yeux. Le Général avait entendu parler des lunettes d'excellente qualité fabriquées par mon père. Un jour, il lui a donc fait savoir qu'il voulait lui parler. Il n'était pas encore à l'Élysée ; il dirigeait la France depuis un bureau situé près des Invalides. Mon père s'y est rendu, honoré comme on l'imagine. « Monsieur Debout, a demandé le

Général, pouvez-vous me rendre la vue que j'avais dans ma jeunesse ? » Et mon père, qui aimait beaucoup de Gaulle, comme tous les Français de cette époque, a répondu qu'il allait faire l'impossible pour le satisfaire. De Gaulle lui a passé commande pour trois paires de lunettes : une qu'il aurait à disposition dans sa voiture, une qu'il garderait sur lui et une qu'il voulait laisser à son bureau. Mon père, en professionnel prévoyant, a jugé qu'il lui en fallait au moins cinq. C'est donc ce qu'il lui a apporté au bout de quelques jours, après avoir travaillé dans la plus grande urgence, toutes affaires cessantes.

De Gaulle a pris l'une des paires, l'a mise sur son nez ; il a attrapé le journal qui se trouvait sur son bureau et a dit : « C'est formidable, je vois à nouveau comme lorsque j'avais dix-huit ans. » Puis il a retiré les lunettes, les a regardées et a demandé à mon père : « De quoi sont faites ces lunettes ? Pouvez-vous me l'expliquer ? » Et mon père, un peu embêté, lui a répondu : « Mon général, les montures sont françaises, elles viennent de Morez, dans le Jura. Mais je ne vais pas vous cacher que les verres, eux, sont allemands. Ils viennent de chez Zeiss, l'entreprise qui fabrique aussi les appareils photo. » Zeiss fabriquait également des jumelles pour l'armée allemande. D'un point de vue patriotique, c'était donc délicat. Mais Zeiss était numéro un pour tout ce qui concernait les verres. Le général a hoché la tête et a répondu : « Voyez-vous, monsieur Debout, avec ces deux choses-là – la monture française et les verres allemands –, il faudra bien trouver un terrain d'entente. » Mon père a ri, content de voir que ses lunettes, quoique à moitié allemandes, étaient acceptées du Général. Ensuite, de Gaulle a demandé combien coûtait le tout. Mon père ne voulait pas être payé, considérant que c'était un honneur pour lui d'être l'un des opticiens du

Général. Il a argumenté : « Vous savez, je vous dois bien ça, j'ai été prisonnier des Allemands, je me suis évadé... Compte tenu de ce que vous avez fait pour la France, je n'accepterai jamais un sou de vous. » Mais pour de Gaulle, il n'en était pas question : il a sorti de l'argent de sa poche et a obligé mon père à le prendre. Par la suite, à plusieurs reprises, il a commandé de nouvelles lunettes à mon père.

Cette rencontre avec le Général faisait la fierté de toute la famille. On me la racontait, on me la donnait en exemple pour me convaincre de la noblesse du métier d'opticien. J'aime autant dire que ce programme ne me tentait nullement. Pour moi, depuis mon plus jeune âge, les choses étaient très claires. Je voulais faire de la musique et rien d'autre. Seuls les chansons et les instruments de musique m'intéressaient. Mais à ce moment-là, c'étaient mes parents qui décidaient et il n'était pas envisageable pour eux de me laisser suivre ma passion. Par une de leurs amies de Saint-Mandé, ils ont entendu parler de la pension de Villiers-sur-Marne, un établissement spécialisé pour enfants « difficiles ». Mon père s'y est rendu et en est revenu en disant : « C'est exactement l'école qu'il faut à Jean-Jacques, on va le mettre là. » J'ai donc été inscrit simultanément à l'école communale de Villiers-sur-Marne et dans cette pension où le directeur nous prenait en charge le soir, pour nous faire faire nos devoirs.

Dans cette pension, la lutte entre les études et ce qui constituait ma raison de vivre a continué. La mère du directeur était musicienne; elle jouait magnifiquement du violon. Elle a bien vite remarqué que j'étais plus doué pour la musique que pour les maths. Dans cette discipline, j'étais, il faut le dire, particulièrement nul, je le suis toujours d'ailleurs. Or, pour être opticien, on doit être bon en maths. Et sur mon bulletin, cette dame violoniste inscrivait toujours : « Cet élève montre de grandes dispositions pour la musique. Beaucoup plus que pour le reste. » Cela avait pour effet de rendre mon père furieux : il faisait tout pour améliorer mes résultats scolaires et on lui parlait plus de musique que d'études à mon sujet. À chaque arrivée de bulletin, je voyais son visage se décomposer.

En me montrant inapte à l'optique, je sais que je lui ai fait la plus grande peine de sa vie. Du coup, il en voulait à ma mère. Il lui reprochait de m'avoir trop gâté : « Ma pauvre femme, j'ai bien peur qu'on ait mis au monde un voyou, un bon à rien ! » disait-il. Ma mère éclatait en sanglots en entendant ça. Et j'en étais non seulement désolé, mais aussi accablé de culpabilité. C'est à ce moment-là que, compte tenu de l'ambiance familiale, j'ai commencé à me réfugier chez mes grands-mères. Tantôt chez ma grand-mère paternelle, qui habitait à Pigalle, tantôt chez ma grand-mère maternelle, rue du Croissant. J'avais du mal à supporter la déception que je causais à mon père et, plus encore, l'angoisse que je faisais éprouver à ma mère. Mais, pour moi-même, je n'étais pas vraiment inquiet. Je me disais que je me débrouillerais dans la musique. Je n'avais pas du tout de rêves de grandeur, je ne m'imaginais pas connaître le succès, mais je me disais que je réussirais bien à faire quelque chose.

Jacky et moi, nous n'allions plus en cours ensemble. Malgré cela, notre amitié a perduré. Mes parents et moi passions à l'occasion le week-end à Louviers, chez les parents de Jacky qui possédaient un très joli manoir Louis XIII. C'est là que Jacky et moi avons convaincu Mme Mesrine de nous céder la cave du manoir pour y monter une boîte de jazz. À cette époque-là, la grande mode consistait à faire du jazz dans les caves de Saint-Germain-des-Prés. Nous avons donc décidé de faire pareil à Louviers. Et nous avons monté un orchestre avec un copain de Jacky et sa sœur, dont les parents étaient fermiers. Nous avons cimenté toute la cave pour en faire une piste de danse. Nous allions de temps à autre au Vieux-Colombier où j'avais vu Claude Luter jouer en matinée. Dans ces années-là, Louis Armstrong jouait *C'est si bon.* Sidney Bechet et lui étaient de véritables dieux vivants. Depuis que je les avais vus, mon rêve était de jouer de la clarinette. Je passais mon temps à répéter à Jacky : « Tu te rends compte, ce qu'on pourrait faire dans notre cave, si j'avais une clarinette... » J'ai demandé à ma mère de m'en acheter une. Je ne pouvais pas me la payer : à l'époque, cela coûtait une certaine somme. La réponse de mon père a été catégorique : « Je veux en faire un opticien, pas un clarinettiste. Il est hors de question qu'on lui achète une clarinette. »

Jacky me voyait donc assez déprimé. Et un jour, alors que nous étions en vacances ensemble à Hossegor, l'orchestre local est venu jouer dans le kiosque au milieu du village. Après leur récital, ils ont fait une pause et, après la pause, on s'est aperçu qu'un instrument avait disparu. Une clarinette. Ça a fait un scandale. Le soir, Jacky est venu me trouver et m'a annoncé qu'il avait quelque chose à me montrer. D'une petite valise noire en moleskine, il a sorti la clarinette. Il était monté sur le kiosque pendant que les musiciens buvaient un verre au café d'en face ; il l'avait volée pour que je puisse jouer dans la cave à Louviers. J'ai donc fait mes débuts dans notre formation avec l'instrument dérobé. Jacky, pour sa part, jouait de la batterie. Je me souviens qu'il tapait tellement fort que chaque fois, il en arrivait à percer la peau de la grosse caisse.

Outre la musique, nous étions également grands consommateurs de cinéma. La grand-mère de Jacky était gardienne d'un immeuble à Pigalle, en face de chez Michou. Elle connaissait très bien tous les patrons des boîtes, bars et cinémas de son quartier, ce qui fait qu'elle avait des places gratuites pour aller voir tous les films, y compris classés X. Voilà comment, avec Jacky, nous sommes allés voir *La Môme vert-de-gris, Couche-la dans le muguet, Une enfant dans la tourmente, Le Taxi ravageur...* Beaucoup de pornos, certains tellement bêtes qu'ils en devenaient surréalistes. Je trouvais ça très drôle. Jacky a été pour sa part fortement influencé par *Une enfant dans la tourmente*, avec Blanchette Brunoy et Gérard Landry. Landry jouait le rôle d'un voyou, maquereau à ses heures, qui avait une petite fille. Cette petite fille se rendait compte des activités de son père, et en souffrait. À la fin, le père voyou était abattu par d'autres truands. C'était ce genre de films qu'on jouait dans ces années-là, à Pigalle, qu'on appelait des séries B. Je me souviens qu'un jour, Jacky m'a prédit : « Tu verras, plus tard, je serai comme cet acteur-là, je serai aussi connu que lui. »

En dépit de mon amitié avec Jacky, de la musique et de nos sorties, la période de mon adolescence était assez déprimante. Je loupais une classe ; l'année recommençait et, à la rentrée suivante, je restais au même niveau, tandis que les autres passaient en classe supérieure. J'avais fini par accumuler trois ans de retard. J'étais devenu un cas désespéré.

Mon père me faisait prendre des cours particuliers à Montrouge, chez Mme Roudmanovitch, un professeur adorable, qui avait bien compris mon problème. Et pendant les vacances, j'allais passer deux heures chez elle tous les matins pour rattraper tout ce que je n'avais pas su apprendre dans les différentes écoles où j'allais. En français, je n'avais pas trop de difficultés. J'étais nul en orthographe, mais on trouvait généralement que je construisais assez bien mes phrases. Il faut dire aussi qu'avec trois ans de plus que mes camarades, c'était la moindre des choses. C'est en maths que la catastrophe prenait toute son ampleur. Ces difficultés et mes échecs répétés me complexaient, me donnaient de moi-même une image lamentable.

L'année du certificat d'études, j'étais toujours à l'école communale de Saint-Mandé. Ce jour-là, le censeur, au vu de mes résultats des épreuves du matin, est venu dans notre classe. Il a dit : « Debout ! » Toute la classe s'est levée. « Non, non, asseyez-vous, tous. Je m'adresse à Jean-Jacques Debout ! » Il m'a emmené dans son bureau pour m'annoncer : « Ce n'est pas la peine de revenir cet après-midi. J'ai vu les résultats de ce que vous avez fait ce matin. Il vaut mieux que vous alliez vous promener avec vos copains au bois de Vincennes plutôt que de perdre votre temps ici. Vous n'êtes pas fait pour les études. Consacrez-vous à la musique. »

Le soir, je suis rentré à la maison la tête basse et j'ai annoncé mon échec à mon père. « Papa, j'ai quelque chose à te dire. Je suis recalé au certificat d'études et je te dis franchement que je ne veux plus aller à l'école. Je vais faire du cabaret et chanter. » Mon père a encaissé la nouvelle, qui ne l'a pas véritablement surpris. Puis il m'a dit : « Si c'est ton choix, tu n'iras plus à l'école. Mais moi, je ne veux pas entretenir à la maison un garçon qui ne travaille pas. Puisque c'est ainsi, tu ne manqueras de rien ; si tu as faim, tu sais que tu trouveras toujours à manger dans l'appartement, mais tu vas désormais habiter dans la chambre de bonne et tu feras ce que tu voudras. » Et c'est là que tout a commencé.

4

Notre appartement de Saint-Mandé disposait en effet d'une petite mansarde au dernier étage. Peu de temps après cette conversation, j'ai commencé à y monter mes affaires, à mettre des étagères et à inviter quelques copains. J'avais arrangé mon nouveau logement un peu comme une boîte de nuit, avec des affiches que j'avais été chercher chez Vogue, rue d'Hauteville. Elles représentaient Claude Luter avec sa valise et sa clarinette, Sidney Bechet, Armstrong... Mes idoles du moment. C'est dans cette chambre qu'avec Jean-Paul Goude, qui habitait toujours Saint-Mandé, nous jouions de la musique. Jean-Paul jouait du saxo soprano et moi de la clarinette; il se prenait un peu pour Sidney Bechet et moi, pour Claude Luter.

Comme moi, Jean-Paul avait des ennuis avec son père : celui-ci ne voulait pas qu'il dessine et redoutait que son fils ne devienne un artiste. Du coup, il venait dessiner dans ma chambre pour avoir la paix. Chez lui, dès qu'il commençait à tracer quelques traits sur une feuille, son père arrivait et une dispute éclatait immanquablement. De plus, j'avais hérité d'un de mes oncles une vraie table à dessin, tout en chêne. C'est sur ce support que Jean-Paul a fait ses premiers dessins sérieux.

Déjà, à cette époque-là, ce qu'il réussissait à faire apparaître sur une feuille de papier était époustouflant.

Mon autonomie a encore augmenté le jour où ma grand-mère maternelle m'a offert un vélomoteur. J'avais vu un Vélosolex d'occasion en vente chez un charbonnier de Saint-Mandé. Et ma grand-mère, qui m'aimait beaucoup, qui m'appelait « mon tout-petit », m'a donné l'argent qu'elle gagnait en travaillant la nuit à l'imprimerie de *L'Humanité*. Naturellement, ça a contrarié mon père. « C'est le bouquet, a-t-il dit à ma mère. Voilà qu'il a un vélomoteur... » Grâce à cet engin, je pouvais plus facilement faire les allers-retours entre Saint-Mandé et Paris.

J'aimais beaucoup assister au travail de l'imprimerie. Pendant des heures, je regardais les énormes bobines de papier arriver sur des camions ; deux pinces en fer les soulevaient et les déposaient sur un tapis roulant qui les emmenait à l'intérieur de l'imprimerie. C'était un formidable spectacle.

Ma grand-mère habitait rue du Croissant, c'est-à-dire juste derrière le Rex. Chaque fois qu'elle le pouvait, elle m'emmenait au cinéma. Nous nous attardions ensuite sur le boulevard, flânant devant les petites baraques foraines. Ma grand-mère ne manquait jamais de me montrer le café Le Croissant, où Jaurès a été assassiné, et l'impact sur l'un des murs de la balle qui l'avait tué.

Comme elle avait des places pour assister à des spectacles, étant donné qu'elle était dans la presse, je suis aussi allé voir avec elle les adieux de Mistinguett à l'ABC, Charles Trenet... J'ai également vu Maurice Chevalier chanter *Ma pomme* en se déshabillant sur scène. Il retirait son smoking et se mettait en caleçon avant de s'habiller en clochard, puis, de clochard, il se déshabillait de nouveau sur la scène jusqu'au caleçon pour remettre son smoking. Et pendant ce temps-là, il chantait la fameuse chanson : « Ma pomme, c'est moi, j' suis plus heureux qu'un roi... Je n'me fais jamais d'mousse, en douce, je m'pousse... »

J'allais donc au spectacle avec ma grand-mère, au cinéma avec Jacky. Avec Jean-Paul, j'allais au Club Montpensier, dans la rue du même nom. Dans ce club, il y avait un clarinettiste nommé Jean Gab, avec lequel je me suis lié d'amitié. Il me donnait des cours ; jusqu'ici, j'avais appris tout seul et je jouais d'oreille. Grâce à lui, j'ai amélioré ma technique. Au Vieux-Colombier, à Saint-Germain-des-Prés, j'avais sympathisé avec l'imprésario de Sidney Bechet, celui qui allait devenir le fameux Claude Wolff. À l'époque, il s'occupait de l'entrée du Vieux-Colombier. Il me trouvait amusant ; il savait que je connaissais un peu Claude Luter, que Bechet riait quand il me voyait. Il me faisait donc souvent entrer sans payer. Avec Jean-Paul, nous avons ainsi passé des moments formidables. Je me souviens qu'un jour, assis à côté de moi, j'ai vu Mouloudji, dont j'avais déjà quelques disques, parmi lesquels *Le Petit Coquelicot*. J'ai pris mon courage à deux mains, et je lui ai dit : « Monsieur Mouloudji, vous avez un talent fou, j'ai quelques disques de vous, que j'apprécie énormément. » Il a été touché que je lui parle de ses chansons. Et puis, un peu plus tard, je suis allé le voir chanter, à son premier passage en vedette à l'Olympia.

Toujours sous l'égide de ma grand-mère maternelle, je chantais avec l'orchestre de *L'Humanité*. Toutes les semaines, le samedi à 17 heures, il y avait un bal dans l'imprimerie. J'entonnais alors les succès de l'époque : *Les Grands Boulevards* d'Yves Montand : « J'aime flâner sur les Grands Boulevards, y'a tant de choses, tant de choses, tant de choses à voir. » Je chantais aussi *La Mer* de Charles Trenet, quelques chansons de Maurice Chevalier. Or cette année-là, en 1954, j'ai eu connaissance d'un concours de chant patronné par *L'Humanité*. Il s'appelait Les Poulbots de Montmartre et se déroulait dans la commune du même nom. J'ai imploré ma grand-mère de m'y inscrire ; elle l'a fait. Restait donc à me préparer. Qu'allais-je chanter ?

À l'époque, j'aimais beaucoup une chanson de Charles Trenetqui s'appelait *En avril à Paris*. Et comme ce concours de chant devait avoir lieu le 1er avril, cet air m'a semblé particulièrement approprié. « Quand Paris s'éveille au mois d'avril, quand le soleil revient d'exil, quand l'air plus doux berce une jeune romance, quand le printemps vraiment commence... Alors voici qu'aux portes de Paris, du Nord jusqu'au Midi, la France chante et rit, et du Nord jusqu'au Midi, la France chante et rit, en avril, à Paris... » Je suis allé acheter la partition d'*En avril à Paris* chez Labé, une boutique de musique située en face de l'appartement de ma grand-mère. Et là, j'ai vu, collée à la vitrine, une petite annonce : « Les Éditions Raoul Breton, 3, rue Rossini, cherchent un coursier pour livrer des petits formats. »

À l'époque, les succès du jour se vendaient sous forme de partitions. On appelait ces partitions des « petits formats ». Sur la couverture, figurait la photo de la vedette qui avait créé le succès. À l'intérieur, on trouvait toutes les indications pour jouer le morceau. Je me souviens par exemple qu'on voyait André Claveau en couverture de *La Petite Diligence*, Yves Montand pour *Les Feuilles mortes*, Jacqueline François posait pour *Mademoiselle de Paris*, Édith Piaf pour *Les Trois Cloches*, avec les Compagnons de la Chanson. J'ai noté la petite annonce mentalement, en me disant que je pourrais devenir coursier afin de gagner un peu d'argent. J'ai acheté le petit format d'*En avril à Paris*. Et quelques jours plus tard, je me suis présenté au concours de chant, sans me faire aucune illusion.

Le concours avait lieu vers 19 heures, sur la place du Tertre, où l'on avait monté une petite estrade. Ma grand-mère m'avait accompagné. Tout l'orchestre des Poulbots de Montmartre était là. Le maire était présent, ainsi que quelques artistes qui assistaient à la compétition depuis le café d'en face. Le concours était destiné à la jeunesse : on pouvait s'y présenter jusqu'à seize ans. Il y avait plusieurs enfants ; la benjamine du concours était une petite fille de huit ans. Moi j'en avais quatorze et quelques mois. J'ai chanté ma chanson sans problème. Et, à ma grande surprise, quand tous les candidats ont été entendus et que le jury a eu délibéré, on m'a annoncé que j'avais gagné. On m'a demandé de chanter de nouveau, ce que j'ai fait avec plaisir. On m'a applaudi chaleureusement. Ma grand-mère était en larmes tant elle était émue de mon succès. On m'a remis le grand prix du concours : un saucisson offert par le charcutier de la place du Tertre. Il s'accompagnait d'un pain rond sur lequel on lisait « Les Poulbots de Montmartre » ; il y avait enfin une bouteille de vin des vignes de Montmartre. J'ai salué, remercié, et je suis redescendu de l'estrade avec mes trophées. À ce moment-là, j'ai vu une petite femme s'avancer vers moi avec un grand sourire. « Vous êtes formidable ! Vous êtes formidable ! » répétait-elle. J'étais un peu surpris, je ne savais trop que lui répondre. Puis elle a ajouté : « Du reste, je vous ai amené Charles. Charles ! Dites à ce gosse ce que vous pensez de lui. » J'ai levé la tête, car cette femme n'était pas très grande, et devant moi se tenait un homme de haute taille dont la silhouette m'était familière. En réalité, ce n'est pas lui que j'ai reconnu dans un premier temps, mais sa veste.

Cette semaine-là, Charles Trenet avait fait la une de *Paris Match*. En couverture du magazine, on lisait : « Le fou chantant revient du Canada ». Sur la photo, il portait une veste en madras assez colorée. Et c'est elle que j'ai reconnue. C'est cette veste qui m'a fait comprendre que j'étais en présence de Charles Trenet. La petite femme m'a dit : « Je suis Mme Breton, je suis l'éditeur de la chanson que vous venez de chanter. » Et Charles Trenet m'a serré la main en affirmant gentiment : « Vous la chantez remarquablement bien, beaucoup mieux que moi, vous devriez en faire le disque. » Je tombais des nues. Voyant cela, Trenet a proposé de m'offrir un verre. J'ai objecté que j'étais avec ma grand-mère. « Mais invitez donc votre grand-mère. » Nous nous sommes installés tous les quatre au grand café qui fait l'angle de la place du Tertre et de la rue du Mont-Cenis. J'ai commandé un diabolo menthe, ma grand-mère, un café.

Assis entre Mme Breton, ma grand-mère et Charles Trenet, j'ai tout à coup repensé à la petite annonce que j'avais vue en vitrine chez Labé. Je me suis tourné vers Mme Breton, et je lui ai dit :

« J'ai vu que les Éditions Breton cherchaient un coursier.

— Mais comment savez-vous ça ?

— Parce que je l'ai lu ! Ma grand-mère habite en face de chez Labé, rue du Croissant, où figure votre annonce. »

C'était une coïncidence étonnante. Toujours est-il qu'elle m'a donné rendez-vous pour le lendemain, en me promettant de me présenter son mari, Raoul Breton. « Nous cherchons toujours notre coursier. Mais vous chantez tellement bien que nous allons faire de vous une vedette », a-t-elle ajouté. Charles Trenet a surenchéri : « Moi, en tout cas, je l'aiderai, car il le mérite. Avec la voix qu'il a, je pense que ça ne sera pas difficile pour lui. » Ma grand-mère était émue comme tout. Elle leur a raconté que mon père était désespéré à cause de mes mauvais résultats scolaires. « Au moins, il y a quelqu'un qui lui fait des compliments. Ça le change de tous les blâmes qu'il entend », a-t-elle ajouté avec reconnaissance.

Charles Trenet s'est alors adressé à ma grand-mère :

« J'ai rendez-vous chez Tonton, ça me ferait plaisir de l'inviter, si vous le voulez bien ; avec mon chauffeur, je le déposerai ensuite chez lui.

— Mais où voulez-vous m'inviter à prendre un verre ? ai-je demandé.

— Chez Tonton.

— Vous connaissez mon oncle ? »

Il m'a alors expliqué que « Chez Tonton » était le nom d'un cabaret situé place Blanche. Ma grand-mère a accepté. Nous somme allés à la voiture de Charles Trenet, une voiture neuve qu'on lui avait livrée l'après-midi même. Il ignorait qu'il y avait un concours de chant à Montmartre, il y était venu par hasard pour essayer sa nouvelle auto. Comme il ne savait pas encore très bien s'en servir, il ne trouvait pas le démarreur. Or j'ai vu qu'il y avait un bouton sous le volant, à côté de l'antivol. Lui ne le voyait pas ; il faut dire qu'il avait un peu bu. J'ai donc appuyé sur le bouton et, de fait, la voiture a démarré immédiatement.

« C'est vrai que vous êtes formidable ! m'a dit Trenet. Je vais vous engager pour faire démarrer ma voiture. Puisque vous êtes prêt à être coursier aux Éditions Breton, vous pouvez faire le démarreur de ma voiture. C'est tout de même mieux que coursier ! » Tout le monde riait. Nous sommes arrivés au cabaret. Le patron, que tout Paris connaissait sous le surnom de Tonton, s'habillait en soutane pour recevoir ses clients. J'ai été un peu surpris de trouver un curé dans une boîte de nuit, mais je n'ai rien dit. C'était la première fois que j'entrais dans une boîte, ce qui était en théorie interdit aux mineurs. J'allais donc de découverte en découverte : j'étais prêt à admettre un curé qui tenait une boîte de nuit et qui s'appelait Tonton...

J'ai repris un diabolo menthe. Charles a commandé une bouteille de Cointreau. Par la suite, j'ai appris à le connaître en dînant souvent avec lui et Mme Breton. Je me suis aperçu que tous les soirs, il en buvait une bouteille entière. Il sirotait le Cointreau dans un verre ballon avec un glaçon qu'il faisait tourner. Puis il demandait un cigare, parfois deux, se resservait un verre ballon, et descendait ainsi tranquillement sa bouteille. Le voir boire autant n'amusait pas Mme Breton, qui lui a dit : « Charles, pas ce soir ! », ce à quoi il a répondu : « Mais si, mais si... Regardez cette petite bouteille carrée, on a l'impression qu'elle a été faite pour moi... Vous voyez bien que c'est ma dose. C'est une bouteille qui représente une dose précise faite pour Charles Trenet. »

Tonton est monté sur la scène du cabaret et a présenté dans son nouveau tour de chant Fernand Sardou, le père de Michel Sardou. Il est arrivé en costume blanc, l'allure un peu marseillaise, s'est assis sur le piano et a commencé à chanter sa fameuse chanson, l'histoire de cet homme qui ne sait jamais quand il doit couper la branche qui lui masque la vue dans son jardin : « Aujourd'hui peut-être, ou alors demain, je la couperai, cette branche... »

Dans le même programme, il y avait Mouloudji. Charles m'a demandé si j'avais envie d'assister à son tour de chant. Je lui ai dit que j'adorais ce chanteur, que je l'avais vu à l'Olympia et que je lui avais parlé au Vieux-Colombier. Mouloudji a fait un triomphe. Il a chanté *Un jour tu verras*, *Le Petit Coquelicot*, *La Complainte des infidèles*... Puis il a chanté *Le Voleur* : « Je suis voleur, j'aime voler, moi je suis comme les aviateurs, les magasins, c'est beau, ça brille, l'intérieur est un océan, grand aquarium où tout scintille. Me voici au rayon des livres, prenons garde au détective, c'est difficile de prendre l'air, l'air de ne pas en avoir l'air... »

Charles Trenet m'a expliqué qu'il aimait beaucoup cet artiste lui aussi parce qu'il avait gardé son accent des rues, son naturel. Après son tour de chant, Mouloudji est venu s'asseoir avec nous. Il a demandé à Charles s'il n'avait pas une chanson pour lui. « Si, j'en ai une. C'est un plaisir, Moulou, d'écrire pour vous », a répondu Charles. Et il a commencé à lui parler de sa chanson *Le Vieux Piano de la plage*. Là-dessus, Mme Breton est intervenue et a proposé à Mouloudji de passer le lendemain aux Éditions Breton. « Charles vient toujours vers 17 heures. Venez et il vous la jouera. » Et le lendemain, nous nous sommes tous retrouvés à écouter la chanson de Charles Trenet dans le bureau personnel de Mme Breton, qui était aussi la chambre où elle dormait.

5

Aux Éditions Breton, tout le monde appelait Mme Breton « la marquise » sans que je sache pourquoi, du moins dans mes commencements chez eux.

La maison d'édition ne disposait pas d'un grand espace : il y avait la boutique, où on vendait les petits formats, une pièce où se trouvait un grand piano à queue en chêne, que la marquise appelait le « cours », la pièce des secrétaires, le bureau de M. Breton et la chambre de Mme Breton qui lui servait de bureau personnel. De ce fait, quand on était reçu dans ce bureau-là, on se sentait privilégié. La plupart du temps, elle recevait dans la boutique, devant un petit comptoir, ou au cours. À partir du moment où j'ai été engagé par les Éditions Breton comme coursier, j'ai donc livré des petits formats grâce à mon Vélosolex. Mais il m'arrivait aussi de travailler au cours pour montrer des chansons. Il fallait en effet apprendre aux musiciens qui venaient de province, par exemple, qui jouaient dans les bals, comment jouer telle ou telle chanson. Quand une nouvelle chanson venait d'être éditée, on m'apprenait comment il fallait la jouer, puis j'étais chargé de l'apprendre à mon tour aux artistes qui venaient acheter le petit format. Ma chance consistait dans le fait que c'était Gilbert Bécaud qui me montrait comment jouer ses nouvelles chansons, de même qu'Aznavour et Trenet...

J'avais donc différentes casquettes aux Éditions Breton ; j'étais coursier et je montrais les chansons, mais je dînais aussi tous les soirs avec Charles Trenet et la marquise au Petit Riche, un restaurant qui se trouvait en face de la maison d'édition, rue Rossini, du côté de la salle des ventes. Là, nous rencontrions Joseph Kessel, qui buvait de la vodka à n'en plus finir. Kessel était très ami avec la marquise, qu'il avait connue à New York pendant la guerre. Ils se racontaient leurs souvenirs ; c'est ainsi que j'ai découvert cette partie de la vie de Mme Breton.

Pendant la guerre, un jour, Cocteau était arrivé chez les Breton et leur avait dit : « On vient d'arrêter Max Jacob ; vous ne pouvez pas prendre le risque de rester à Paris. » La marquise était à moitié juive. Son nom de jeune fille était Rachel Zaoui. Elle et son mari sont donc partis se réfugier à New York. Là, en dépit du manque d'argent, ils se sont installés au Waldorf Astoria, l'un des plus beaux hôtels de la ville, parce que Lou Levy, l'éditeur américain de George Gershwin, avait dit à Raoul Breton : « Au Waldorf, tu vas faire tellement de connaissances, rencontrer tellement de gens importants, qu'en huit jours tu auras déjà les codes pour aller partout et tu connaîtras tout. » Ils ont donc pris une toute petite chambre au dernier étage du Waldorf ; et pour gagner leur vie, Mme Breton s'est mise à fabriquer des chapeaux. Elle était très adroite de ses mains et vendait assez bien ses chapeaux français aux clientes américaines.

Le conseil de Lou Levy s'est révélé plein de justesse : quand Joseph Kessel est venu avec Saint-Exupéry à New York afin de décider les Américains à intervenir en

Normandie, ils se sont installés au Waldorf et ont occupé les deux chambres à côté de M. et Mme Breton. Ce qui fait qu'assez rapidement, tous les soirs, M. et Mme Breton offraient un verre de scotch à Joseph Kessel et à Saint-Exupéry, qui les invitaient ensuite à en boire un autre dans leurs chambres respectives. C'est ainsi, m'a raconté la marquise, qu'est née en sa présence l'une des plus célèbres chansons françaises. Alors qu'ils bavardaient ensemble un soir, en compagnie d'Anna Marly, une petite femme juive d'origine russe qui jouait de la guitare, Raoul Breton a eu une idée. Comme il devait prochainement retourner en France, il s'est tourné vers Joseph Kessel et lui a demandé : « Écrivez-moi une chanson que je porterai aux soldats. Ce sera une chanson destinée à leur donner du courage. » Anna Marly avait sa guitare, sur laquelle elle s'est mise à chercher des accords. Kessel a attrapé une feuille du papier à lettres de l'hôtel. Mais il n'avait pas de quoi écrire, car il avait laissé son stylo dans sa veste d'aviateur dans le hall de l'hôtel. Or il disait : « J'ai l'idée ! J'ai l'idée ! Ça ne peut pas attendre ! » La marquise lui a donc tendu son bâton de rouge à lèvres parce que, disait-elle, « une idée peut s'envoler aussi vite qu'un oiseau effrayé ». Et c'est ainsi que Joseph Kessel a écrit, au rouge à lèvres et sur le papier à en-tête du Waldorf Astoria : « Ami, entends-tu le vol noir des corbeaux dans la plaine... » qui allait devenir le célèbre *Chant des partisans*, sur une musique composée par Anna Marly.

Plus tard, il l'a cosignée avec son neveu Maurice Druon. Druon est en effet connu pour avoir écrit la moitié des paroles du *Chant des partisans*, mais, d'après la marquise, toutes les paroles auraient déjà été écrites dans la petite chambre du Waldorf Astoria, ce soir-là. M. Breton aurait ensuite apporté la chanson aux soldats de la 2e DB du général Leclerc, qui l'ont chantée en premier ;

il l'a donnée aussi à un groupe de soldats de la Légion étrangère, au fort de Vincennes. Telle serait l'histoire de cette chanson qui est devenue par la suite un succès international interprété par Yves Montand, Leonard Cohen, Joan Baez et tant d'autres...

Voilà les souvenirs que me racontait Mme Breton au Petit Riche, en présence de Joseph Kessel. Ils se rappelaient tous les moments passés ensemble devant moi.

Et pour moi, qui écoutais tout cela à quatorze ans et demi, c'était évidemment extraordinaire. Je connaissais de nom Joseph Kessel, qu'on surnommait le « vieux lion », parce que mon père parlait de lui. Il avait ses livres et quand il le voyait à la télé, en noir et blanc, il disait : « Taisez-vous ! Je vais écouter ce que dit Joseph Kessel... » C'étaient en général des émissions qui retraçaient des scènes de la guerre, dans lesquelles Kessel racontait des histoires qui lui étaient arrivées quand il était dans l'aviation ou auxquelles il avait assisté. Bref, je n'en revenais pas de voir cet homme assis devant moi qui me tutoyait, qui me parlait comme si j'étais un intime.

Mme Breton n'aimait pas son nom de jeune fille, ni même son prénom, Rachel. Son dîner de mariage avec Raoul Breton avait eu lieu avant la guerre, au Grand Véfour. « Quel cadeau vous ferait plaisir ? » lui avait demandé Charles Trenet. « Faites-moi le plus beau des cadeaux, trouvez-moi un joli surnom », lui avait répondu la nouvelle Mme Breton. Charles n'a pas hésité. Mme Breton avait un visage délicat, avec un petit nez gracieux, bien dessiné, une peau fine. « Avec votre profil, a rétorqué Charles, vous pourriez être marquise. » Cette analogie était si juste que depuis ce jour-là, tout le monde appelait Mme Breton ainsi. De ce fait, personne ne se souvenait qu'elle était prénommée Rachel et encore moins qu'elle était née à Blida.

L'un des avantages majeurs de ce métier de coursier aux Éditions Breton, c'était qu'il me donnait la possibilité de côtoyer des artistes, connus ou inconnus. C'est ainsi par exemple que j'ai connu Charles Aznavour, qui m'a aidé à mes débuts. Il a écrit pour moi *Gosse de Paris*. Il était un des jeunes poulains des éditions Breton, écrivait pour Édith Piaf, Gilbert Bécaud et les autres, se lançait comme auteur-compositeur. Raoul Breton répétait : « J'ai décidé d'investir sur Charles parce que j'y crois », et il l'a imposé en finançant l'enregistrement de la chanson *Sur ma vie*, qu'il a fait distribuer chez Ducretet Thomson. Le disque a connu un succès presque immédiat. C'est le moment où Aznavour a enfin eu l'audience qu'il méritait. En quelques semaines, il est passé du rôle de vedette américaine de Roger Pierre et Jean-Marc Thibault à celui de vedette à l'Olympia.

Cela faisait vingt ans qu'il attendait cette reconnaissance. Pour lui, elle a été particulièrement longue à venir. C'est sans doute en souvenir du rôle que Raoul Breton a joué dans sa vie que, bien après sa mort, il a racheté sa maison d'éditions.

Je dînais régulièrement avec Charles Trenet, qui passait me chercher aux Éditions Breton après ma journée de travail. Peu de temps après notre rencontre, un soir où nous roulions dans sa voiture, il s'est adressé à moi en ces termes : « Jean-Jacques, je voudrais te poser une question. Est-ce que tu aimes les garçons ? » Je lui ai répondu que ce n'était pas le cas. « Alors, a repris Charles, je vais te poser une deuxième question : accepterais-tu mon amitié ? » C'est ainsi que devait débuter une relation faite d'affection et de connivence, qui s'est poursuivie sur plus de cinquante années.

En parallèle de mes activités de coursier, j'ai commencé à suivre les cours de Mireille au Petit Conservatoire de la chanson. Là aussi, je rencontrais de jeunes auteurs, de jeunes interprètes, Joël Holmès, Danièle Rouillé, Jocelyne Jocya, le futur Pierre Vassiliu... Mireille recevait aussi quelques élèves à son domicile au Palais-Royal, à l'occasion de leçons particulières, et j'ai eu cette chance à plusieurs reprises. J'ai ainsi pu voir le système qu'elle et son mari, l'écrivain Emmanuel Berl, avaient mis au point pour vivre ensemble sans se déranger. Ils vivaient dans deux appartements sur le même palier, à l'entrée desquels il y avait ce qu'on ne saurait appeler autrement que des feux de signalisation. Quand le feu était au vert, à l'entrée, cela signifiait à l'autre qu'il était libre de venir. Mais s'il était rouge, cela signifiait : ne pas déranger. Voilà comment Mireille et son mari réussissaient à préserver leur travail respectif tout en vivant ensemble.

Mireille me demandait parfois d'aller lui faire des courses à l'épicerie en bas de chez elle, où elle avait un compte. Les immeubles du Palais-Royal ne comportaient pas d'ascenseur ; les escaliers avaient des marches très hautes. Mireille profitait donc de la présence de ses élèves pour leur faire faire ses courses. Outre les feux de signalisation installés entre son appartement et celui d'Emmanuel Berl, elle avait également conçu un système de communication avec son voisin du dessous : un certain Jean Cocteau. Sur la rambarde de sa cuisine, Mireille avait placé un câble au bout duquel un poids était accroché. Lorsqu'on bougeait le câble, le poids allait cogner contre la fenêtre de la cuisine de Jean Cocteau. Ce bruit lui signalait qu'un élève du cours de Mireille s'apprêtait à faire les courses. Jean Cocteau avait quelques rhumatismes, il souffrait des jambes et les escaliers avec leurs hautes marches lui donnaient du fil à retordre. Je faisais donc simultanément les courses de Mireille et les siennes. En ce qui concerne Cocteau, ce n'était pas compliqué : il prenait toujours de la chicorée Leroux en bouteille. Mireille m'avait dit : « À votre retour, vous sonnerez chez lui, sa femme de ménage vous ouvrira et vous lui remettrez les courses. »

À plusieurs reprises, j'ai exécuté ce programme point par point. Mais il y a eu un jour où, quand la porte s'est ouverte, à l'étage en dessous de chez Mireille, Jean Cocteau se tenait dans l'embrasure. Ce jour-là, il n'avait pas de femme de ménage. « C'est gentil d'avoir fait mes courses. » Cette scène s'est répétée deux ou trois fois. Et un jour, il m'a fait entrer chez lui.

C'était un tout petit appartement, installé dans un entresol. En réalité, cet appartement avait été conçu pour les domestiques de l'habitation de maître située au-dessus. J'en ai été assez surpris. À cause de sa notoriété, en raison de ses films et de ses pièces de théâtre, j'aurais imaginé Cocteau vivant entouré de serviteurs, dans un appartement grandiose éclairé par des torchères sur les murs. Je supposais qu'il vivait dans le faste. Or j'étais entré dans une maison de poupée, et je l'ai entendu déclarer : « Je suis très sensible au froid ; je ne suis bien qu'ici. C'est tellement petit que je peux chauffer très vite. Autrefois, j'avais un grand appartement à la Madeleine ; j'y étais très mal parce qu'il y faisait toujours froid. Ici, finalement, plutôt qu'un appartement, c'est une roulotte. Voilà pourquoi j'y suis bien. » Par la suite, il m'a expliqué qu'il avait fumé beaucoup d'opium au cours de sa vie, et que depuis qu'il avait arrêté, il était devenu frileux.

Je me trouvais donc dans un appartement bas de plafond, composé d'un salon exigu, d'une chambre minuscule et d'une toute petite cuisine. Le salon était meublé d'un canapé très simple, avec deux chaises, une table basse, une cheminée sur laquelle étaient posés des bougeoirs qu'il avait dessinés lui-même pour Christofle et des bijoux qu'il avait conçus pour la maison Cartier.

Dans sa chambre, j'ai vu la table sur laquelle il écrivait. Il avait aussi une planche carrément posée sur son lit, où il faisait ses dessins. Le manque d'espace était encore accentué par l'encombrement : il y avait des papiers partout, des dessins par terre, au mur, sur chaque centimètre carré disponible. Il y avait aussi des ardoises dans chaque pièce parce qu'il notait dessus toutes ses idées et tout ce qu'il devait faire pour le lendemain. « Voilà, c'est ma décoration, m'a-t-il dit. Je manque un peu de place, mais au moins, en hiver, je n'ai pas froid. Je suis très bien ici. »

Il m'a offert à boire, s'est mis à bavarder avec moi. Il buvait du saint-amour ; il m'a raconté que ce vin provenait d'une cuvée spéciale faite pour lui, et que c'est lui qui avait eu l'idée de l'appellation « saint-amour ». Puis il a ajouté : « Qu'est-ce que vous faites ce soir ? Il y a une boîte qui vient de s'ouvrir dans ma rue. J'ai une invitation, mais ça m'embête d'y aller tout seul. Voudriez-vous m'accompagner ? » Je n'avais rien de particulier de prévu ; j'étais donc partant. J'ai néanmoins appelé ma mère, pour qu'elle ne s'inquiète pas, puis je lui ai passé Cocteau. « Allô, bonjour, madame Debout, Jean Cocteau à l'appareil. Je voudrais vous demander l'autorisation d'emmener Jean-Jacques ce soir à l'ouverture d'une boîte de nuit qui s'appelle Le Whisky à gogo. Je l'ai invité avec moi pour savoir ce qu'il en pense. J'appellerai ensuite un taxi que je réglerai jusque chez vous. Ne craignez rien, surtout, je veillerai sur lui, etc. » Il était à la fois très poli et assez amusé.

Nous sommes allés dîner dans un restaurant, Les Deux Canons, qui se trouvait pratiquement en face de chez lui. Pour ses dîners, Cocteau alternait entre Le Grand Véfour pour les occasions officielles, et Les Deux Canons pour les sorties plus intimes. Il adorait Le Grand Véfour, pas seulement pour la nourriture, mais aussi pour le décor et en raison de son amitié avec Raymond Oliver ; mais il souhaitait que cet endroit reste un plaisir pour lui. Il se retenait donc d'y aller tous les soirs en disant : « J'aime trop cet endroit. Si jamais je l'use, un jour je n'aurai plus envie d'y aller. »

Ce soir-là, nous avons donc dîné aux Deux Canons, où nous avons parlé des films qui sortaient, des pièces de théâtre qui se donnaient à ce moment-là. Cocteau me posait des questions sur ce que j'aimais. En retour, il m'a expliqué pourquoi certains artistes le touchaient plus que d'autres. Pour sa part, il n'aimait pas ceux qui étaient selon son expression « trop fabriqués ». Peu de temps auparavant, il était allé au Théâtre de l'Étoile voir Yves Montand qui faisait un récital tout seul sur scène. Je l'avais vu moi aussi et j'en avais été très impressionné. « Il travaille trop devant une glace ; ça se sent, m'a fait observer Cocteau, or j'aime les artistes qui laissent une part à l'improvisation dans ce qu'ils doivent jouer ou chanter. Quand un tour de chant est réglé comme une montre suisse, ça prend des allures de zéro parfait, sans bavure. » J'ai été très frappé de cette analyse.

Après Les Deux Canons, nous sommes allés au Whisky à gogo, qui était dirigé par le fameux Paul Pacini. Le club était largement plongé dans l'obscurité ; au centre, des projecteurs de toutes les couleurs éclairaient une piste de danse. La personne qui nous a ouvert la porte était Régine, qui débutait et dansait avec Jean-Pierre Cassel sur la piste pour montrer aux gens comment il fallait bouger sur les airs de l'époque. On écoutait des boogie-woogies, mais aussi les Platters, des mélodies un peu sirupeuses qui annonçaient ce qu'a chanté par la suite Elvis Presley... Régine faisait des cabrioles sur le dos de Jean-Pierre Cassel et ne s'interrompait que pour aller ouvrir la porte quand quelqu'un sonnait à l'entrée.

Au cours de la soirée, Paul Pacini est venu s'asseoir à notre table et a demandé à Cocteau : « Alors, Jean, comment trouvez-vous mon établissement ? Avouez qu'il y a quand même ici une ambiance du tonnerre ! » Cocteau a regardé Pacini avec une moue. Il lui a fait signe de s'approcher et, dans le creux de l'oreille, il lui a répondu : « J'aurais préféré que vous me disiez qu'il y règne un bon climat... »

Nous sommes sortis vers 2 heures du matin du Whisky à gogo. Cocteau répétait : « C'est amusant, ce genre de sortie, de temps en temps, mais maintenant, je vais me remettre à mon travail. » Et je savais qu'il allait rentrer chez lui, se faire de la chicorée Leroux sur un petit réchaud à alcool, et en boire pour ne pas s'endormir, pour pouvoir écrire jusqu'à l'aube. Grâce à la chicorée Leroux, il ne s'endormait qu'au matin, après avoir fini d'écrire ce qu'il avait en tête à ce moment-là. C'était une époque où il écrivait beaucoup pour le théâtre.

À partir de cette rencontre, je l'ai vu assez régulièrement, notamment quand il venait au Petit Conservatoire pour écouter chanter les élèves. Mireille organisait tous les mois une soirée où venaient Jean Sablon, Jean-Pierre Aumont, Claude Dauphin et d'autres artistes qui chantaient parfois en duo avec Mireille. Et puis un jour, Cocteau m'a demandé si j'avais des nouvelles de Charles Trenet, qu'il connaissait très bien. Il avait lu dans un journal que Trenet avait été cambriolé par un gigolo qui lui avait volé un petit tableau de Toulouse-Lautrec auquel il tenait beaucoup. J'étais au courant de cette affaire. « Oui, ai-je dit, et on ne lui a pas volé que cela. On lui a pris aussi des lettres importantes de Max Jacob,

Charlie Chaplin... » Charles gardait les lettres des personnalités qui lui écrivaient. Et j'ai ajouté : « Il y avait même des lettres et un dessin de vous. » Cocteau a souri, il s'est même mis à rire et a dit : « Vous voyez, Jean-Jacques, dans la vie, toute bonne action mérite punition ! »

Cette phrase m'a amusé ; je l'ai répétée à Charles Trenet, qui n'a pas trouvé ça drôle. Il avait porté plainte et la police a débarqué un soir au domicile du voleur présumé. C'est là qu'ils ont tout retrouvé : le Toulouse-Lautrec, un petit Cézanne, un petit Rouault, auxquels s'ajoutaient les lettres de personnalités et le dessin de Cocteau. Avec tout cela, le garçon aurait pu monter un petit musée. Mais ce n'était pas son objectif. Quand la police est arrivée chez lui, il avait déjà proposé cette marchandise à des commerçants des puces. On a retrouvé chez lui des offres de prix pour les différentes pièces. Mais il n'avait pas eu le temps d'écouler quoi que ce soit. J'ai donc rassuré Jean Cocteau : ses deux lettres avaient été retrouvées ainsi que son dessin... Cocteau m'a alors demandé de remettre à Trenet un mot de sa part. Et il lui a écrit que, étant donné qu'il avait retrouvé ses affaires, il devrait faire un petit geste vis-à-vis de ce garçon, qui allait de toute façon être puni par le juge. Et c'est ce que Trenet a fait. Il s'est rendu au procès, et a déclaré ouvertement qu'il retirait sa plainte parce qu'il avait retrouvé ses affaires. Le juge était assez mécontent et lui a répondu : « Si tous les gens faisaient comme vous, on ne servirait plus à rien. »

En 1956, j'étais donc coursier aux Éditions Breton pour gagner un peu d'argent ; je suivais le Petit Conservatoire de Mireille pour apprendre à chanter ; je jouais de la clarinette avec l'orchestre qu'avait fondé Olivier Despax dans des caves à Saint-Germain-des-Prés et, en parallèle, je m'étais inscrit au Cours Simon. René Simon avait été autrefois à la Comédie-Française et était devenu professeur d'art dramatique. C'est lui qui a fait débuter pratiquement toutes les grandes vedettes du cinéma de cette période : Dany Robin, Georges Marchal, François Périer, Michèle Morgan, Pierre Mondy... C'était un homme et un professeur extraordinaire. Le lundi soir, il réunissait tous ses élèves, parce qu'il avait plusieurs classes, et il faisait son cours avec tout le monde. Il nous faisait monter sur scène et improviser ; cet exercice donnait des résultats fabuleux. Je me souviens d'un soir où j'étais monté sur la scène avec Marie-José Nat, qui était encore un bébé de seize ans à peine. À la fin de notre numéro d'improvisation, je m'étais mis à chanter, je ne sais plus pourquoi. Et René Simon s'est adressé à moi en disant : « Debout ! » En entendant cela, tout le Cours Simon s'est levé. René Simon a précisé : « Non, je parle à Debout, rasseyez-vous. Toi, Debout, tu ne deviendras pas acteur. Il faut que tu chantes, c'est là que tu es le meilleur. Fais quand même du théâtre, parce que tu es un peu timide et que le théâtre t'aidera à briser ta timidité. Mais tu finiras dans la chanson. » Je suis obligé aujourd'hui de rendre hommage à sa clairvoyance, qui est d'ailleurs unanimement reconnue dans le milieu.

Dans une autre circonstance, il a précisé : « Il faut que tu ailles vers le music-hall, Debout, c'est dans cette voie-là que je te vois le mieux, ou alors il faut que tu fasses du comique. » Il paraît en effet que dans la vie, j'étais plus comique qu'autre chose, mais j'ai préféré me tourner vers la chanson. C'est peut-être une erreur ; ceux qui me connaissent bien pensent que j'aurais fait une carrière de comique.

Quoi qu'il en soit, dans ce cours, j'ai fait des rencontres et noué des amitiés qui devaient me suivre toute ma vie. Marie-José Nat, Jacques Perrin, Sami Frey, Yann Barry, Jacques Balutin, Jean-François Poron, Pierre Massimi, Françoise Vatel, dont j'ai été très amoureux et avec laquelle j'ai tourné dans un petit film de Jean Gourguet... S'y trouvait également Armel Issartel, qui commençait à jouer dans une pièce au Théâtre des Ambassadeurs, *Le Vélo devant la porte*, avec Roger Hanin qui faisait ses grands débuts au théâtre... Il y avait aussi Grosso et Modo, Dany Saval, jolie comme un cœur, Francis Nani, Danièle Volle, Jacques Higelin, Roger Dumas... Une fois les cours terminés, nous allions tous discuter de l'avenir autour d'un verre de limonade au café Le Villars, place Saint-François-Xavier.

Vers la mi-juin, René Simon nous a fait jouer une revue au théâtre du casino de Cabourg. Il nous a demandé d'improviser là où nous nous sentions le mieux ; j'avais imaginé que je jouais de la clarinette dans un petit orchestre avec Jacques Higelin. À nos côtés, une jeune fille dansait et nous faisait marcher l'un et l'autre. Un jour, cette jeune fille est venue avec sa copine et sa copine est restée avec moi. Elle était jolie comme une petite poupée et avait un harmonieux accent allemand. Elle s'appelait Uta Taeger ; je l'emmenais passer des week-ends chez les parents de Roger Dumas, à Senlis, dans le grenier de leur boulangerie. Moi, je passais tout mon temps dans le fournil avec M. Dumas, à le regarder faire des gâteaux et des croissants. Je l'aidais à sortir la grande pelle en bois ; en été, tous les grillons autour chantaient parce que le four les attirait, ce qui me faisait rire. Et l'hiver, comme il faisait très froid, malgré le fournil du père qui faisait son pain toute la nuit, nous dormions, Marie-José, Roger, Uta et moi dans le même lit, parce qu'il n'y en avait qu'un. Nous parlions pendant des heures de tous nos projets. C'est là que Marie-José

Nat nous a appris qu'elle venait de signer un grand roman-photo avec l'acteur Jean-Claude Pascal. Roger allait tourner avec Robert Lamoureux sous la direction d'Yves Robert dans *Arsène Lupin*. Uta s'apprêtait à jouer au théâtre dans une pièce d'Eugène Ionesco... Puis, un soir, nous sommes allés, Uta et moi, dîner chez le chanteur-auteur-compositeur Jean-Claude Darnal, rue du Départ, à Montparnasse. L'adresse de cet hôte était un signe du destin : la mort dans l'âme, j'ai assisté au départ d'Uta, qui est restée dormir chez Darnal ce soir-là. Je crois qu'ils eurent beaucoup d'enfants et sans doute aussi nombre de petits-enfants.

6

« Qu'est-ce que vous faites dans la vie ? » m'a demandé Jacques Prévert. C'est Joseph Kessel qui, quelques semaines après notre première rencontre, m'a présenté au célèbre poète.

« Je joue de la clarinette, je voudrais être musicien de jazz. Mais je chante aussi un peu, je joue du piano et je me lance dans l'écriture de chansons. » En vérité, je commençais très timidement à composer des airs que je n'osais montrer à personne. « Écoutez, m'a dit Prévert, vous devriez aller voir mon amie d'enfance, qui s'appelle Christiane Verger. Je suis sûr qu'elle pourra vous aider. Vous savez, c'est elle qui a écrit cette chanson qui s'appelle *Clémentine*, dont Montand a fait un grand succès. » C'était en effet un air très connu : « Sous un léger corsage qui fait des plis, deux petits seins bien sages, comme c'est joli... » Prévert m'a aussi raconté que c'était elle qui avait écrit la musique de *L'Opéra de la Lune*, dont il avait écrit lui-même le livret. J'ai donc appelé Christiane Verger, quelque temps plus tard, qui m'a donné rendez-vous. Elle habitait rue de Richelieu, un peu avant la Comédie-Française, et j'ai commencé à aller chez elle, pour lui montrer ce que je faisais.

La première fois, j'étais très ému : elle s'est mise au piano et m'a joué des chansons qu'elle avait écrites, certaines avec Prévert, d'autres avec Jean Rougeul. Ce faisant, Christiane Verger, qui était véritablement une femme formidable, m'a appris comment on construisait une chanson, comment il fallait écrire le refrain, combien de couplets il fallait composer... Aux Éditions Breton, je voyais écrire Charles Trenet, ou Bécaud ; je jouais leurs chansons. Mais ils ne m'ont pas enseigné leur méthode comme l'a fait Christiane Verger. C'est elle qui m'a appris à bâtir une chanson. Grâce à son aide, j'ai écrit mon premier tour de chant. En parallèle, tandis que je travaillais avec elle, j'avais rencontré aux Éditions Breton Maurice Vidalin et Jacques Datin, qui étaient l'un un auteur et l'autre un compositeur de renom. Maurice Vidalin venait d'écrire *Le Mur* pour Gilbert Bécaud : « Il y a toujours un côté du mur à l'ombre... » Jacques Datin, pour sa part, composait les musiques pour Vidalin. Je leur ai parlé de mon envie d'écrire à propos des orphelins que j'avais côtoyés à Juilly, de ces enfants seuls au monde dont le sort m'avait ému... À l'époque, j'écrivais de la musique, mais sur le plan de la construction d'une chanson et de l'écriture des paroles, je balbutiais encore. Je leur ai donc parlé de la chanson dont j'avais envie. Datin était au piano et essayait des mélodies ; Maurice Vidalin me montrait des couplets possibles. Chaque jour, il m'en apportait un nouveau. Parfois, je n'étais pas d'accord avec ce qu'il avait écrit, ou je lui donnais des précisions.... Dans ces cas-là, il changeait le couplet. Un jour, la chanson a été terminée : elle s'intitulait *Les Boutons dorés*. Au bout de quelques semaines, mon tour de chant, qui se composait de quatre ou cinq chansons, a été fin prêt. Sur les conseils de la marquise et de Charles Trenet, je suis allé le présenter à Patachou.

Celle-ci m'a reçu très gentiment dans son cabaret situé non loin de la place du Tertre, avec son mari Jean Billon. Ils cherchaient quelqu'un pour chanter en première partie de Patachou, quelqu'un qui pourrait commencer le soir même. J'ai dit que j'étais disponible, mais que je n'avais pas de pianiste. « Aucun problème, m'a répondu Patachou. Vous pourriez avoir mon pianiste et mon accordéoniste. Je vous prêterais mon orchestre et vous débuteriez le programme. » J'ai donc passé mon audition en tremblant. Or, après m'avoir entendu chanter *Les Boutons dorés*, Patachou m'a dit : « Je t'engage ! » Et j'ai fait le soir même mes débuts dans le métier, place du Tertre.

Avant d'ouvrir son cabaret à Montmartre, Patachou avait été la secrétaire de Raoul Breton, chez qui elle avait entendu les plus belles chansons du monde, avant qu'elles soient connues du grand public. Elle avait été le témoin privilégié de leur naissance et de celle de nombreux artistes de grande valeur. Raoul Breton vouait à Patachou un amour sans bornes, il me l'a dit personnellement. Il m'avait expliqué pourquoi : « Jean-Jacques, cette femme est unique au monde. Elle est capable de tout transformer : à travers son regard, ce qui n'est pas intéressant le devient comme par magie ; ce qui est bête peut tout à coup basculer dans l'humour et faire rire toute une salle. En plus de cela, elle est belle comme un ange et dans ses yeux on ne voit que le ciel bleu. » Et quand Charles Aznavour a écrit *Plus bleu que le bleu de tes yeux*, cette chanson avait été inspirée par le regard de la secrétaire de Raoul Breton, d'après le marquis.

Son véritable nom était Henriette Billon. Naturellement, pour une chanteuse, ce nom ne sonnait pas très bien. Il avait donc fallu lui trouver un nom de scène. Cette fois aussi, c'est Charles Trenet qui avait été inspiré. Le soir de l'inauguration de son cabaret, qui était situé dans une ancienne pâtisserie, Henriette Billon avait servi à ses invités des petits choux à la crème, devant lesquels ses convives s'étaient extasiés. « Cette pâte à chou fond sur la langue ! » s'était exclamé Charles. De là, l'idée de surnommer ainsi la chanteuse, ainsi que son cabaret, s'était imposée tout naturellement.

Quand je suis allé auditionner devant elle, Patachou venait de finir une tournée qui l'avait menée tout autour du monde, avec Maurice Chevalier. Ils avaient chanté en duo : « Il y a tant d'amour sur toute la terre, donne-moi ta main... » Elle était alors en pleine gloire. Mais son mari, Jean Billon, et Raoul Breton l'avaient persuadée de revenir chanter en France. « Il est temps que tu reviennes, ton public s'impatiente. Ne reste pas trop longtemps loin de la France ; un jour, une autre artiste peut prendre ta place. Ça peut arriver très vite, tu sais ? Quand un artiste s'en va à l'étranger, il croit qu'il est toujours présent dans le cœur des gens en France, et puis il découvre que le public l'a remplacé... » Tel est sans doute le discours qu'ils lui ont tenu. Convaincue, Patachou était revenue prendre sa place dans le cœur des Parisiens. Sous contrat avec Philips, elle était donc, comme tous les artistes Philips à l'époque, sous la direction de Jacques Canetti, l'imprésario de Maurice Chevalier, Philippe Clay, Jacqueline François, Brassens, Félix Leclerc, Mouloudji, les Frères Jacques, Guy Béart et bien d'autres...

Or, peu de temps après mon audition, un soir, au cabaret des Trois Baudets, j'ai assisté à une engueulade entre Canetti et un artiste sur le point d'entrer en scène. Dans les coulisses, juste avant qu'il chante, Canetti a dit au chanteur : « Mon pauvre Jacques, avec la gueule que tu as, je crains que tu ne réussisses jamais. » L'homme lui a donné une claque et lui a répondu avec un fort accent belge : « On ne dit pas ça à un artiste qui va entrer en scène et qui met tout son cœur pour chanter. » Puis il est monté sur scène et a entamé son tour de chant. Le public était enthousiaste et l'applaudissait à tout rompre. Peu après, Jacques Brel est venu chanter chez Patachou, dans ce programme où je débutais. Il chantait juste après moi, en vedette américaine. Il n'y avait qu'une seule loge pour tout le monde, au cabaret. Et je suis resté chez Patachou pendant plus de deux ans et demi, ce qui fait que pendant ce temps-là, j'ai eu la chance de partager la loge avec Jacques Brel.

J'étais très copain avec lui. Nous rentrions souvent ensemble, moi à Saint-Mandé, lui à Montreuil, où il habitait dans un bidonville. Saint-Mandé n'est pas loin de Montreuil. Parfois, je le ramenais chez lui ; d'autres fois, c'est lui qui me ramenait. Mais avant de rentrer, nous allions souvent boire quelques verres, manger un morceau à la brasserie Royal Saint-Germain. Brel n'était pas le genre d'artiste pressé d'aller se coucher quand il avait chanté. Il faisait ce qu'il appelait la « tournée des grands-ducs ». Nous allions souvent à Pigalle, chez Moune, le cabaret de lesbiennes. Jacques avait sa cour dans ce quartier : il y avait plusieurs bars dans lesquels il était accueilli comme un prince par les prostituées qui travaillaient là. Il n'y allait pas pour draguer. Il se contentait d'offrir des coupes de champagne aux filles ; il adorait parler avec elles. Il avait déjà une femme et deux petites filles en Belgique, mais son envie de vivre, sa joie de rencontrer les gens étaient étonnantes.

À l'époque, il parlait tout le temps de Brassens, et de Raymond Devos, dont le talent l'impressionnait. Il me montrait aussi ses nouvelles chansons, des idées de mélodies ou de textes, encore à l'état d'ébauches... Je le revois accordant sa guitare. Il avait toujours deux cigarettes allumées simultanément; l'une était dans le cendrier et il accrochait l'autre dans les cordes de sa guitare. Pendant ces deux années et demi où nous avons chanté ensemble chez Patachou, je n'ai jamais vu Brel sans une cigarette à la main.

Barbara nous rejoignait de temps à autre; parfois, quelques lesbiennes lui tournaient autour. Nous étions assis tous ensemble sur les banquettes, devant le bar. Il y avait aussi quelques prostituées, quelques travestis qui bavardaient avec nous. Nous parlions agréablement. Je me souviens d'avoir dit à Barbara : « Tu ne trouves pas que c'est quand même incroyable, cet endroit! C'est unique de descendre dans un caveau et de pouvoir parler à des mecs habillés en femme, à des femmes habillées en garçon... » Barbara m'a répondu : « Mais tu sais, la nuit, le sexe n'a aucune importance. La seule chose qui compte, c'est ce qu'on a à dire, c'est la personnalité et le charme de chacun. » J'avais trouvé cette idée assez drôle. Quand je la voyais, je lui rappelais de temps à autre :

« Barbara, n'oublie pas que la nuit, les sexes n'existent pas!

— Ah, ça dépend des nuits! » me répondait-elle en riant.

Brel était très intrigué par l'univers des travestis. Après être allé chez Moune, il proposait souvent de prendre un dernier verre chez Michou. Nous arrivions au cabaret, nous nous installions dans le fond de la salle pour ne pas déranger le spectacle. Jacques ne voulait même pas qu'on sache qu'il était là, mais Michou était tout de suite mis au courant par le videur et il venait bavarder avec nous. C'est d'ailleurs ce que nous avons fait en 1978, la veille de l'entrée de Jacques à l'hôpital;

nous étions en train de boire un verre avec Michou quand Jacques nous a dit : « Vous savez, les gars, j'ai bien peur que ce soit la dernière fois qu'on prend un verre ensemble. » Il avait tardé à se faire opérer d'une tumeur au poumon parce qu'il jouait *L'Homme de la Mancha* au Théâtre des Champs-Élysées, et aussi parce qu'il avait peur de l'opération... Le lendemain, il est entré à l'hôpital de Créteil et c'est là qu'il s'est endormi. Il n'avait pas cinquante ans...

Dans le milieu de la chanson, je continuais de progresser ; j'ai participé à un concours financé par l'apéritif Byrrh et organisé par Radio Luxembourg, qu'on n'appelait pas encore RTL. Le concours avait lieu au Théâtre de l'Étoile. Je m'y étais déjà rendu en compagnie de ma grand-mère en 1949, lorsque j'étais allé voir Yves Montand dans son premier récital. Cette salle était restée mythique pour moi. J'étais par conséquent assez ému de pouvoir chanter là. Et il s'est trouvé que j'ai gagné le concours des « Prodiges » de Byrrh. Je suis arrivé premier. Yves Montand, qui faisait partie du jury, se trouvait dans la salle, et m'a dit : « Avec une voix comme la vôtre, vous irez loin. Et sachez que je serais content que vous m'écriviez une ou deux chansons. Vous avez une conception de la chanson comme je l'aime. » J'étais fier comme tout, du premier prix et de ce compliment. Avec le premier prix des « Prodiges » de Byrrh, j'ai gagné la collection intégrale des Larousse. Pas un petit Larousse de poche, non. Toute la collection des gros, beaux Larousse reliés. Il y avait une bonne dizaine de volumes, avec lesquels je suis rentré à Saint-Mandé. Ma sœur aînée, Paule, qui avait dix ans de plus que moi, louchait un peu dessus quand elle les voyait, ce qui m'a donné une idée. Elle avait une 5 CV Citroën et voulait la changer. Je lui ai donc fait la proposition suivante : « Je t'échange ta voiture contre les Larousse. » C'est comme ça que je me suis retrouvé avec une 5 CV Citroën qu'à l'époque on appelait une « petite citron ». Il s'agissait d'une petite voiture noire avec des ailes qui ressortaient. C'était ma première voiture, et elle tombait en panne partout...

En raison de ce prix, à Radio Luxembourg, on s'est intéressé à moi ; on m'a proposé de jouer dans des feuilletons radio qui étaient faits par Gérard Sire et Jean Yanne, et produits par Maritie et Gilbert Carpentier. C'est ainsi que j'ai connu les Carpentier, avec lesquels je devais travailler beaucoup par la suite.

Mais surtout, quand il a vu que j'avais gagné les « Prodiges » de Byrrh, M. Breton m'a dit : « Je vais te produire un disque et te trouver une maison de disques. » Au début, il a vu Pathé Marconi, où il y avait toutes les vedettes de l'époque, c'est-à-dire Trenet, Mireille, Édith Piaf, et bien d'autres, mais il a estimé finalement que ce n'était peut-être pas une bonne idée. Il a eu le sentiment qu'à Pathé, on ne s'occuperait pas vraiment de moi. Et comme il avait rencontré un jeune directeur artistique nommé Jacques Wolfson, qui s'occupait de Colette Renard, laquelle venait d'exploser avec la comédie musicale *Irma la douce*, Raoul Breton m'a confié à lui.

Il y avait à ce moment-là une grève des musiciens français. C'est donc à Bruxelles que je suis allé enregistrer *Les Boutons dorés*, avec Jean Lexia, l'orchestrateur de Charles Aznavour, et un orchestre de quarante musiciens. J'étais parti avec M. et Mme Breton, dans leur Cadillac noire... J'étais fier comme on l'imagine d'aller en Cadillac à Bruxelles enregistrer mon premier disque. Aux studios, j'ai répété deux fois avec l'orchestre, puis nous avons enregistré les deux chansons qui devaient composer le disque. Les 45 tours avec deux titres commençaient à devenir à la mode en France, ils venaient de détrôner les 78 tours. Eddie Barclay s'y était mis le premier, rapidement imité en cela par les disques Vogue, puis par Pathé Marconi, quand ces derniers ont vu que ce format attirait le public. C'est à ce moment qu'est apparu le fameux Teppaz : ce lecteur de disque qui comportait un gros trou où on était obligé de mettre un cylindre pour tenir le disque.

Pour en revenir à moi, j'ai donc enregistré mon 45 tours à Bruxelles ; et Jacques Wolfson l'a fait entendre à Léo Caba, le patron de chez Vogue, dont les vedettes de l'époque étaient Colette Renard, Claude Luter, Sidney Bechet... J'entrais dans une maison de disques, et je n'en étais pas peu fier. J'ai alerté tout Saint-Mandé, mes amis Jean-Paul Goude, Jacky Mesrine. Je leur ai offert mon disque... Une étape importante de ma vie avait été franchie.

Quand j'ai fait ma communion solennelle à Saint-Mandé, à l'âge de onze ans, j'étais amoureux d'une communiante. Il y avait environ quatre jours de préparation avant la communion et, durant cette retraite, bien que filles et garçons aient été constamment séparés, j'avais rencontré une jeune fille, qui était plus que belle. À vrai dire, je la voyais comme un ange. Elle s'appelait Maïté ; elle était originaire de la région de Biarritz. Je l'aimais tellement que je m'étais juré de l'épouser. Cet amour n'était sans doute pas réciproque, mais je n'arrivais pas à renoncer à ce rêve.

Par la suite, je l'ai revue à Saint-Mandé, à plusieurs reprises, sans qu'il se passe jamais rien entre nous. Mais quand j'ai commencé à chanter, un de mes premiers contrats a été à Biarritz, au casino d'Hiver ; à peine arrivé, je suis parti en direction de son village dans la montagne pour aller lui dire bonjour. Ce jour-là, je roulais sans doute un peu vite ; à un moment donné, un tracteur m'a coupé la route. J'ai été projeté sur un pont métallique ; la voiture s'est encastrée dans la rambarde gauche du pont et est restée en suspens, à moitié dans le vide. Des gens du coin sont arrivés. Ils me disaient : « Ne bougez pas ! On va vous sortir de la voiture. » Celle-ci menaçait de tomber dans le ravin, très loin en contrebas. De fait, ils ont réussi à m'extraire du véhicule en me lançant des cordes. Peu après, la voiture est tombée dans la rivière. On m'a emmené à l'hôpital afin de vérifier que je n'avais rien de cassé. Je suis allé répéter et j'ai quand même pu chanter.

Le soir même, après avoir chanté, j'ai rencontré une amie de Maïté, qui était de Saint-Mandé elle aussi. « J'ai failli me tuer aujourd'hui en allant la voir, lui ai-je confié. Je n'ai plus de voiture, maintenant. » Et je l'ai chargée de dire à Maïté que j'étais à l'hôtel du Palais, qu'elle pouvait venir m'y voir. Le lendemain, cette amie a vu Maïté, à qui elle a tout raconté. « Il a eu un accident en essayant d'aller te voir hier et ça lui ferait plaisir que tu viennes à Biarritz parce que, comme il n'a plus de voiture, il ne peut pas se déplacer. »

Et Maïté, que j'avais aimée comme un fou depuis ma communion à Saint-Mandé, lui aurait répondu : « Écoute, je ne peux pas descendre parce qu'il y a tellement de tournants sur la route que ça me donne mal au cœur. Alors, excuse-moi auprès de lui, mais pour moi, c'est trop dur. On se reverra peut-être un jour à Saint-Mandé. »

Voilà comment je me suis guéri de cet amour de jeunesse qui n'était clairement pas partagé.

Je continuais de chanter en première partie de Patachou ; or, un soir de septembre 1959, celle-ci est venue dans la loge et m'a dit : « Jean-Jacques, j'ai une proposition pour toi. Je vais faire au mois de décembre ma rentrée à L'Alhambra. Aimerais-tu chanter en première partie ? » L'Alhambra, c'était plus qu'un cabaret, c'était le plus grand music-hall de Paris à l'époque. Il y avait deux mille cinq cents places, c'était plus grand que l'Olympia. Là étaient passés pour la première fois de grandes comédies musicales comme *West Side Story*, les ballets de Jerome Robbins... Tous les grands jazzmen s'y étaient produits. Cette proposition était donc en fait un magnifique cadeau.

Le programme de Patachou s'intitulait *Bonjour Patachou*. Il s'agissait pour moi de commencer la soirée ; je passais comme on le disait alors en « lever de torchon ». En vedette américaine, c'est-à-dire en fin de première partie, Jean Constantin chantait. Il avait déjà écrit *Mon manège à moi*, *À te regarder*, avec Aznavour, qui étaient de grands succès. Constantin était un très grand artiste, un musicien formidable.

Le soir de la première, voyant que j'avais un trac fou, il me répétait : « Allez, courage, tu as de la chance de pouvoir chanter comme ça, vas-y ! » Patachou m'encourageait également. Je suis entré sur scène, j'ai commencé à chanter. Tout se passait bien lorsque, au premier rang, assis devant moi, tout à coup, j'ai vu Maurice Chevalier. Ça m'a fait perdre mes moyens. Du coup, j'ai eu un petit trou de mémoire. Je me suis rattrapé comme je pouvais. Tout en chantant et en me rattrapant, j'ai pensé : « Ça y est, c'est foutu pour moi. Ma carrière va s'arrêter ce soir. » Or, à la fin de la chanson, Maurice Chevalier s'est levé pour m'applaudir. Quand la salle a vu Chevalier se lever, tout le monde a suivi.

Je suis sorti de scène catastrophé par mon trou de mémoire, en dépit du bon accueil que m'avait fait le public. Or, après le spectacle, Patachou a frappé à la porte de ma loge : « Jean-Jacques, Maurice voudrait te féliciter. » Maurice Chevalier était venu l'embrasser, et avait voulu me dire quelques mots. « Vous avez une voix formidable, m'a-t-il dit. À l'occasion, faites-moi plaisir, venez déjeuner chez moi à Marnes-la-Coquette... » Gilbert Bécaud, qui se trouvait aussi dans la salle ce soir-là, m'a complimenté sur ma présence. Charles Trenet m'a dit : « Je suis content pour toi. Tu ne t'en rends pas compte, mais tu viens de gagner une bataille. Tu n'as pas encore gagné la guerre mais tu as gagné ta première bataille. » Raoul Breton avait des larmes de joie. Et mon père était là. Mon père qui disait toujours que j'étais un raté, que ça ne marcherait jamais pour moi, que les artistes étaient très gentils, mais qu'ils vivaient à la solde de la société, parce qu'ils n'avaient jamais un rond. Ce soir-là, il était lui aussi ému. Raoul Breton lui a dit : « Vous voyez, je vous avais dit que Jean-Jacques avait des dispositions. Maintenant, il va falloir qu'il travaille d'arrache-pied, mais c'est quand même formidable de rencontrer un succès pareil à dix-huit ans ! »

« J'avoue que je suis surpris, a dit mon père. Pendant que tu chantais, par moments, je me pinçais pour être sûr que je ne rêvais pas ; pour vérifier que c'était vraiment toi qui étais sur la scène. »

Le lendemain, j'étais en première page de *L'Aurore*. Ma photo ne tenait pas toute la page, mais j'étais en une. L'article racontait en substance ceci : « Hier soir, Patachou a fait débuter un jeune garçon pâle sous les projecteurs. Tel un Pierrot lunaire, il a chanté une touchante chanson intitulée *Les Boutons dorés*. Il s'appelle Jean-Jacques Debout. D'ailleurs, Maurice Chevalier et toute la salle se sont mis debout pour l'applaudir à l'Alhambra ! » C'était évidemment une immense victoire pour moi.

Mais revenons quelques semaines en arrière. Au moment de mes premiers passages chez Patachou, j'ai rencontré à Montmartre un jeune homme, qui, après m'avoir vu chanter, est venu au cabaret et m'a dit : « J'aimerais chanter. Je m'appelle Jean-Philippe Smet. » Il m'a raconté que sa cousine faisait un numéro de *play-mate* à La Nouvelle Ève, avec son mari qui était américain et s'appelait Lee Hallyday. Puis il m'a dit : « J'attends qu'ils aient fini de faire leur numéro et je vais les rejoindre aux Pierrots de Montmartre. » C'était une grande brasserie place Pigalle, à l'angle de la rue Houdon et du boulevard Rochechouart. J'y suis allé avec lui. J'ai commandé un hamburger avec un Coca. Je venais de chanter chez Patachou, j'avais donc besoin de me restaurer. Il y avait un juke-box dans la brasserie et, à un moment donné, il s'est levé pour mettre le disque de Bill Haley *Rock Around the Clock*. Il a pris sa guitare, qu'il laissait à la brasserie tout le temps. Et il a accompagné le juke-box avec sa guitare en chantant par-dessus Bill Haley. J'ai trouvé ça bien; ce n'était pas mon style de musique, mais il avait du charisme, une personnalité pas banale qui me rappelait un peu James Dean dans *À l'est d'Éden*. J'étais favorablement impressionné. Jean-Philippe m'a alors demandé s'il pouvait venir avec moi à l'Olympia. Il avait entendu sur Europe 1 que j'allais y chanter en première partie de Gene Vincent. C'était lui qu'il voulait approcher. « Il n'y a pas de problème, ai-je répondu, tu viendras avec moi à la répétition et on le verra. » Et c'est ce qui s'est passé. Le jeudi suivant, il a rencontré Gene Vincent, avec qui il a parlé, puis je lui ai présenté Bruno Coquatrix, qui dirigeait l'Olympia. Bruno a tout de suite flairé le potentiel de ce jeune chanteur et s'est montré très aimable. « Si vous passez vers l'Olympia, n'hésitez pas à me demander! Je serai toujours là pour vous! Vous pouvez venir voir des spectacles, j'ai toujours une place pour mes amis dans l'aile à droite de l'Olympia. » Puis je lui ai présenté Lucien Morisse et Jacques Wolfson. Ce dernier a dit : « Ça m'intéresserait de vous écouter. »

À partir de là, il a fallu trouver un nom de scène à Jean-Philippe et Lee Hallyday a dit : « Pourquoi on ne l'appellerait pas Hallyday, ça aurait un côté américain ? » Le nom et l'idée plaisaient à tout le monde. Il a ensuite suggéré le prénom Johnny, à cause d'un chanteur nommé Johnny Cash, ce qui a été approuvé également. Je me souviens que Lee Hallyday avait ramené un petit film en 8 mm sur lequel on voyait Elvis Presley chanter à Las Vegas avec ses fans. Tous les soirs, il le passait à Johnny en lui expliquant : « Voilà ce qu'il faut faire ; voilà le pas que tu dois apprendre. On va te trouver des chansons qu'on fera traduire... » C'est comme ça qu'est né Johnny Hallyday. On était à la fin de l'année 1959.

Chez Vogue, Johnny a sorti son premier disque, *Itsy Bitsy petit Bikini*, et a enregistré *Twist Again* presque en même temps. *Petit Bikini* n'a pas plu à Lucien Morisse qui a dit : « Je ne le passerai pas à la radio. » Il ne comprenait pas pourquoi un jeune qui débutait avait pris la chanson de Dalida. Ça a fait une espèce de pataquès. Mais *Twist Again* est sorti deux mois plus tard, et là on a vu que Johnny commençait vraiment à allumer le feu partout. Puis il y a eu la fameuse soirée organisée par Claude Wolff, au Palais des Sports. C'était la première « soirée yé-yé », comme on devait l'appeler plus tard. En première partie, Richard Anthony chantait : « Deux petites pépées dans une petite MG », ensuite venait Johnny. Et cette soirée-là est restée mémorable ; il y avait tant de monde que les gens se bousculaient. Il aurait pu y avoir des morts, tant la foule était dense devant le Palais des Sports. Toute la jeunesse s'y était ruée. À partir de ce moment-là, il est devenu évident que Johnny avait pris son envol : en quelques mois, il était devenu une idole. Immédiatement après, il a été engagé à l'Alhambra, où il était censé faire la première partie de Raymond Devos. Or, quand Devos arrivait, les gens criaient, les fans de Johnny ne le laissaient pas faire son numéro. La salle appelait : « Johnny ! Johnny ! » Devos prenait la chose avec l'humour qu'on lui connaît et proposait : « Si vous le voulez, je vais le chercher. » Johnny chantait à nouveau quelques chansons, après quoi Devos revenait faire ses sketches. Et après Devos, les fans de Johnny refusaient de quitter l'Alhambra ; la police était appelée pour les faire sortir de la salle. C'est à partir de là que tout le monde a compris : Johnny n'avait plus besoin de personne, il était devenu une vedette à part entière. Une idole, une star hors normes. Il était devenu le héros de toute une jeunesse, qui allait le porter aux nues des décennies durant...

7

Pendant ce temps-là, je chantais toujours chez Patachou et, plus tard dans la soirée, dans un autre cabaret qui venait de se monter, rue de Seine, la Galerie 55. C'est à cette époque que j'ai eu un vrai chagrin d'amour. J'avais été invité avec Jean-Paul Goude à une soirée, chez un peintre qui vivait rue Bonaparte. Là, j'ai fait la connaissance d'une jeune photographe nommée Geneviève, dont je suis immédiatement tombé fou amoureux. Elle avait un an de moins que moi, ce qui lui faisait tout juste dix-sept ans, et elle était la fille du rédacteur en chef d'un grand journal indépendant.

Son père a eu vent de notre liaison, qui ne lui a pas plu du tout. Ayant de nombreux contacts dans le milieu du fait de son métier, il s'est renseigné. J'ai su ainsi qu'il avait demandé à quelques artistes ce qu'ils pensaient de moi. On lui avait répondu : « Il ne faut pas en vouloir à Jean-Jacques d'aimer votre fille. Il faut bien savoir qu'un jour ou l'autre, elle aimera un garçon. » Mais le père de Geneviève aurait voulu pour elle quelqu'un d'autre qu'un chanteur. « Les gens qui chantent ont du succès pendant un temps, puis cessent d'en avoir... De plus, ils sont souvent instables ; ils font un enfant, ou deux, ou trois. Ensuite, ils lâchent leurs gosses en cours de route et se remarient avec quelqu'un d'autre... Ils sont capables de tout. » Ce qu'il disait rejoignait grosso modo l'opinion que mon père avait des artistes.

La maman de Geneviève m'aimait bien, mais, pour le père, j'étais tout sauf le gendre idéal. De mon côté, ça me faisait peur de savoir qu'un rédacteur en chef me regardait de travers. Il fréquentait tous les gens que je voyais, toutes les vedettes de l'époque ou les nouveaux qui faisaient parler d'eux... Et chaque fois qu'il rencontrait un artiste pour qui il préparait un article, il ne pouvait pas s'empêcher de lui demander s'il me connaissait, et quelle opinion il avait de moi. Je me tenais donc à carreau. Mais un jour, Geneviève m'a dit : « Mes parents viennent de partir aux sports d'hiver. Tu peux venir à la maison. » J'étais ravi, comme on peut l'imaginer. Je suis donc allé dormir chez elle. Après une soirée en amoureux, nous nous sommes couchés dans le grand lit des parents. Et en pleine nuit, alors que nous étions tendrement enlacés et profondément endormis, vers 4 heures du matin, la porte de la chambre s'est ouverte sur ses parents stupéfaits.

Ils étaient partis à 6 heures du soir. Mais, dans la voiture, ils ont entendu à la radio qu'il n'y avait pas de neige en montagne. Du coup, le père de Geneviève a dit à sa femme : « Puisqu'il n'y a pas de neige, inutile de nous déplacer pour rien. » Ils ont rebroussé chemin et sont rentrés chez eux.

Quand il m'a vu dans son lit avec Geneviève, son père m'a dit : « Je vous donne une minute pour partir. » Et il est allé chercher un fusil qu'il gardait chez lui. J'ai eu tellement peur que je n'ai pas osé passer devant lui. Il se tenait devant la porte, son fusil à la main. Je suis sorti directement par la fenêtre. L'appartement était situé au deuxième étage. Je suis descendu en me tenant à la gouttière. Agrippé des deux mains à un tuyau rouillé, j'ai entendu le bruit d'une paire de gifles, après quoi Geneviève s'est mise à pleurer. Ça a été un moment éprouvant pour nous deux. Pourtant, notre relation a continué.

Quelque temps plus tard, nous sommes allés dîner ensemble à L'Échaudé. Là, j'ai vu Léo Ferré, que je connaissais par les Éditions Breton. « Comment vas-tu Jean-Jacques ? Installez-vous ici », nous a-t-il proposé. Nous nous sommes assis à sa table pour dîner avec lui. Ce soir-là, Ferré avait sorti ses singes, deux guenons avec lesquelles il se déplaçait continuellement. Peu de temps auparavant, il était venu avec aux Éditions Breton.

Avec Raoul Breton, Ferré s'entendait bien ; ils dialoguaient ensemble au sujet de la chanson, de ce qu'elle doit être... En revanche, avec Mme Breton, ça ne marchait pas, pour une raison très simple. Mme Breton ne supportait pas les guenons. Elles étaient tenues en laisse dans la rue, mais, arrivé à l'intérieur, Léo Ferré les lâchait par moments. Elles arrachaient alors les partitions qui étaient dans les casiers, les roulaient en boule et les jetaient en l'air. Puis elles sautaient sur le bureau des secrétaires, faisaient peur à la comptable... Lors de la dernière visite de Ferré, celle-ci en avait fait tomber sa machine à écrire. J'étais présent ce jour-là. Une Remington qui tombe par terre, cela s'entend ! Le singe en a fait un bond de trois mètres de haut et est allé se cogner la tête dans le plafonnier. Moi, je tenais l'autre par l'épaule : elle me regardait en montrant les dents et en faisant : Grrr ! Elle voulait me mordre ! En entendant ce bazar, Mme Breton est sortie de son bureau et a crié : « Mais c'est affreux ! Monsieur Ferré, reprenez vos bêtes ! Vous êtes en train de me saccager mon édition ! » Raoul Breton, connaissant le caractère de Léo Ferré, ne disait rien. Il voulait que ça s'arrange dans le calme. Il redoutait surtout de perdre Ferré, sachant que c'était un génie. Mais la marquise, voyant le ravage continuer, hurlait à Ferré : « Mais partez ! Partez ! Vous êtes en train de me saccager toute mon édition ! J'ai mis des années pour construire tout ça avec mon mari... » Du coup, Ferré s'est vexé et a quitté la maison d'édition en disant : « Puisque c'est ainsi, je ne refoutrai plus les pieds chez vous ! » De fait, il n'est jamais revenu. Voilà comment les Éditions Breton ont perdu Ferré. M. Breton avait édité quelques-unes de ses chansons, mais, désormais, c'était fini. Moi, j'avais envie de rire bien sûr, mais en même temps c'était un peu triste.

À L'Échaudé, nous avons reparlé de cet incident. Léo Ferré en était encore ulcéré et m'a dit : « C'était lamentable, jamais on ne m'a parlé comme ça. » À ce moment-là, l'un de ses singes mangeait sur la table, l'autre était en train d'asticoter une Américaine qui dînait à côté, qui avait très peur. Le singe commençait à tirer sur sa perruque, la perruque glissait... Ferré, lui, assistait à cela sans intervenir. « Tu comprends, me disait-il, je ne peux pas réprimander Pépé parce qu'elle est très susceptible. Les singes sont comme des êtres humains, tu sais, il faut les laisser vivre leur vie. » Il a pris leur défense même quand les guenons ont tout renversé sur la table.

Geneviève riait à gorge déployée ; elle avait son appareil photo sur elle, et elle a demandé si elle pouvait faire une photo de Léo avec les singes. Il a refusé, arguant du fait que les flashes faisaient peur aux singes. Dans ces cas-là, nous a-t-il expliqué, ils étaient capables de devenir vraiment méchants. « Surtout, ne sors pas l'appareil de ton sac, ai-je dit à Geneviève, sinon on va s'exposer à des choses terribles... Et ça va finir comme aux Éditions Breton. »

Avec Geneviève, nous continuions à nous voir en cachette. Un jour, nous sommes descendus ensemble à

Saint-Tropez. Je venais d'acheter une petite Alfa Romeo et, dans la voiture, je la trouvai bizarre. Alors que nous partions passer des vacances dans le Sud, elle ne me parlait plus comme avant et son regard me semblait singulièrement triste. Je posais des questions, j'essayais de la faire parler, de la distraire ; je lui racontais des anecdotes au sujet de Charles Trenet. Nous étions sur la nationale 7, alors je lui racontais qu'il avait écrit cette chanson en allant dans le Midi, dans sa ferme d'Aix-en-Provence. Je chantais *Nationale 7* à tue-tête, pensant que ça lui ferait plaisir. Et je voyais le visage de Geneviève se fermer, devenir de plus en plus triste. Quand nous sommes arrivés à Saint-Tropez, je l'ai emmenée prendre un chocolat glacé sur le port, chez Sénéquier. Là, elle m'a annoncé qu'elle me quittait. Tout était fini entre nous. J'étais abasourdi, je ne comprenais pas ce qui se passait. Et tout à coup, en face de moi, sur le quai où étaient amarrés les voiliers, j'ai reconnu quelqu'un : un ami de Geneviève, dentiste de profession. Geneviève a confirmé ce dont je me doutais. « Je ne veux rien te cacher, m'a-t-elle dit, je pars faire ma vie avec lui. »

J'ai compris qu'à force d'entendre : « C'est un chanteur, on ne peut pas bâtir sa vie avec un artiste, ils n'ont aucun sens de la famille, encore moins des responsabilités... », elle avait fini par le croire. Et il faut bien admettre que quand on regarde la vie d'un artiste de la chanson, on s'aperçoit le plus souvent qu'il a eu plusieurs foyers, des relations plus ou moins instables...

Quoi qu'il en soit, j'étais effondré. À mon arrivée, j'ai en outre trouvé une lettre d'insultes de mon père. Pour acheter l'Alfa Romeo, j'avais eu besoin d'un crédit. Je gagnais plus ou moins ma vie, mais mes revenus étaient irréguliers. J'étais à la Société Générale, dans la même banque que mon père, à Saint-Mandé. Le banquier m'avait donc dit : « On met le crédit à votre nom et, comme garantie, j'inscris Jean Debout », qui était le nom de mon père.

Or, justement à ce moment-là, j'ai tardé à payer mon crédit. Mon père a alors découvert qu'il payait des traites pour une voiture qu'il n'avait jamais vue. Il est rentré fou furieux à la maison et s'en est pris à ma mère : « Qu'est-ce que c'est que ça ? Je paie des traites pour une Alfa Romeo, je n'en ai jamais eu de ma vie ! » Ma mère a avoué que la voiture m'appartenait. Je ne l'avais jamais montrée à mon père parce qu'il considérait ce genre d'engin décapotable comme une voiture de gigolo.

Dans la lettre d'insultes que mon père m'avait écrite, il m'ordonnait de revendre immédiatement l'Alfa. Et il ajoutait : « Il n'y a qu'une seule voiture qui te convienne : c'est une 2 CV. » Heureusement, les décapotables étaient assez recherchées par une certaine jeunesse qui aimait se montrer. J'ai donc revendu la mienne sans trop de mal, et je me suis rabattu sur une 2 CV d'occasion.

J'ai loué une petite chambre dans un hôtel mythique de Saint-Tropez, qui s'appelait Chez Mado et se trouvait du côté de la citadelle. Là, il y avait Sacha Distel et son pianiste, Raymond Le Sénéchal. Cette Mado adorait les artistes. Sacha lui avait dit que j'étais son ami et que je ne roulais pas sur l'or. Mado avait eu la gentillesse de me procurer une toute petite chambre dans son hôtel. Déprimé comme je l'étais, au bout de quelques jours à Saint-Tropez, j'ai dit à Sacha que j'allais rendre la chambre à Mado et repartir à Paris.

Heureusement, mon vieux copain Olivier Despax était à ce moment-là la vedette du Papagayo, un club où j'allais tous les soirs. C'est là que j'ai fait la connaissance d'un jeune percussionniste blond extrêmement talentueux. Il s'appelait Claude François. Il était prodigieusement doué, et attirait beaucoup l'attention sur lui quand il jouait. Au Papagayo, les filles regardaient Olivier Despax et le percussionniste. Elles se moquaient complètement du reste de l'orchestre. Je sentais même qu'il y avait un peu de rivalité entre Olivier et Claude.

Claude craignait le soleil, qui lui donnait des plaques d'eczéma. Nous attendions donc 17 heures, l'heure où le soleil décline, pour aller à la plage. Il n'avait pas encore de voiture, alors c'est moi qui l'emmenais. Nous allions à la plage des Murènes où nous retrouvions Sacha, Jean-Pierre Cassel, Françoise Dorléac, Daniel Gélin, Raoul Lévy, le producteur de cinéma... Nous parlions musique, Claude et moi : il était amoureux du twist, il rêvait d'en faire, et il voulait également chanter. Moi, je lui racontais mes déboires avec Geneviève ; il me parlait de ses amours. C'était l'époque où il s'apprêtait à monter à Paris, et il était très épris de Janet, une jeune danseuse des Ballets de Monte-Carlo ; il voulait la séduire à tout prix, l'emmener vivre à Paris avec lui, et me parlait de ses projets avec elle en détail. Il devait d'ailleurs réussir à faire sa conquête. Par la suite, Janet l'a quitté pour Gilbert Bécaud et Claude en a été très, très malheureux. Puis, comme on le sait, il a enregistré *Belle, belle, belle*, qui a fait de lui, en quelques semaines, un recordman de vente de disques.

De retour à Paris après une quinzaine de jours à Saint-Tropez, j'ai reçu un mot de Lucien Morisse, le directeur artistique d'Europe 1, me demandant de passer le voir à son bureau le plus vite possible. « Jean-Jacques, m'a-t-il proposé quand j'y suis allé, voudrais-tu chanter en première partie de Dalida à Bobino ? Elle va effectuer son premier passage en vedette et j'ai pensé que tu serais très bien dans la première partie. » Dalida venait d'épouser Lucien Morisse. Elle avait déjà à son actif d'immenses succès comme *Bambino*, *Gondolier*, *Come prima*... Moi, je n'étais pas encore très connu du grand public, mais avec

Les Boutons dorés, j'étais dans les trois meilleures ventes de 45 tours, avec Serge Gainsbourg, dont la chanson *Le Poinçonneur des Lilas* marchait très fort. Dans un autre genre, Colette Renard remportait également les suffrages du public avec « Mon homme est un vrai guignol... ».

J'ai donc chanté un mois à Bobino en première partie de Dalida. Le tour de chant s'est très bien passé. Elle a eu un grand succès et nous entretenions d'excellentes relations, très amicales. J'allais souvent dîner avec elle et Lucien Morisse. Ils formaient un couple très uni. En les voyant main dans la main, je pensais que leur histoire d'amour durerait toute leur vie. Après le repas, nous allions ensemble au Saint-Hilaire prendre un verre. Là, nous retrouvions Jacques Brel, que Lucien Morisse adorait. Avec Jacques, nous reprenions nos discussions passionnées sur la chanson. Il refaisait le monde en buvant une bière, puis deux, puis trois, puis quatre. Il adorait la bière et en commandait aussi pour moi. J'avais beau lui dire : « Jacques, je ne bois pas de bière. Je préfère le scotch Coca.

— Oh ! Tu bois des boissons de con ! me disait-il. Tu ferais mieux de boire une bonne bière. Tu sais, cette bière-là, c'est la meilleure au monde ! Elle est fabriquée par des moines ! »

Il tentait donc (vainement) de me convertir aux vertus de la Leffe et me demandait de lui raconter des anecdotes sur Charles Trenet, pour qui il avait beaucoup d'admiration. Je me souviens qu'un soir, un journaliste attablé avec nous lui a demandé ce qu'il pensait des trois grands auteurs-compositeurs français, Brassens, Ferré et Mouloudji. « Mon préféré de tous, c'est évidemment Brassens », a répondu Brel. Puis il a précisé : « Mais celui qui a ouvert la porte, c'est quand même le père Trenet.

— Et que pensez-vous de lui ? a insisté le journaliste.

— Je pense que sans lui, nous serions tous aujourd'hui des employés des PTT », a répondu Jacques.

De retour à Paris, j'ai commencé à faire beaucoup de galas. À l'été 1960, Sacha Distel m'a proposé de chanter en première partie d'une tournée qu'il allait faire dans le midi de la France, en suivant le littoral, de Perpignan à Monaco. Je l'appréciais vraiment et il se montrait très gentil avec moi. Il me prêtait son pianiste, Raymond Le Sénéchal ; il m'accompagnait lui-même à la guitare pour que le public s'intéresse plus vite à moi, pour que je ne passe pas inaperçu... Je chantais donc avec bonheur dans ces bonnes conditions amicales. C'est au cours de cette tournée que j'ai rencontré une jeune fille qui m'a fait oublier Geneviève. Jusque-là, j'avais fait semblant d'avoir tourné la page, mais, en réalité, je pensais toujours à elle, non sans chagrin.

À Perpignan, le premier soir de la tournée, une jeune fille est venue avec sa sœur me demander un autographe au théâtre de verdure. Les deux sœurs étaient très mignonnes, mais l'une d'elles m'a littéralement aimanté. Je lui ai proposé qu'on se voie le lendemain, qui était pour moi jour de relâche. Je lui ai donné rendez-vous dans un petit restaurant sur la plage du Canet, à elle ainsi qu'à ses deux sœurs, Jeanne et Véronique. Elle s'appelait Dani Graule et était la fille d'un marchand de chaussures, ce qui m'a bien fait rire. Ses parents souhaitaient me rencontrer, aussi me les a-t-elle présentés. J'étais tombé d'un coup très amoureux d'elle, et les choses sont allées très rapidement. Dani avait un problème de santé et a dû partir en convalescence quelque temps à la montagne. Je lui envoyais des lettres et des disques qui sortaient chez Vogue. Quelques mois plus tard, nous avons décidé de nous fiancer. Son père m'a offert des chaussures en m'expliquant que c'était la tradition chez les Graule. « Quand quelqu'un entre dans la famille, on lui offre toujours une paire de chaussures. » Elles étaient d'excellente qualité ; je les ai gardées longtemps. Malgré les réticences de ma mère, qui me trouvait trop jeune pour fonder une famille – j'avais alors vingt et un ans –, je me suis fiancé à Dani. La vie devait d'ailleurs donner largement raison à ma mère : après quelques mois, Dani et moi avons rompu notre engagement d'un commun accord, constatant que nous n'étions tout simplement pas faits l'un pour l'autre. Quoi qu'il en soit, le lendemain de mes fiançailles, j'ai entamé une tournée dans le Sud avec Johnny, dont j'assurais la première partie.

Cette tournée a été assez mouvementée. C'était la première fois que Johnny venait chanter dans le Midi. Or, il s'est passé la chose suivante : à Montpellier, pas de Johnny ; à Toulon, pas de Johnny ; à Vaison-la-Romaine, pas de Johnny ; aux arènes de Béziers, toujours pas de Johnny ; à Alès, pas de Johnny... À chaque représentation, les salles étaient combles et le présentateur, Michel Moreno, était obligé de dire aux fans : « Johnny a eu une panne de voiture, il doit arriver, patientez. » Pendant ce temps, j'étais chargé de chanter et de faire attendre le public. Lucien Salle me recommandait de faire durer mon tour de chant le plus longtemps possible. Je voyais les jeunes se bagarrer entre eux et s'énerver contre moi. Certains me criaient : « Tu nous fais chier ! Va-t'en ! Dégage ! Connard ! » D'autres me lançaient des tomates ; la plupart du temps, elles s'écrasaient à mes pieds, mais il y a eu un soir où j'en ai vraiment pris une en pleine figure ! Des cannettes de bière atterrissaient sur les musiciens de l'orchestre, les hurlements couvraient ma voix... Parfois, les banquettes volaient jusque sur la scène... La plupart du temps, j'avais beau m'accrocher, il venait toujours un moment où je ne pouvais plus chanter. Je finissais par sortir et je me réfugiais dans la loge, très décontenancé. Le concert se terminait par des bagarres effrayantes entre les forces de police et les jeunes qui leur lançaient des projectiles. Après quatre ou cinq concerts de ce genre, je n'en pouvais tout simplement plus. Dans le Midi, les journaux commençaient à titrer sur les dérobades de Johnny : « C'est un scandale ! Johnny ne répond pas à ses contrats alors qu'il est annoncé partout. Que lui est-il arrivé ? » Même *Ici Paris* commençait à publier des articles sur le thème « La mystérieuse maladie de Johnny », « On nous cache quelque chose de grave », « Il n'était pas hier après-midi aux arènes de Béziers, c'est Jean-Jacques Debout qui l'a remplacé ».

Cela ne pouvait pas durer ; de mon côté, j'ai annoncé aux producteurs du spectacle ainsi qu'à Georges Leroux, l'agent de Johnny, que je songeais à mettre un terme à mon contrat pour rentrer à Paris. À force d'appeler Johnny, j'ai fini par joindre son cousin Lee Hallyday. Je n'ai pas su pourquoi Johnny était absent, mais j'ai averti Lee du fait que l'image de Johnny pâtissait de ces absences inexpliquées. L'étape suivante de la tournée était Marseille. Un concert était prévu au Palais des Sports. Seize mille personnes avaient réservé et Johnny n'était toujours pas là. Ses fans commençaient à dérouler des pancartes sur lesquelles on lisait : « Johnny, tu es un lâche », « Montre-toi ! » Lorsque je suis arrivé au Palais des Sports où j'ai vu les banderoles les unes à côté des autres, ainsi que les bancs de bois alignés, j'ai imaginé le pire. Il était près de 21 h 45 et toujours pas de Johnny. Lucien Salle m'a poussé sur la scène où j'ai été accueilli par des hurlements de protestation. Les cris étaient tels que j'ai dû rentrer en coulisses aussitôt. Toute la salle était en ébullition et cassait, comme je l'avais prévu, les bancs en mille morceaux. Des tables volaient ; c'était l'apocalypse. Poussé à nouveau par Lucien Salle, j'ai chanté tant bien que mal. Quand je suis enfin sorti de scène, dans les coulisses, devant moi, se tenait Johnny, qui riait. « T'en fais pas, je t'expliquerai tout à l'heure », m'a-t-il annoncé.

Voilà ce qui s'était produit : entre le moment où il avait signé pour cette tournée et le début des concerts, Johnny Stark était devenu son agent. De ce fait, Stark avait fait annuler le contrat de la tournée, arguant du fait que Johnny était mineur au moment où on le lui avait fait signer. C'est la raison pour laquelle Johnny ne s'était pas présenté aux différents concerts. Un accord avait été conclu sur les chapeaux de roues entre Johnny Stark et Robert Viannot afin de limiter les dégâts causés par les absences répétées de Johnny.

De même, Stark a fait partir Johnny des disques Vogue, toujours en prétextant qu'il était mineur au moment de la signature, et lui a obtenu un contrat mirobolant avec Philips.

À Marseille, sitôt que Johnny est entré en scène, tout le monde a oublié ses absences. Beaucoup de spectateurs qui ne l'avaient pas vu dans les autres villes étaient venus là, espérant qu'il y serait. En une fraction de seconde, il a regagné le cœur de son public. À l'époque, il entrait en scène sur sa chanson *Kili Watch* ; tous les jeunes se sont mis à taper dans leurs mains, à chanter avec lui. Les banderoles ont disparu comme par enchantement. Je me demande même si le fait qu'il ne soit pas venu dans certaines villes n'avait pas suscité encore plus de curiosité et de désir vis-à-vis de lui.

Après ce concert, nous avons continué la tournée pendant un mois et demi, et, de Perpignan à Monte-Carlo en passant par toute la haute Provence, le raz de marée a continué. Johnny était heureux de voir que toute cette jeunesse lui appartenait indiscutablement. De mon côté, j'avais un peu peur qu'il n'attrape la grosse tête tant son succès était foudroyant. Fort heureusement, ce n'était pas du tout le cas. Il restait simple et gentil ; le succès qu'il avait et les responsabilités qui en découlaient auraient pu le rendre désagréable. Cela n'a jamais été le cas.

Nous nous étions installés au dernier étage de l'hôtel Chatham, à Nice, là où Johnny venait avec sa tante, lorsqu'il était petit. Nous occupions deux chambres voisines, qui donnaient sur une grande terrasse d'où l'on voyait toute la ville de Nice. Cet hôtel était notre QG; nous chantions toujours à moins de cinq cents kilomètres de là. Il nous était donc plus agréable d'y revenir dormir chaque soir, puis d'aller nous baigner l'après-midi à l'Opéra Plage, où la tante de Johnny et Desta Hallyday, sa cousine, avaient leurs habitudes.

Il n'avait à cette époque pas encore dix-huit ans et rêvait de conduire une voiture. Je lui passais le volant, lorsque nous rentrions de nuit de Narbonne ou d'Avignon, mais ce n'était pas suffisant. Johnny rêvait d'avoir sa propre voiture, de rouler en toute liberté, de n'avoir de comptes à rendre à personne et de pouvoir emmener sa petite amie à Saint-Tropez. Avoir la liberté de se baigner au cap Camarat ou à la plage des Murènes non loin de La Voile Rouge comme le faisait notre bon copain Sacha Distel, lui paraissait un idéal. Tout cela le fascinait et l'intimidait en même temps : Johnny a toujours été un grand timide, angoissé par le succès, tout en le souhaitant ardemment.

Puis un soir, à l'auberge de Juan-les-Pins, nous avons célébré cet anniversaire tant attendu. Un dîner a été soigneusement orchestré par Johnny Stark, qui a annoncé à Johnny qu'il avait réservé toute l'auberge et qu'il pouvait inviter qui il voulait. « Qui je veux inviter? a rétorqué Johnny. Mais... tout le monde, bien sûr! »

Stark m'a demandé discrètement d'aller dans un petit garage voisin chercher ce qu'il comptait offrir à Johnny; il était décidé qu'au moment du gâteau d'anniversaire, je devais arriver devant l'auberge avec le cadeau. Il s'agissait d'une petite Triumph blanche décapotable avec l'intérieur en cuir rouge. Je tremblais à l'idée de l'abîmer en faisant une fausse manœuvre. Les freins répondaient au quart de tour et le moteur avait un bruit magnifique. J'ai conduit jusque derrière l'auberge le petit bolide blanc et rouge. Et au moment du gâteau, je suis arrivé devant le portail de l'auberge avec la voiture ; j'en suis sorti pour remettre les clés à Johnny. Celui-ci n'en revenait pas, il m'a embrassé ainsi que Johnny Stark. Il en avait les larmes aux yeux.

Je n'avais pas eu le temps d'aller chercher le cadeau que je comptais lui offrir. Aussi, après le dîner, ai-je proposé à Johnny de passer à l'hôtel Chatham en voiture. Nous avions rendez-vous ensuite au Whisky à gogo avec une fille nommée Michèle Mangin, qui nous allumait tous les deux depuis quinze jours à l'Opéra Plage. À l'hôtel, je lui ai offert un magnifique blazer bleu marine que j'avais commandé quelques jours avant chez le tailleur Old England. Johnny l'a essayé aussitôt ; puis il s'est regardé dans la grande glace de l'entrée. Le blazer lui allait superbement bien ; il a décidé de le garder pour la soirée.

« Allez, viens, m'a-t-il dit, on va aller chercher la belle Michèle Mangin. » Ce soir-là, dans la chaleur de la nuit, l'Opéra Plage allait être noir de monde car c'était le lieu de rendez-vous de toute la jeunesse niçoise. En quelques accélérations de la Triumph, nous sommes arrivés devant l'escalier en pierre qui descendait à la terrasse de l'établissement. En le voyant sortir de sa voiture, ses fans se sont carrément jetés sur lui. Le temps que Johnny réussisse à s'en défaire et à remonter dans sa Triumph, on lui avait arraché son blazer ainsi que sa cravate, et jusqu'au col de sa chemise à rayures bleu ciel. Il ne lui restait plus qu'une manche, sans bouton. C'était à la fois fou et drôle : les fans se battaient entre eux pour emporter un morceau de blazer, une cravate en lambeaux, un bouton de chemise... Même sa ceinture noire en croco lui avait été volée.

Nous nous sommes regardés stupéfaits, puis nous avons été pris d'un fou rire. Alertée par le patron, la police commençait à arriver à l'Opéra Plage. « Écoute, m'a dit Johnny, demain matin, tu m'emmèneras là où tu as fait faire ce blazer et j'en commanderai un autre. Ça devrait aller vite, puisque tu leur as donné mes mensurations. » Nous sommes rentrés à l'hôtel pour qu'il se change. Il ne pouvait pas rester ainsi en haillons. Il a remis son blouson de cuir noir et nous avons gagné Le Whisky à gogo. Là, la belle Michèle nous a annoncé qu'elle quittait Nice le lendemain matin pour l'Italie, où l'attendait un producteur de cinéma qui voulait faire d'elle la nouvelle Sophia Loren. Elle était enchantée de cette bonne fortune. Johnny et moi, en revanche, avions du mal à cacher notre dépit.

8

Cette période insouciante a pris fin lorsque j'ai été convoqué pour les trois jours au fort de Vincennes, tout d'abord, puis appelé sous les drapeaux. On était en 1960, en pleine guerre d'Algérie. J'ai été affecté au Théâtre des armées. Je m'apprêtais donc à divertir les troupes pendant toute la durée de mon service. On m'a envoyé à Alger, avec un contingent d'appelés.

Là-bas, tout le monde m'aimait bien parce que je faisais des tours de chant, j'imitais Yves Montand... C'était très apprécié. L'adjudant-chef me regardait de travers parce qu'il m'arrivait aussi de chanter *Le Déserteur* de Boris Vian, ce qui ne pouvait pas passer inaperçu. Mais, pour ma part, j'étais ravi. J'avais retrouvé mon ami Olivier Despax, qui était appelé en même temps que moi. Je m'étais fait des copains.

En revanche, je me suis très vite révélé incapable de marcher en tenant un fusil : pendant cet exercice, au bout d'un temps assez bref, je ne parvenais plus à respirer. Cela n'a pas échappé à mon adjudant-chef, qui me trouvait bien gentil mais assez incapable. Il est rapidement devenu clair pour lui que le soldat 326 ne donnerait pas grand-chose. En outre, je me suis mis à souffrir de dysenterie, puis à être très malade. On m'a donc envoyé à l'infirmerie faire un bilan. Un médecin m'a ausculté consciencieusement tout en prenant des notes à mon sujet. Il a observé ma cicatrice en forme d'arbre de Noël et m'a demandé de quoi il s'agissait. J'ai mentionné le fait que j'avais eu une éventration étant bébé. Pour finir, il m'a demandé si la France ne me manquait pas trop. J'ai répondu très sincèrement que ce n'était pas le cas. « La seule chose, ai-je dit, c'est que j'ai du mal à marcher longtemps en portant un fusil. » « Bon, c'est très bien », m'a-t-il répondu. Et je l'ai vu noter quelque chose dans le dossier qu'il tenait à la main. J'ai lu : « RT2 + RT3. » Je connaissais ces sigles, dont on parlait souvent à la caserne. RT2 signifiait « réformé provisoire » ; et RT3 « définitivement réformé ».

J'ai compris qu'on allait me renvoyer en France, ce qui m'a complètement miné. Moralement, vis-à-vis de mes copains et de tous les autres soldats, j'étais très mal à l'aise. De plus, comme j'avais été très malheureux dans mon enfance et dans ma jeunesse à cause de mes difficultés scolaires, j'étais content d'être à l'armée et de partager ce que vivaient les autres. J'éprouvais une impression de normalité qui m'avait fait défaut durant toute ma scolarité. Et puis j'étais parti là-bas pour faire du théâtre, je n'étais pas venu pour faire la guerre ! Il n'était pas question pour moi de tuer qui que ce soit, mais de continuer mes tours de chant pour les copains. Je ne comprenais donc pas pourquoi on voulait me renvoyer en France.

Quoi qu'il en soit, il n'y a pas eu moyen de négocier. Le médecin responsable a expliqué à mon adjudant-chef que l'éventration que j'avais subie enfant risquait de se rouvrir si on me faisait porter des charges un peu trop lourdes. Auquel cas, l'armée serait responsable et aurait à me payer une pension jusqu'à la fin de mes jours. En réalité, j'aurais sans doute dû être réformé lorsque j'ai fait mes trois jours. Mais, pour des raisons que j'ignore, on m'avait considéré à l'époque « bon pour le service ». Cette erreur devait être réparée : trois mois après être arrivé à Alger, on m'a remis dans un avion en partance pour la France.

De retour à Paris, je me suis retrouvé sans travail. Heureusement, en septembre 1961, j'ai rencontré Frank Ténot à La Belle Ferronnière, une brasserie du 8e arrondissement. Dans la pénombre, il m'a repéré de loin et m'a fait signe d'approcher. Passé les salutations d'usage, il est entré dans le vif du sujet. « Il faut que je te présente quelqu'un. »

Je connaissais Frank et Daniel Filipacchi de l'époque où ils produisaient *Pour ceux qui aiment le jazz*, leur émission du soir sur Europe 1. Mais, depuis peu, Daniel animait une nouvelle émission qui faisait fureur, intitulée *Salut les copains*. Frank choisissait les chansons qui passaient à l'antenne. En parallèle, Daniel était également devenu directeur artistique de la maison de disques RCA Victor, une importante société américaine. C'est à ce sujet que Frank voulait me parler. « Daniel vient d'engager deux artistes pour RCA. » Il s'agissait de Gillian Hills, une Anglaise très mignonne, vivant à Paris, et de Sylvie Vartan. « Il faut que tu les rencontres », a-t-il ajouté.

À partir de là, les choses se sont enchaînées très rapidement. Le lendemain, j'ai vu Daniel Filipacchi, qui m'a dit : « Je sais que Frank t'a parlé de Sylvie. Je voudrais que tu lui écrives des chansons. » J'étais à la fois ravi, flatté et angoissé. Je lui ai répondu que je la trouvais formidable, que je serais très content d'écrire pour elle. « Mais, ai-je ajouté, il faudrait que je la rencontre d'abord, parce que je ne sais pas écrire des chansons pour des gens sans les avoir rencontrés. »

C'était la pure vérité : je n'ai d'*a priori* sur personne, mais, quand je n'ai pas le déclic avec un artiste, je sais d'avance que je serai incapable de lui écrire des chansons. Cela n'enlève d'ailleurs rien à l'admiration que je peux éprouver pour lui... Mais je fonctionne ainsi. Quoi qu'il en soit, j'étais déjà fan de Sylvie, et la rencontrer me faisait plaisir.

Il m'a proposé de le rejoindre le soir même au bar Le Bellman, où il avait rendez-vous avec elle. J'ai donc pris un verre vers 20 heures avec Daniel, Sylvie et Eddie Vartan, le frère de Sylvie, qui était arrangeur et trompettiste de talent.

J'ai trouvé Sylvie gentille et simple. Elle était très jolie, avec une lumière naturelle qui émanait de son visage. Je l'ai même trouvée beaucoup plus troublante en réalité que lorsque je l'avais vue à la télé. Pourtant, sur le petit écran, elle était déjà très mignonne. J'avais été témoin de l'un de ses premiers passages à la télé, quand elle chantait *Panne d'essence*, avec Frankie Jordan. C'était à la fin de l'ORTF, au début des années 1960, au moment de *Paris-Club* qu'animait Jacques Chabannes. Dans cette émission, il commençait à inviter de jeunes chanteurs de l'époque. J'étais donc tombé sur elle par hasard, en regardant l'émission, et je l'avais trouvée formidable. Surtout quand elle faisait : « Ahé... je rentre à la maison ! », elle avait une moue adorable... J'aurais donc pu être déçu en la rencontrant. C'est le contraire qui s'est produit.

Dans la nuit, après le rendez-vous, une fois rentré chez moi, je me suis mis au piano. J'ai commencé à jouer en pensant à elle. J'ai ajusté sur elle une chanson, comme un couturier épingle une robe sur un modèle. Cette nuit-là, j'ai écrit d'une traite : « Tous mes copains, quand je les vois passer... » La guerre d'Algérie, pour le peu que j'en avais vu, m'avait marqué. Je l'imaginais donc ayant des copains qui partaient à la guerre, j'imaginais le retour de certains, l'absence définitive des autres ;

je racontais ceux qui, une fois revenus, se perdaient de vue... La chanson tournait autour de cette nostalgie des amitiés disparues. Le lendemain, j'ai appelé Eddie et Sylvie Vartan. Nous avons décidé de dîner ensemble à Saint-Germain-des-Prés. Il y avait à l'époque un restaurant qui s'appelait La Chope Danton, qui n'existe plus maintenant. J'avais apporté avec moi un petit magnétophone sur lequel je m'étais enregistré en m'accompagnant au piano. À table, je leur ai chanté *Tous mes copains* en leur passant la bande.

Eddie m'a tout de suite dit : « C'est incroyable, j'entends déjà l'arrangement. » La chanson plaisait aussi à Sylvie. Je leur ai confié la cassette. Et deux jours après, Daniel Filipacchi m'a fait dire de passer à son bureau.

À l'époque, je n'habitais pas très loin, j'avais un petit studio boulevard de Courcelles. Dans le bureau de Daniel, j'ai trouvé Sylvie, Eddie Vartan, et un guitariste nommé Mickey Baker. Celui-ci était très connu aux États-Unis pour avoir écrit une méthode d'apprentissage de guitare électrique, mais aussi pour avoir joué avec les plus grands, comme Chuck Berry, par exemple. Daniel me l'a présenté en disant : « Voici Mickey Baker, qui va jouer de la guitare. Il paraît que tu as fait une chanson formidable. Jusqu'ici, je n'ai pas eu le temps de l'entendre, mais on va l'écouter ensemble. » Eddie Vartan a mis la cassette sur l'appareil de Daniel, qui avait évidemment des enceintes terribles. C'était comme si tout à coup j'entendais ma chanson en grand. À un moment donné, Mickey Baker a pris sa guitare ; il a commencé à accompagner ma maquette dans le bureau de Daniel. Sylvie connaissait déjà la chanson par cœur, elle la fredonnait et Daniel a simplement dit : « Mes enfants, c'est formidable. » Il s'est tourné vers Sylvie et s'est adressé à elle. « Écoute, c'est ta quatrième chanson. » On ne faisait plus de 45 tours avec deux chansons, il y avait désormais quatre titres par 45 tours. Et il a précisé : « On entre en séance le plus vite possible. »

Quelques jours plus tard, nous nous sommes tous retrouvés dans un studio d'enregistrement du 14e arrondissement. Il y avait un orchestre, Mickey Baker, le pianiste et organiste de jazz Arvanitas, des musiciens de grande valeur. Et dès qu'ils ont commencé à jouer la chanson, j'ai compris qu'il se passait vraiment quelque chose. Je suis allé dans la cabine d'enregistrement et j'ai vu Sylvie qui commençait à bouger en rythme sur la musique. Elle se regardait dans la vitre qui sépare les musiciens de la cabine de son comme dans un miroir ; elle s'essayait déjà à inventer des gestes, à créer une chorégraphie. Ça m'a vivement impressionné. Je me suis senti tout à coup très heureux, parce que c'était la première fois que j'entendais orchestrer une chanson que j'avais écrite trois jours plus tôt. J'avais l'impression de vivre un rêve.

Quand la chanson a été terminée, Sylvie l'a chantée en direct. Je me souviens même qu'il y avait un journaliste de télévision, un certain Philippe Labro, qui était venu avec son équipe pour la filmer pendant qu'elle chantait *Tous mes copains*. Rien qu'en le regardant, j'ai compris qu'il était tombé sous le charme de Sylvie, comme il me l'a avoué par la suite. Et j'ai commencé à penser à l'avenir, à ce que j'écrirais plus tard pour elle.

Je dois dire qu'elle était un modèle particulièrement inspirant : outre sa beauté insolente et son talent, j'ai toujours trouvé que Sylvie avait, depuis ses débuts, créé un genre. On dira d'elle ce qu'on voudra, mais elle a toujours été Sylvie Vartan, de même que Françoise Hardy a toujours été elle-même. Ni l'une ni l'autre n'ont jamais essayé de copier personne, ce qui est très important.

Dans ma vie, j'ai rencontré énormément de gens doués, un très grand nombre de jeunes artistes qui chantaient très bien, mais dont on ne savait pas qui ils étaient. Ils manquaient de personnalité, de style. Sylvie, elle, a toujours été Sylvie Vartan. Elle s'est imposée comme artiste dès sa première chanson, et ce, avec beaucoup de charme.

Je crois que depuis notre première rencontre, j'ai vu en elle quelqu'un qui irait très loin. À l'époque, on la surnommait la « collégienne du twist », car elle était au lycée Hélène-Boucher, cours de Vincennes. Mais, pour ma part, je voyais en elle bien plus qu'une jeune fille qui chantait du twist. Je le lui prédisais à l'époque : « Tu feras comme Mistinguett : une carrière très, très longue. Tu t'arrêteras vers quatre-vingt-dix ans, si ce n'est pas plus tard ! » Et je ne me suis pas trompé, puisqu'elle a fait une carrière sans faute, et qu'elle va continuer.

En fait, depuis le premier soir de notre rencontre, j'ai toujours vu en elle quelqu'un d'unique. Et, cela va sans dire, je suis tombé malgré moi très amoureux d'elle. Ce n'était même pas de l'amour, je crois, c'était plus fort que ça. Tout à coup, j'ai ressenti que cette fille allait transformer ma vie, mon inspiration, mon destin d'auteur-compositeur. Le problème, c'est qu'elle était déjà très courtisée, et on peut le comprendre...

À ce moment-là, j'étais donc très épris d'elle. À ma décharge, je peux dire que nous l'étions tous. Sylvie avait quelque chose d'irrésistible. Je ne dis pas que les autres filles que je rencontrais étaient banales – chaque fille a son charme et sa personnalité – mais Sylvie sortait vraiment du lot. Cela avait peut-être à voir avec sa naissance en Bulgarie... À cause de cela, elle se trouvait comme déracinée à Paris ; cela lui donnait un charme fou, et s'ajoutait à sa beauté que personne ne pouvait ignorer.

J'étais donc attaché à Sylvie malgré moi, sachant bien qu'elle n'était pas pour moi. J'ai néanmoins fait une tentative auprès d'elle, qui n'a pas été un franc succès, c'est le moins que l'on puisse dire. Je l'ai un jour invitée à voir *Les Enfants du paradis* à Montparnasse, en lui disant : « Je t'emmène dans un cinéma d'art et d'essai. » C'était au studio Raspail, boulevard Raspail, une salle qui existe encore aujourd'hui.

Nous nous sommes donc assis côte à côte au Raspail. Et pendant le film, qui était très long – la première partie dure une heure et demie et la seconde au moins deux heures –, pendant la première partie, donc, il ne s'est rien passé. Nous étions très près l'un de l'autre. Elle n'était pas dupe, elle sentait bien que je l'aimais. Elle devait s'attendre à ce que je lui fasse des avances. Puis il y a eu l'entracte et la seconde partie a commencé.

Cela faisait déjà, compte tenu de la demi-heure d'entracte, presque deux heures que nous étions là, et à un moment donné je l'ai regardée, et je l'ai vue ouvrir la bouche. J'ai cru que c'était le moment tant attendu, un signal pour que je l'embrasse. Je me suis précipité sur elle, et j'ai posé mes lèvres sur les siennes. À cet instant, les autres spectateurs ont entendu un grand « Aïe ! » qui a retenti dans la salle, suivi d'un énergique : « Ça va pas, non ? » Elle m'avait mordu la langue. Là, je me suis dit : « Ça y est, Jean-Jacques, tu as encore fait une connerie. » J'avais cru qu'elle ouvrait la bouche pour m'embrasser : en fait, elle bâillait devant le film. Voilà quelle a été mon unique tentative amoureuse auprès d'elle.

Ensuite, j'ai continué de l'aimer, mais je n'ai plus jamais essayé de l'embrasser. J'avais compris que ça ne servait à rien. Naturellement, on n'est pas amoureux de quelqu'un parce que ça sert à quelque chose, mais j'ai bien admis que, pour moi, c'était sans espoir. Pourtant, chaque jour qui passait, je me rapprochais d'elle et je n'avais qu'une envie : écrire pour elle. Alors, on me demandait des chansons et je les faisais.

9

Voyant cela, de son côté, Johnny a tout organisé pour que je puisse écrire pour lui aussi. Cela se passait peu de temps après ma rencontre avec Sylvie. Nous faisions un gala ensemble à Castelnaudary. Un soir, il m'a demandé de rester avec lui après le récital. Il voulait profiter d'une occasion pour me mettre sur un coup. « Ray Ventura, l'oncle de Sacha Distel, m'a engagé pour tourner un film. Je ne sais pas très bien qui en est le metteur en scène, mais, après la représentation de Castelnaudary, je dois manger avec eux à l'hôtel. On a rendez-vous à 23 h 30 à table. Il y aura des chansons dans le film; j'aimerais que tu en écrives une pour moi. Alors, sois présent à ce dîner! » Je n'avais rien contre cette possibilité, j'ai donc accepté. Je connaissais Ray Ventura depuis mes débuts. J'avais failli rentrer chez Versailles, dans sa maison de disques, amené par Sacha Distel, mais en définitive cela ne s'était pas fait.

« Sois à l'heure, a insisté Johnny, c'est très important, parce que Ray va venir avec le metteur en scène. »

Le soir venu, j'ai accompagné Johnny à l'hôtel de France, où Raymond Ventura est arrivé avec un homme à l'allure extraordinaire. On aurait dit Léo Ferré, en plus grand, avec un visage plus buriné et un air encore plus auguste. Je parle de la période où Léo Ferré avait ses grands cheveux blancs, son front un peu dégarni. Bref, cet homme avait ce qu'on appelle une « gueule ». Je n'aurais pas su lui donner d'âge ; on l'aurait dit sorti d'une autre époque. Johnny, qui m'avait demandé de rester assis à côté de lui pendant le repas, impressionné comme moi, m'a demandé qui c'était. Je lui ai dit à mi-voix : « C'est Abel Gance. » Ce nom ne lui disait rien.

« Mais c'est qui, Abel Gance ? Qu'est-ce qu'il a fait ? Ils sont tous au garde-à-vous devant lui !

— Tu ne te rends pas compte : il a réalisé le film *Napoléon* qui est un succès dans le monde entier ! Dès qu'on parle de la France, en matière de cinéma, on passe ou *Les Enfants du paradis* de Marcel Carné ou *Napoléon* d'Abel Gance. »

Il y a eu un petit temps de silence entre nous. Johnny méditait cette information. Puis il m'a demandé à voix basse : « Tu crois qu'il l'a connu ? »

Je me suis mordu les lèvres pour ne pas rigoler. Mais je dois dire qu'Abel Gance avait l'air tellement hors du temps qu'on aurait pu le faire passer pour Charlemagne ! La question de Johnny était donc parfaitement justifiée, dans le fond.

Tout cet échange était murmuré entre nous, et Ray Ventura n'en a rien entendu. Quand ils se sont approchés de nous, Raymond a dit : « Johnny, je te présente mon ami Abel Gance. » Ce à quoi Johnny a répondu avec enthousiasme : « Enchanté, je sais que vous avez fait *Napoléon,* un grand film ! » Abel Gance a hoché la tête, l'air de penser : « Tiens, pour un jeune garçon, il est cultivé... » Ray Ventura expliquait : « J'ai pensé que toi et Abel, vous pourriez vous entendre, c'est lui qui va mettre en scène ton premier long métrage, *D'où viens-tu Johnny.* » Bref, tout s'enclenchait très bien.

Puis Ray Ventura en est arrivé à la question de la musique : « Tout ça, c'est bien gentil, mais on commence à tourner dans quinze jours. Et j'ai absolument besoin de repartir de Castelnaudary avec la chanson du film. Alors, qu'est-ce qu'on va faire ? » C'est là que Johnny a glissé la proposition pour laquelle il m'avait fait venir. « Si on demandait à Jean-Jacques d'écrire la chanson ? Profitons du fait qu'il est là ! Je connais sa façon de travailler : contente-toi de lui décrire la scène, inutile de lui raconter tout le film ! Si ça lui plaît, il sera capable de t'écrire la chanson comme ça ! » Ray Ventura m'a donc résumé le contexte dans lequel la chanson devait s'inscrire. « Le héros quitte Paris. Il va retrouver sa famille en Camargue, dans les étangs de Vaccarès, avec ses amis, des chevaux, des taureaux. Il revient voir l'endroit où il a grandi parce qu'il ne supporte pas la vie parisienne. À Paris, il a eu des démêlés avec des voyous. Du coup, il préfère revenir dans la Camargue de son enfance. Et là, il redécouvre le plaisir de monter à cheval comme dans son enfance ; il retrouve une fille qu'il aimait et il reprend goût à la vie. Voilà. »

J'avais vu que dans la salle à manger de l'hôtel, il y avait un vieux piano avec un napperon en dentelle et une pendule dessus ; j'ai demandé à la patronne, qui venait souvent à table apporter les cafés, le dessert, si je pouvais me servir du piano. Elle a secoué la tête d'un air navré. « Impossible, monsieur, me répond-elle. Il y a en ce moment le Salon du cuir. Toutes mes chambres sont prises et tous les représentants du Salon du cuir ont leur chambre au-dessus du piano. Si vous faites du bruit, vous allez réveiller tout le monde, ça va être un scandale terrible. » Johnny a eu une idée. « Je vais aller dans ma chambre et dans la tienne chercher les peignoirs de bain et les serviettes et on va bourrer le piano avec. Toi, tu entendras suffisamment pour entendre les notes, et ça ne fera pas de bruit. » Aussitôt dit, aussitôt fait. Je me suis assis au piano, et j'ai proposé à Ray Ventura : « Si ça ne vous ennuie pas, je vais inventer des paroles que j'améliorerai ensuite, mais la musique restera telle quelle, comme ça vous pourrez la faire orchestrer dès votre retour à Paris. Comme je remonte dans trois jours, je viendrai vous montrer les paroles définitives. Johnny la chantera après, on prendra ce soir sa tonalité avec le piano. » Ce dispositif convenait à tout le monde.

J'ai donc commencé à jouer. Ray Ventura a pris le menu du restaurant, au dos duquel il a noté avec un stylo-bille tout ce que je faisais. J'ai enchaîné quelques notes « Ta ta ta... » et pendant que je jouais, les mots me venaient en même temps, en relation avec ce qu'on m'avait raconté du film. Dans ma tête, ça faisait comme ça : « Pour moi la vie va commencer, en revenant dans ce pays, là où le soleil et le vent... » Voilà comment cette chanson est née. Et quand le film est sorti, Johnny m'a dit : « Tu vois, tout le monde aime cette chanson, on me la demande partout, je suis obligé de la chanter tous les jours. Tu ne te rends pas compte ! Maintenant, il va falloir que je la fasse en anglais, en espagnol, en italien... »

Et de fait, il l'a chantée dans toutes les langues : elle est devenue un succès mondial. Johnny a vendu plus de trois millions d'albums des chansons du film. Les autres chansons de l'album étaient de Georges Aber et Eddie Vartan. Moi, j'avais écrit seulement celle-là, paroles et musique : ça a été le succès du film (en définitive, ce n'était pas Abel Gance qui avait réalisé *D'où viens-tu Johnny*, mais Noël Howard). Ce qui explique que j'ai eu deux énormes succès pratiquement en même temps. En 1962, quand le film est sorti, Johnny est devenu n° 1 avec *Pour moi la vie va commencer*, tandis que Sylvie était en plein triomphe avec *Tous mes copains*. Le succès était pour moi d'autant plus invraisemblable que je ne m'y attendais pas. Naturellement, j'espérais que ça marcherait, mais j'étais loin de penser que ça pouvait prendre de telles proportions.

À cette période de ma vie, je chantais très souvent avec Johnny. Il m'emmenait avec lui, nous faisions des allers-retours entre Toulouse et Marseille, dans sa Buick couleur miel. C'est là qu'un jour, en conduisant, il m'a demandé tout à trac : « Pourquoi as-tu écrit *Tous mes copains* pour Sylvie Vartan ?

— Parce que je la trouve formidable et que c'est elle qui me l'a inspirée », ai-je répondu. Puis j'ai ajouté : « Du reste, j'ai écrit pour toi *Pour moi la vie va commencer* parce que j'en avais envie et aussi parce que tu me l'as demandé au bon moment. » Je ne voyais pas où il voulait en venir, jusqu'au moment où il a dit : « Tu me l'aurais donnée, j'en aurais vendu beaucoup plus qu'elle. » À cette époque-là, Sylvie s'élevait, elle grandissait dans le monde de la chanson. Mais Johnny, lui, était déjà une idole consacrée.

J'ai été surpris de sa remarque. J'ai voulu en savoir davantage : « Mais tu ne la trouves pas formidable, cette fille ? » Sa réponse a été des plus claire : « Non. »

Moi qui aimais Sylvie comme un fou, même si c'était d'un amour sans espoir, j'étais de plus en plus étonné : « Ça alors ! Eh bien, pour ma part, je trouve qu'elle est très bien. Je la trouve jolie, qu'il y a quelque chose de magique chez elle. Et puis elle dégage une belle lumière. » Sa réaction a été d'une logique implacable : « Tu sais, avec les projecteurs, aujourd'hui, on peut éclairer qui on veut comme on veut. Tout dépend du talent de l'éclairagiste. » Cette phrase prouve à mon avis que Johnny était très pro, même à ses débuts. Je me souviens qu'il y avait des gens qui le trouvaient naïf, alors qu'il ne l'était pas du tout. Il est né dans le music-hall, et, très jeune, il savait déjà tout de ce métier. Il était sans illusions. Du reste, j'avais remarqué qu'il était plus à l'aise sur une scène que dans la vie. Dans la vie, il était très timide. Son chez-lui, c'était la scène et partout ailleurs, il n'était pas à son aise.

Pour en revenir à Sylvie et à l'opinion qu'il avait d'elle, il m'a raconté qu'il l'avait vue une fois à la télévision et une autre fois à l'Olympia. Je lui ai demandé comment il l'avait trouvée. Il a eu une moue évasive : « Je ne suis pas comme toi, je n'ai pas été emballé. » Je n'ai pas insisté ; la conversation est passée à autre chose. Il avait un mange-disque dans sa voiture et il m'a annoncé fièrement : « J'ai une surprise pour toi : je vais te faire entendre *Pour moi la vie va commencer* en italien. » Je m'en souviens parce qu'à ce moment-là, pour moi aussi, la vraie vie allait commencer ; mais pas dans le sens que j'imaginais.

Quelques jours plus tard, nous chantions tous les deux au théâtre du Gymnase, à Marseille. Nous étions installés au grand hôtel de Noailles, sur la Cannebière. Comme Sylvie et Eddie Vartan se trouvaient dans la région, je leur ai proposé de passer me rejoindre. Ce soir-là, à l'hôtel de Noailles, les frères Bory inauguraient leur restaurant. Ils m'avaient invité avec Johnny et les musiciens. Nous avions une grande table réservée pour la soirée d'inauguration. J'ai seulement dit : « J'ai une amie qui doit arriver vers minuit. » Et j'ai annoncé à Johnny : « Ce soir, il y a Sylvie qui nous rejoint avec son frère, Eddie. Je leur ai réservé deux chambres à l'hôtel. » Sans marquer d'intérêt particulier pour cette information, il m'a répondu que c'était d'accord.

Le soir venu, j'ai fait mon tour de chant, puis je suis parti à l'hôtel en éclaireur. J'étais dans ma chambre quand on m'a appelé de la réception pour me dire que Mlle Vartan était là. Quand nous nous sommes rejoints au restaurant, les musiciens de Johnny commençaient à arriver. J'ai demandé à Sylvie où elle voulait s'asseoir, si elle préférait avoir Johnny en face ou à côté d'elle. « C'est comme tu veux », m'a-t-elle dit. Et puis Johnny est apparu. Je me souviens qu'il avait les cheveux encore mouillés. Il a salué Sylvie très cordialement. « Vous avez fait bonne route ? Ça me fait plaisir qu'on se rencontre... »

Il s'est assis à côté d'elle. Le dîner a commencé. Ils ont apporté l'entrée : c'était une soupe de légumes avec des petites pizzas très joliment faites, un vrai repas à l'italienne, très raffiné. Johnny montrait la carte à Sylvie. Il s'occupait d'elle, il demandait : « Un peu d'eau, Sylvie ? » Je ne l'avais jamais vu si attentif. Dès qu'elle le regardait, il devenait tout rouge. Je voyais qu'il se passait quelque chose. Et je sentais arriver un événement très douloureux pour moi. J'assistais, sans pouvoir l'empêcher, à ma propre défaite.

Après le dîner, Johnny a proposé de finir la soirée au Whisky à gogo, la boîte de Mémé Guérini. Situé sur le Vieux-Port, le Whisky à gogo était une boîte énorme. Cet établissement annonçait déjà les discothèques psychédéliques, le style Palladium, avec des projecteurs de toutes les couleurs qui éclairaient les pistes. Il y avait au moins quatre pistes de danse, avec des bars partout à l'intérieur. C'était une boîte futuriste. Nous y sommes donc allés avec l'orchestre, tous ensemble. À notre arrivée, Mémé Guérini nous a rejoints, il a serré la main à tout le monde : « Je vous sers le champagne, asseyez-vous », et il a fait apporter des seaux à glace et des bouteilles. Tout de suite après, Johnny a demandé à Sylvie : « Vous ne voulez pas danser avec moi ? » On entendait un slow des Shadows. Ils se sont enlacés sur une piste où ils étaient seuls. Personne d'autre n'osait aller danser ; tout le monde avait bien remarqué que c'était Johnny

Hallyday et Sylvie. C'était tout simplement un événement pour Marseille. Même à Paris, personne ne les avait jamais vus parler ensemble, et encore moins danser. J'ai ressenti une douleur indescriptible, comme si quelque chose s'était brisé en moi. Quand le slow a pris fin, ils sont allés tous deux au bar du fond et se sont assis sur des tabourets. Johnny a passé son bras autour du cou de Sylvie et ils ont repris du champagne. À ce moment-là, j'ai cru devenir fou. Je me suis levé et j'ai pris la sortie de secours, parce que je ne voulais pas les croiser, je ne voulais pas les voir. Je suis parti à l'anglaise, sans dire au revoir à personne. J'ai remonté la Cannebière; il était à peu près 2 heures du matin. À l'hôtel, j'ai écrit une lettre pour Johnny : « Mon cher Johnny, je pense qu'il vaut mieux que je quitte la tournée [elle devait durer encore huit jours] je remonte à Paris. Merci pour tout. » Et j'ai ajouté, non sans amertume : « P-S. Demande à Sylvie de me remplacer, ce sera plus pratique pour vous deux. »

Et pour Johnny Stark, qui était le producteur du gala, j'ai écrit : « Excuse-moi, cher Johnny. Je sais que tu comprendras, à bientôt à Paris. » J'ai payé ma chambre d'hôtel; j'ai réglé aussi celle de Sylvie et celle d'Eddie. J'ai fait sortir ma voiture du parking, j'y ai mis ma valise et j'ai pris la route. J'ai conduit comme ça jusqu'à Paris. Je m'étais bourré de café pour ne pas m'endormir au volant. J'étais à l'âge où l'on prend tout à cœur. Si cela se passait aujourd'hui, évidemment, je ne réagirais plus ainsi.

Quand je suis arrivé chez moi, mon téléphone sonnait sans arrêt. C'était Stark qui m'ordonnait de sauter dans un avion et de revenir à Marseille. Il criait : « Mais ça ne va pas! Tu es complètement fou! Tu es sur toutes les affiches, et tu décides de t'en aller?! Tu ne te rends pas compte! Je vais te faire un procès! Je te somme de redescendre tout de suite et de reprendre ta place dans la tournée ce soir, ce qui n'empêche pas Sylvie Vartan de chanter. Oui, parce que Johnny a envie qu'elle reste ! Mais tu es sur les affiches ! Je veux que le public, qui a payé sa place, voie ce qu'il a lu sur l'affiche. » Je comprenais très bien sa colère, mais je ne pouvais pas obtempérer. « Non, Johnny, ai-je dit, je ne pourrai pas, je n'ai pas le cœur à ça. J'ai envie d'arrêter de chanter, ne m'en veux pas. » Il était absolument furieux contre moi : « Tu vas voir ce que tu vas voir ! » a-t-il hurlé dans le téléphone avant de raccrocher.

Après mon départ, Sylvie m'a remplacé et, quelques jours plus tard, non seulement la presse s'était emparée de l'histoire, mais encore il est bien vite devenu évident pour tout le monde que Johnny et Sylvie étaient tombés profondément amoureux l'un de l'autre. Le dernier gala avait lieu à Genève. Je les ai vus en couverture de *France Soir*, le quotidien que les gens lisaient le plus à l'époque. On voyait une photo prise au bord du lac Léman, sur laquelle Johnny offrait à Sylvie une montre avec des diamants. La légende disait : « Ils vont sans doute se fiancer. Johnny et Sylvie, c'est pour la vie. »

Je savais que Sylvie n'était pas amoureuse de moi ; je m'étais dit qu'un jour, nous deviendrions sûrement amis. Pour autant, je n'étais pas prêt à la voir en aimer un autre, et surtout pas Johnny. Par conséquent, j'ai cessé de les voir et de leur parler. La fâcherie a duré une éternité. Pendant cette période, Johnny m'a fait dire par différentes personnes qu'il était furieux contre moi, qu'il ne comprenait pas mon attitude... Il est vrai que mon comportement avait de quoi le surprendre : nous nous étions juré une amitié fidèle. Il se disait aussi qu'il avait été gentil avec moi en m'amenant à Ray Ventura ; que d'une certaine manière, il m'avait offert ma première musique de film sur un plateau d'argent. Il trouvait que j'aurais dû lui en être reconnaissant, ce en quoi il n'avait pas tort. Mais moi je ne réussissais pas à digérer l'affaire Sylvie Vartan, qui me restait en travers de la gorge comme une arête de poisson. Si cela se passait aujourd'hui, bien sûr, je ne le prendrais pas comme ça. Je serais plus raisonnable. Mais pour moi, cet événement-là a été très dur à avaler.

Et puis, un an après, un soir, je suis allé chez Régine, dans la nouvelle boîte qu'elle venait d'ouvrir. À l'époque, en effet, on suivait Régine partout où elle allait. Et pour l'ouverture de sa nouvelle boîte, Le New Jimmy's, elle m'a invité. Évidemment, elle avait aussi invité Johnny, Françoise Dorléac, Catherine Deneuve, Françoise Sagan, Juliette Gréco, Serge Gainsbourg, tous ses habitués, son clan, Jacques Chazot, Pierre Berger, Yves Saint Laurent, le ban et l'arrière-ban...

Ce soir-là, il y avait même la queue dehors, avec deux videurs qui ne réussissaient plus à endiguer le flot d'invités, des gens qui se battaient... Le New Jimmy's n'était pas une grande discothèque. Il y avait autant de monde dans l'entrée que dans la boîte elle-même.

Régine avait dressé une table pour Johnny à l'intérieur. Je suis donc resté dans l'entrée pour ne pas le croiser. Et au bout de deux heures, tout à coup, j'ai vu Johnny arriver. Il est venu directement vers moi, alors que j'étais en train de parler avec Sacha Distel. Il m'a pris par le bras : « Je voudrais te parler », et il m'a entraîné vers la sortie. Sur le moment, j'ai cru qu'il voulait me casser la gueule. Je me suis débattu en disant : « Non, laisse-moi tranquille. Oublie-moi, de toute façon ça ne sert à rien... » Mais il me tenait fermement, et m'a répondu : « Viens, on sort. »

Peu de temps avant, il s'était battu avec Belmondo. Ils avaient tous les deux bu un verre de trop ; j'ignore sur quoi la conversation avait achoppé, mais je sais qu'ils s'étaient bourrés de coups de poing. Ensuite, ils avaient fait la paix et étaient redevenus les meilleurs amis du monde. Mais la perspective d'une bagarre me faisait assez peur.

Or Johnny m'a pris par l'épaule et m'a dit : « Écoute, tu ne trouves pas qu'au bout d'un an ça commence à suffire ? Sylvie est malheureuse ; ne plus avoir de contacts avec toi lui fait de la peine. Tu sais qu'elle t'aime beaucoup, et moi c'est pareil. Alors à quoi ça ressemble de passer l'un devant l'autre sans se dire bonjour ? Allez, viens à notre table, tu embrasses Sylvie, on boit un coup ensemble et on n'en parle plus. »

Je l'ai suivi la tête basse. Je suis arrivé très ému devant la table où se trouvait Sylvie. J'étais bien embêté parce que je ne savais pas comment lui parler. Mais c'est elle qui m'a regardé avec un petit sourire et m'a dit : « Alors, c'est fini, cette colère ? »

J'ai répondu à mi-voix : « Je n'étais pas en colère. Je suis content pour toi, je suis content pour Johnny, je suis content pour vous. J'ai agi connement, je le reconnais, très connement même... Il faut que tu saches aussi qu'à l'époque j'étais un peu fatigué. C'est mal tombé. Mais tout ça, c'est fini, j'ai oublié et je suis très content de te revoir. » Elle a mis la main sur ma nuque et on s'est embrassés.

Je me suis assis, j'ai commandé comme d'habitude un scotch Coca, Johnny aussi. Sylvie, elle, buvait de l'orange pressée, avec Régine qui lui disait : « Il ne faut pas boire de l'orange pressée pure, ma petite Sylvie. Je vais te mettre un peu de vodka avec. – Non, non ! – Mais si ! – Bon, d'accord, mets-moi une goutte parce que, tu sais, je suis slave ! Mais seulement une goutte ! »

Et Régine versait de la vodka ; Sylvie en buvait une petite gorgée et disait : « Oh là là ! Elle en a mis tellement que c'est imbuvable ! » Johnny répondait : « Mais pourquoi te laisses-tu faire ! Tu n'avais qu'à lui dire non ! Moi, quand elle veut me faire avaler un truc que je n'ai pas envie de boire, je lui dis non ! » Puis nous avons recommencé à plaisanter, à parler d'un tas de choses. Et Sylvie a fini par me dire : « Je prépare un tour de chant pour l'Olympia. Bruno Coquatrix m'a engagée à l'Olympia en vedette. Alors, bien sûr, j'ai pensé à toi. Tu m'as toujours dit que c'était sur scène que je gagnerais mes galons de vedette plus que par les disques... Eh bien, je compte sur toi pour m'écrire une chanson de scène. Je sais que ce sera un tube ! »

C'est ce que j'ai fait. À ce jour, j'ai écrit soixante-quatre chansons pour Sylvie, dont *Comme un garçon*, avec Roger Dumas, qui a fait le tour du monde. Voilà comment une mauvaise fâcherie peut parfois déboucher sur quelque chose de bien.

10

En avril 1962, j'avais vingt-deux ans et je faisais quatre cabarets dans la soirée : je chantais à la Galerie 55, rue de Seine, puis à La Villa d'Este près des Champs-Élysées, dans le programme de Jacqueline François ; ensuite, je me produisais à L'Écluse et enfin dans un petit cabaret qui s'appelait Le Berrier. Je rentrais donc chez moi assez tard ; je ne me réveillais généralement que vers midi.

Or, un matin, ma mère a frappé à la porte de ma chambre de bonne heure : « Excuse-moi de te déranger, mais c'est très important. Bruno Coquatrix, le directeur de l'Olympia, cherche absolument à te joindre. Voici le numéro de son bureau : il attend que tu l'appelles. » Le temps d'avaler un café, de me réveiller un peu, et j'ai fait le numéro de Coquatrix : « Bonjour Jean-Jacques, voici le mobile de mon appel : j'ai reçu hier soir assez tard un coup de téléphone de Marlène Dietrich qui vient d'arriver à Paris pour chanter à l'Olympia. À l'hôtel Lancaster où elle s'est installée, elle a allumé la télévision pour regarder les informations... » Je me demandais bien où il voulait en venir. « Figurez-vous qu'elle est tombée sur vous. Il y avait une émission de variétés dans laquelle elle vous a vu chanter. Du coup, elle veut vous parler. »

La veille au soir, j'avais en effet chanté *Les Boutons dorés* en direct dans une émission de Jacqueline Joubert, qui s'appelait *Le Magazine de la chanson française*. C'était ma première télé importante. Jusque-là, j'avais fait quelques passages à la télé, mais ce n'était jamais que dans des émissions de peu d'audience. Ce soir-là, j'étais passé à une heure de grande écoute sur l'unique chaîne en noir et blanc de l'ORTF, et en très bonne compagnie : il y avait Juliette Gréco, qui interprétait *La Javanaise*, et Serge Gainsbourg, qui chantait *Le Poinçonneur des Lilas*.

Le soir même, le téléphone de Bruno Coquatrix a sonné et, lorsqu'il a décroché, il a entendu une voix rauque : « Bonjour, c'est Marlène. Est-ce que vous connaissez un jeune garçon qui chante une histoire d'orphelins, de boutons dorés ?

— Oui, Marlène, je vois très bien de qui vous parlez et je l'ai vu pas plus tard que la semaine dernière. Je suis allé chez Patachou et il chantait là.

— Parfait. Pouvez-vous lui demander de passer me voir ? Je suis au Lancaster, je voudrais qu'il passe vers 18 heures demain. »

J'ai raccroché le téléphone assez perplexe, soupçonnant une blague. J'avais un copain, l'avocat Gilles Dreyfus, qui avait l'habitude de me faire des farces par téléphone et je lui renvoyais la pareille. Il m'arrivait de l'appeler et de me faire passer pour Charles Trenet. Au bout d'un moment, il me démasquait et disait alors : « Arrête, Jean-Jacques ! » Mais il arrivait aussi que Charles Trenet l'appelle vraiment, pour des affaires de presse, parce que Charles lui confiait des dossiers, et Gilles Dreyfus, abusé, disait alors à Charles : « Écoute, Jean-Jacques, arrête de faire le con, tu crois que je ne t'ai pas reconnu ? » Charles Trenet était alors obligé de lui dire : « Gilles, c'est vraiment moi. Voulez-vous que je vous chante une chanson ? Je sais que Jean-Jacques aime faire des blagues, qu'il se fait parfois passer pour moi, mais cette fois, c'est vraiment moi. »

À cause de cette habitude que nous avions, je me suis dit qu'il s'agissait sans doute d'un canular. Gilles était ami avec de jeunes comédiennes qui commençaient à faire parler d'elles, comme Marie Laforêt, Caroline Cellier, Catherine Samie, de la Comédie-Française... Comme Caroline aimait bien rigoler, je me suis dit : c'est peut-être elle qui a appelé Coquatrix en se faisant passer pour Marlène Dietrich.

Quoi qu'il en soit, dans le doute, je me suis préparé tout à fait sérieusement pour le rendez-vous. Ce jour-là, j'ai mis un costume, ce qui était la tenue de rigueur à l'époque, même pour un jeune chanteur. Je ne pouvais pas arriver en blouson de cuir. J'ai enfilé un blazer bleu marine, un pantalon en serge gris, une cravate club et des mocassins noirs. Je me suis habillé le plus sobrement possible.

En arrivant au Lancaster, je suis allé voir le concierge. Il se tenait à l'entrée dans son uniforme d'hôtel de grand luxe. « Je suis Jean-Jacques Debout, j'ai rendez-vous avec Mme Dietrich. » Là, contrairement à ce que je prévoyais, personne n'éclate de rire, aucun ami ne se montre en criant : « Poisson d'avril ! » Bien au contraire, le concierge m'a répondu le plus sérieusement du monde : « Oui, je suis au courant, elle vous attend. Si vous voulez bien me suivre, Mme Dietrich est dans la grande suite du troisième étage. »

Dans l'ascenseur, il m'a expliqué qu'elle était arrivée la veille, sur un vol en provenance de New York. Il a ajouté : « Elle a une santé de fer. Je sais qu'elle n'a pas dormi dans l'avion et, à peine arrivée, c'est un défilé de journalistes et de photographes. »

Moi, j'étais dans mes petits souliers, assez angoissé à l'idée de la rencontrer. Et ce d'autant plus que je la connaissais de réputation. J'avais lu énormément de choses sur elle. Cocteau écrivait : « Marlène Dietrich, votre prénom commence par une caresse et votre nom se termine par un coup de cravache. » C'était à la fois très joliment dit et assez effrayant. Cocteau était très ami avec elle, ils se connaissaient très bien. Il m'avait parlé d'elle lorsque je l'avais rencontré chez Mireille. Je savais donc qu'on ne pouvait rien cacher à Marlène parce qu'elle était dotée d'une grande capacité d'observation et d'une intelligence remarquable. J'étais donc à la fois ému et inquiet. Et, surtout, je me demandais bien ce qu'elle me voulait.

Arrivé devant la porte de sa suite, j'ai respiré un grand coup. Je suis entré dans la pièce principale, le salon. Il y avait un piano à queue noir et un accordeur en train de faire son travail. À peine entré, tout à coup, j'ai vu une porte s'ouvrir, et devant moi se tenait Marlène.

Elle était habillée tout en jean : un pantalon avec un revers, un blouson, le tout avec des bottes noires de cow-boy en crocodile. Elle avait sa Légion d'honneur épinglée sur son blouson en jean et des lunettes de soleil à verres bleu ciel. L'ensemble formait un mélange détonnant : la rosette rouge, les bottes de cow-boy, la suite au Lancaster... Elle était à la fois très chic et hypermoderne. J'étais complètement déphasé. J'avais l'impression de me retrouver dans un film américain. Il ne manquait plus que Gary Cooper dans la pièce, et tout aurait été dit. Avec cela, elle était plus belle que jamais...

Elle s'est approchée de moi, a retiré ses lunettes, m'a mis la main sur l'épaule et m'a dit de sa voix si grave : « Je vous remercie d'être venu, j'avais très peur de ne pas pouvoir vous avertir du fait que je voulais vous voir. Heureusement, dès que j'ai parlé de vous à Bruno Coquatrix, il a compris de qui il s'agissait. Alors, voici pourquoi je voulais vous voir : je voudrais que vous

Henriette Bonaventure, ma grand-mère maternelle. Je l'adorais. Elle habitait rue du Croissant à Paris, en face du café où Jaurès avait été assassiné. Elle m'a offert mon premier Solex d'occasion avec l'argent qu'elle gagnait en travaillant de nuit à l'imprimerie de *L'Humanité*.

Cette photo est prise à Lourdes, où ma grand-mère a emmené mon grand-père gravement blessé en 1914 au Chemin des dames. Maman est là, avec sa poupée. Mais mon grand-père n'a pas survécu à ses blessures.

Juliette, ma mère, et sa sœur Pépé. Pépé est morte d'une méningite à l'âge de 5 ans, alors qu'elle venait de gagner le premier prix de violon du Conservatoire.
Son petit violon m'a été offert à ma naissance. J'ai toujours pensé que ce cadeau chargé d'émotion m'avait influencé…

Maman à 2 ans. J'aime cette photo d'elle…

Ma grand-mère paternelle, Clarisse Loyot-Debout. Écrivaine, elle était une grande amie de Colette qu'elle m'emmenait voir rue de Beaujolais. Je dois dire la vérité : je refusais quelquefois d'entrer, à cause des onze chats qui faisaient leurs besoins sur la moquette. Je préférais rester jouer en bas dans les jardins du Palais Royal.

1927 : ma mère est élue reine de Paris ! Jusqu'à son mariage, elle est danseuse à l'Opéra, et danse même le célèbre *Louise* du « maître » Gustave Charpentier.

Mes parents, peu après leur mariage. Mon père tient un magasin d'optique à Paris, il est très fier d'être l'un des opticiens du général de Gaulle et rêve que je prenne sa suite… Il essaie de m'orienter vers les études plutôt que vers la musique, avant de se rendre à l'évidence.

Avec mes sœurs, Paule et Claudie.

1940. Mon père et mes sœurs, le jour de la communion de Paule, dont la date a été avancée dans l'espoir que la prière me sauvera la vie : je suis né il y a 5 semaines et je dois être opéré aujourd'hui d'une grave occlusion intestinale. Mon père, envoyé dans un camp de travail en Allemagne, a obtenu une permission. Le chirurgien allemand qui m'opère dit à ma mère : « S'il pleure avant minuit, il vivra. » Et j'ai pleuré. Je garde de l'épisode une cicatrice de vingt centimètres de long en forme de sapin de Noël.

Nous passons toute l'Occupation dans une fermette à Seigy, dans le Loir-et-Cher, non loin de ma grand-mère Clarisse que tout le monde adore pour son dévouement : elle a été infirmière pendant la Première Guerre mondiale, plusieurs fois décorée, et soigne tout le voisinage dans ces campagnes où il n'y a plus de médecin… C'est là qu'à 5 ans, je gagne mon premier concours de chant.

En vacances dans ma chère île de Ré, je fais du bateau avec mon ami Jean-Paul Goude (qui regarde l'objectif). Nous nous connaissons depuis l'école primaire de Saint-Mandé. Il joue du saxo, moi de la clarinette, et comme moi il a des problèmes avec son père : il vient dessiner dans ma chambre pour avoir la paix !

J'ai 8 ans. Mon père vient de m'inscrire au pensionnat de Juilly, dans l'espoir que j'y serai « vissé ». En fait, je vais y nouer une amitié durable avec Jacky Mesrine *(à droite sur la photo).* Il a deux ans de plus que moi et il reste un souvenir marquant de ma jeunesse. J'avais beaucoup d'admiration pour lui. Tous mes rêves impossibles de pensionnaire, il les réalisait avec mention et à ses dépens. Le jour où il a jeté le révérend-père dans la piscine, il a été renvoyé, mais notre amitié a perduré jusqu'à l'âge adulte.

À 18 ans à peine, je gagne un concours organisé par Radio Luxembourg. Yves Montand, membre du jury, m'a dit : « Avec une voix comme la vôtre, vous irez loin. Et sachez que je serais content que vous m'écriviez une ou deux chansons. Vous avez une conception de la chanson comme je l'aime. » J'étais fier comme tout, du premier prix et de ce compliment. Avec le premier prix, j'ai gagné la collection intégrale des Larousse reliés, que j'ai échangés à ma sœur Paule contre sa 5 CV !

Patachou me donne les derniers conseils avant mon entrée sur la scène de son Alhambra. Je lui dois beaucoup, elle est la première à m'avoir engagé. Ce qui me vaut d'être surnommé le « petit chou de Patachou » dans un article du jeune journaliste Pierre Bénichou !

Je chante pour la première fois *Les Boutons dorés* à la télé, dans l'émission de Jacqueline Joubert, *Le Magazine de la chanson française.* C'est là que Marlène Dietrich me remarque. Le même soir, dans la même émission, Gainsbourg chante pour la première fois *Le Poinçonneur des Lilas.*

La première fois que Marlène Dietrich m'a vu à la télé, elle a demandé à me rencontrer. Elle m'a reçu habillée tout en jeans, sa légion d'honneur épinglée sur son blouson, avec des bottes de cow-boy et des lunettes de soleil à verres bleu ciel. Elle était à la fois très chic et hyper moderne. Avec cela, elle était plus belle que jamais… Elle m'a demandé de faire sa première partie à l'Olympia un mois plus tard *(en haut, avec Jean Cocteau et Jean-Pierre Aumont le soir de la première)*. Nous sommes devenus de grands amis.

Au Saint-Hilaire, rue de Ponthieu, avec Little Eva, la créatrice du très célèbre *Loco-motion*. Elle était venue faire l'Olympia. J'ai toujours les boucles d'oreilles qu'elle avait oubliées chez moi.

Au Saint-Hilaire encore, avec Frank Alamo et Nancy Holloway. On s'amusait tellement !

Grâce à Jacqueline François, je rencontre Louis Armstrong. Il est ma plus grande idole, jamais je n'ai aimé un musicien comme je l'ai aimé. Il boit de grands cognacs glacés et rit tout le temps. Dans une célèbre boîte de jazz, le Mars Club, je l'ai accompagné à la clarinette. Un des grands moments de ma vie.

chantiez en première partie de mon spectacle à l'Olympia dans un mois. » Je suis resté muet de stupeur. Aussi a-t-elle ajouté : « Je préfère vous le dire tout de suite, sinon vous allez vous demander pourquoi je vous ai fait venir. Vous allez penser : Marlène est folle, pourquoi me convoque-t-elle dans son hôtel à peine arrivée à Paris ? Je ne veux pas que vous pensiez ça de moi. »

Moi, j'étais fasciné par sa voix, par sa façon de parler en traînant un peu les phrases. J'étais évidemment très ému de la voir, de l'entendre, et surtout de ce qu'elle me proposait. Je me demandais même si je ne rêvais pas. J'ai pris la parole en bafouillant un peu : « Ne m'en veuillez pas, ai-je dit, mais je suis très surpris, je ne m'attendais pas, je ne pensais pas... » Elle a très bien compris mon désarroi et m'a dit : « Ne soyez pas troublé. Vous savez, je suis comme tout le monde. Je suis une personne tout à fait ordinaire. Et je vais même vous apprendre quelque chose : je fais mon ménage moi-même, je déteste confier cette tâche à qui que ce soit. C'est pourquoi je n'emploie pas de femme de ménage, sauf quand je travaille, sinon je fais tout moi-même. »

Je l'écoutais sans mot dire. Elle a ajouté : « Vous savez, dans la vie, le ménage, c'est le seul domaine où on obtient un effet immédiatement. On passe le chiffon, la poussière est partie et on a le résultat tout de suite. En art, dans les affaires, les choses mettent toujours des mois et des mois avant de se faire, alors qu'avec la poussière, c'est instantané. Voilà pourquoi j'aime ça. C'est très gratifiant. » Là, j'ai commencé à me dire qu'elle était un peu cinglée ; à peine m'avait-elle rencontré qu'elle me racontait ses petites histoires de ménage. C'était, il faut le dire, assez drôle.

En fait, elle bavardait ainsi pour me mettre à l'aise, bien sûr. Elle avait vu que j'étais abasourdi par sa proposition. Elle voulait me donner le temps de me remettre.

Elle m'a fait asseoir, m'a offert à boire. Il y avait une table avec tout ce qui existe : du gin, du porto, bien évidemment du champagne puisque c'était sa boisson préférée. C'est d'ailleurs ce qu'elle m'a offert. Mais j'ai décliné cette proposition : « Je ne bois pas de champagne, mais je veux bien un petit whisky Coca. » Quand j'ai eu mon verre à la main, elle est revenue à ce qui la préoccupait : « Voilà ce qui m'amène à vous : hier, j'ai mis la télévision et je suis tombé sur une émission de variétés où vous chantiez une très jolie chanson. C'était très émouvant de vous voir. Pendant que vous chantiez, je revoyais Gabin jeune. Vous me faites beaucoup penser à lui. Vous avez sans doute entendu parler de l'amour que j'ai porté à Jean Gabin... » Je savais vaguement qu'ils avaient eu une liaison. « De ce fait, quand je vous ai vu, j'ai pensé à vous mettre dans ma première partie à l'Olympia. Je me suis dit : ça va te rappeler Gabin. » Elle m'a expliqué que son rêve le plus cher était que Gabin vienne la voir chanter. Mais leur relation était rompue : « Il ne veut plus me parler au téléphone, m'a-t-elle raconté tout à trac. Et quand je lui envoie des lettres, il ne me répond jamais. Moi, je suis venue chanter à l'Olympia pour qu'il voie ce que je suis devenue. Je ne veux pas revivre avec Jean, mais je voudrais qu'il comprenne que je suis encore en vie. Rien ne me ferait plus de plaisir que de l'embrasser une dernière fois, avec tout ce qu'on a vécu ensemble. Mais comme il ne veut pas me répondre, je vais me consoler avec vous. » J'étais stupéfait de cette avalanche de confidences.

Comme je restais silencieux, elle a continué à parler : « À l'Olympia, la première sera le 9 mai. Je sais d'avance qu'il y aura mon grand ami Maurice Chevalier, il m'a promis qu'il viendrait, il y aura mon ami Jean-Pierre Aumont, et aussi Jean Marais et bien sûr Cocteau, il m'a promis qu'il serait là, il y aura aussi Untel et Unetelle... Et puis je vais vous présenter mon chef d'orchestre, qui est un homme de talent, et je vous prêterai mon orchestre pour chanter. Et ça me ferait plaisir que vous chantiez au moins cinq ou six chansons. On va prendre un rendez-vous, maintenant que vous m'avez donné votre réponse... »

Moi, je n'avais toujours rien dit, mais il allait de soi qu'elle me faisait une immense faveur avec cette offre. Par ailleurs, elle considérait sans doute que qui ne dit mot consent. Elle n'était pas berlinoise pour rien : elle faisait les demandes et les réponses. Cela n'était pas pour me déplaire : je la laissais parler. Je ne l'aurais pas interrompue pour un empire. Je préférais d'ailleurs mille fois l'écouter que risquer de dire des bêtises.

Elle a donc continué : « Puisque vous m'avez donné votre accord, je vais vous présenter à Burt Bacharach, qui est mon pianiste et mon orchestrateur. Vous allez lui jouer les chansons que vous désirez chanter dans le programme et il va tout réorchestrer à sa façon. » Elle en était déjà à me donner des ordres, sans autoritarisme excessif, avec beaucoup de naturel. En fait, comme j'ai pu m'en rendre compte par la suite, elle était d'une nature si passionnée que quand un sujet lui tenait à cœur, elle ressemblait à un général dirigeant une armée. Je buvais mon verre, sans l'interrompre ni la contredire... J'étais sur un petit nuage. Mais je dois dire aussi que, dès ce moment-là, j'ai beaucoup apprécié sa tournure d'esprit. D'emblée, j'ai eu le sentiment de très bien m'entendre avec elle. Je trouvais qu'elle avait un humour et une intelligence fantastiques. Notre entrevue s'est poursuivie jusqu'à 20 heures environ. Puis j'ai été obligé de partir me préparer. J'avais mes quatre cabarets à faire dans la soirée ; je commençais le premier vers 10 heures du soir et j'enchaînais les autres.

Avant de partir, j'ai osé glisser : « Vous avez des bottes formidables. J'ai un ami qui deviendrait fou s'il les voyait.

— Quel est cet ami ?

— Il s'appelle Johnny Hallyday. S'il les voyait, il vous les retirerait de force pour les prendre.

— Dans ce cas, il faut que vous me donniez sa pointure. À mon retour en Amérique, je lui en achèterai une paire. »

Je lui ai dit au revoir. Elle m'avait demandé mon téléphone, elle m'a dit : « Je vois demain Burt Bacharach. En ce moment, je répète mon tour de chant avec lui, c'est pour ça qu'on m'a apporté le piano. Je vais lui parler de vous. Il faudrait que vous le voyiez assez rapidement. Nous avons un mois devant nous, mais un mois, ça passe très vite. Il habite à l'hôtel Royal Alma. Je vous donne son téléphone, appelez-le demain de ma part, vers 18 h 30. Il sera déjà au courant. » Marlène prévoyait tout, organisait tout. Elle accordait une certaine importance au hasard, mais c'était une femme extrêmement méthodique. Elle m'a serré la main, et m'a encore dit : « À demain, je suis très contente de vous avoir rencontré. »

11

Je suis sorti de l'hôtel complètement sonné. J'ai appelé Johnny, et je lui ai dit : « J'ai rencontré Marlène Dietrich. » Il m'a répondu du tac au tac : « Oui, et moi, j'ai rencontré Greta Garbo. » Il m'a fallu un bon moment pour le convaincre que je ne disais pas de bêtises. « Tu ne sais pas, elle a des bottes fantastiques en crocodile noires, des vraies bottes de cow-boy ! – Où veux-tu en venir ? – Figure-toi que je lui ai dit que ça te plairait. Elle m'a promis de t'en rapporter une paire de son prochain voyage en Amérique. Il faut que tu me donnes ta pointure parce qu'elle va vraiment te les rapporter, elle n'est pas le genre de personne qui plaisante. » Johnny riait et se réjouissait de la chance que j'avais.

J'ai ensuite foncé jusqu'à mon premier cabaret de la soirée, puis j'ai enchaîné avec le deuxième. En arrivant à La Villa d'Este, je suis tombé sur Jacqueline François, qui était la vedette du programme *Mademoiselle de Paris*. C'était une femme non seulement d'une grande gentillesse, mais aussi d'un talent remarquable. Je considère qu'elle fait partie des femmes qui ont le mieux chanté en France.

« Devine ce qui vient de m'arriver ! » lui ai-je dit. Elle a regardé sa montre et m'a répondu : « Je n'en sais rien, mais tu devrais te préparer en vitesse. Ce soir, j'ai un rendez-vous très important et je ne voudrais pas qu'on commence en retard. » De fait, je n'étais pas au bout de mes surprises ce jour-là.

Je me suis dépêché de mettre mon costume de scène et j'ai commencé mon tour de chant. Je chantais à peu près cinq chansons. Or, à la fin de la dernière, j'ai tout à coup entendu un bruit terrible dans la salle. Tous les gens s'étaient retournés pour regarder quelqu'un qui venait d'arriver au bar. Depuis la scène, on apercevait le bar, mais je me trouvais un peu ébloui par les projecteurs qui étaient assez forts. J'entendais un homme rire à gorge déployée mais je n'y ai pas prêté plus d'attention que cela. Ma chanson terminée, je suis sorti de scène et je suis allé vers la loge. C'est là que j'ai croisé Jacqueline François, qui était déjà prête, avec sa robe de scène, et qui m'a dit : « Tu as vu qui vient d'arriver ?

— J'ai entendu du bruit, j'ai vu que tout le monde se retournait, j'ai compris qu'il y avait une personnalité mais tu sais, avec les projecteurs, je n'ai pas bien distingué de qui il s'agissait.

— Quoi ? Tu n'as pas vu ?

— Non.

— C'est Louis Armstrong, avec qui j'ai rendez-vous et avec qui je vais souper au Pied de Cochon, aux Halles. Si ça te fait plaisir, je t'invite. »

J'étais estomaqué. Armstrong était mon idole : je n'ai jamais aimé un musicien comme je l'aimais. Pour moi, qui l'ai toujours adulé, il était impossible de trouver mieux que cet homme. Avec désespoir, j'ai décliné cette offre fabuleuse : « Je ne peux pas, Jacqueline, ai-je dit. J'ai encore deux cabarets à faire.

— Mais tu sais, avec Louis, ça ne se termine jamais avant 4 heures du matin. Alors, tu pourras nous rejoindre. »

J'ai donc fait mes deux tours de chant, et je les ai rejoints au Pied de Cochon. Ils étaient effectivement là et Armstrong n'arrêtait pas de commander du cognac. Il mettait des glaçons dedans, il buvait de grands verres de cognac glacé et il riait de tout, d'un rire tonitruant et chaleureux. Je le regardais, vaguement ahuri, en songeant : je rêve. Tout à l'heure, je vois Marlène Dietrich, qui me propose l'Olympia, et ce soir, je soupe avec Louis Armstrong et Jacqueline François. Je n'en revenais pas de ma bonne fortune.

Armstrong comprenait un peu le français, parce qu'il avait chanté des chansons françaises, notamment *C'est si bon*, qu'il jouait aussi à la trompette, et *La Vie en rose*, donc il utilisait les mots des chansons qu'il avait interprétées en français. Moi, je comprenais l'anglais, mais je ne le parlais pas très bien. Quant à Jacqueline, elle parlait couramment anglais et me traduisait tout. Elle avait fait une carrière à New York; tous les ans, elle allait chanter au Waldorf Astoria, elle avait déjà dû y aller une vingtaine de fois. Armstrong venait la voir chanter au Waldorf. Ils avaient l'air de bien se connaître et de beaucoup s'apprécier.

Après un grand nombre de verres de cognac glacé, Armstrong a dit : « Je vais passer au Mars Club jouer un peu de trompette. » Il était peut-être 2 heures du matin. Jacqueline a ajouté à mon intention : « Viens avec nous, si tu veux. Quand il a bu un peu de cognac, c'est là qu'il joue le mieux. »

Nous sommes donc allés rue Pierre-Ier-de-Serbie, au bout de laquelle il y avait une espèce d'impasse où se trouvait le Mars Club. Il y avait deux boîtes de jazz importantes à Paris à l'époque, le Club Saint-Germain, rue Saint-Benoît, et le Mars Club. C'étaient les deux boîtes de jazz qui recevaient ce qu'il y a de mieux dans l'histoire du jazz. Il y avait un orchestre de cinq musiciens. Comme je jouais de la clarinette et que je connaissais pratiquement tout ce que jouait Armstrong, j'ai demandé au clarinettiste s'il pouvait me prêter son instrument, ce qu'il a fait très volontiers. J'ai essuyé l'embouchure avec une serviette. Jacqueline François a commencé à rire : « Dis donc, Jean-Jacques, tu ne manques pas d'air, c'est le cas de le dire, parce que tu sais que tu t'attaques quand même à une pointure ! Il va falloir que tu t'accroches, mon petit bonhomme. » Je lui ai fait un clin d'œil en retour.

Alors qu'elle avait une image très policée pour le grand public, dans la vie, cette grande dame de la chanson était très amusante et très naturelle. Elle avait son franc-parler ; elle aimait rire et adorait raconter des histoires. Elle était très branchée sur le sexe. Je découvrais plein de choses avec tout ce qu'elle me racontait : elle connaissait de nombreux potins et aurait pu avoir une rubrique dans *Elle* ou *Marie Claire*.

Du côté de l'orchestre, un autre musicien avait tendu sa trompette à Armstrong. Naturellement, tous savaient que s'il était là, c'était qu'il avait envie de jouer, de faire un bœuf. Galvanisé, j'ai empoigné la clarinette et j'ai attendu qu'il entame le premier morceau. Il a joué tout d'abord *Can Anyone Explain*, et c'était un triomphe dans le club. Ensuite, tout le monde lui a demandé de jouer *La Vie en rose*. Avec Marlène, c'est lui qui en avait fait un succès aux États-Unis en 1950. Puis il a enchaîné les airs. De mon côté, j'essayais de m'accrocher, je l'accompagnais de mon mieux. Je ne prétends pas lui avoir rappelé Barney Bigard, ce célèbre clarinettiste avec lequel il avait joué. Mais Armstrong riait en me voyant souffler de toutes mes forces et m'appliquer de mon mieux. Il me regardait avec indulgence me démener pour le suivre, et me faisait signe d'y aller, de ne pas avoir peur. C'était comme s'il me disait : « Allez, fonce, petit ! » Ça devait le divertir de voir un Français qui connaissait tout son répertoire. Surtout un Français de vingt ans ! Et comme il avait avalé une bouteille et demie de cognac à lui tout seul, je peux dire qu'il était très en forme. Quand nous sommes sortis, il a dit en anglais à Jacqueline que j'avais une très belle sonorité. Et Jacqueline n'a pas manqué de me le traduire.

Je suis rentré me coucher vers 4 h 30 du matin. En me retrouvant dans ma petite chambre de bonne à Saint-Mandé, je n'en revenais pas. Je me disais : c'est fou, c'est incroyable. J'ai joué avec Armstrong. Je vais chanter avec Marlène Dietrich. J'avais l'impression que mes rêves les plus fous devenaient réalité.

Le lendemain, comme convenu, j'ai appelé Burt Bacharach. Marlène était là, en train de travailler avec lui dans sa chambre au Royal Alma. Elle m'avait dit de l'appeler vers 18 h 30 parce qu'elle savait qu'elle serait sur place à ce moment-là et qu'elle pourrait ainsi tout lui traduire. D'une certaine manière, je l'ai compris plus tard, elle avait déjà pris ma carrière en main. Je n'avais plus qu'à laisser faire. Tout mon effort du moment portait sur le fait de ne rien gâcher, de ne pas dire de bêtises, de ne pas casser un vase rempli de fleurs. Elle m'avait dit : « Vous verrez, je suis de bon conseil. » Cette affirmation était bien en deçà de la réalité. La vérité est qu'elle était formidable.

Quand je suis arrivé au Royal Alma, peu après, Burt Bacharach, un peu surpris de voir que j'étais si jeune, m'a néanmoins fait bon accueil. À lui tout seul, cet homme avait connu tant de succès que c'en était incroyable. C'est lui qui a composé les chansons de Dionne Warwick, de Herb Alpert ; toutes les musiques de film importantes ont été écrites par lui. Ses orchestrations avaient certes une facture un peu américaine, mais il tenait compte du texte, il tenait compte de tout. Je lui ai joué mes chansons au piano. Il les a écoutées en connaisseur et a commencé à discuter de leur orchestration avec Marlène tout en jouant du piano. Je me suis tout à coup senti accompagné comme je ne l'avais jamais été de ma vie. Il a tout enregistré sur un magnétophone pour pouvoir mémoriser et commencer à travailler sur mes chansons. Marlène assistait à cela, avec son agenda sur les genoux et son crayon; elle prenait tout en notes.

À partir de ce jour-là, la complicité que j'avais avec elle s'est développée très vite. Sur sa demande, j'ai commencé à l'appeler tous les jours. Et quand je ne l'appelais pas, c'était elle qui s'en chargeait et elle me reprochait énergiquement de ne pas l'avoir fait! Elle a mis en ordre mon tour de chant : à la fin du mois, elle connaissait mes chansons mieux que moi. Si elle trouvait que les cuivres à un moment me couvraient un peu, elle demandait à Burt de changer certaines phrases musicales. Elle disait : « Ce qui est bien avec Jean-Jacques, c'est qu'il a des chansons qui racontent une histoire. Moi, je n'aime pas les chansons qui ne racontent rien. »

Je venais tous les jours la voir chez elle. Elle disait : « Venez, on va prendre un *drink* dans le salon. » Elle me tendait une bouteille de champagne et je savais ce que ça voulait dire; il fallait que je l'ouvre. Elle m'a raconté qu'un jour, elle avait pris un bouchon de champagne dans l'œil et a ajouté : « J'ai cru que j'étais aveugle pour le restant de ma vie. Alors, si ça devait se produire à nouveau, je préférerais que ça vous arrive à vous plutôt qu'à moi. » C'est donc moi qui ouvrais les bouteilles.

Mais nous sortions aussi souvent dîner ensemble ou boire un verre. Dans ces moments-là, elle, qui était toujours si concentrée, si sérieuse, s'amusait, riait comme une folle. Cela énervait d'ailleurs pas mal de gens. On me disait avec envie : « Qu'est-ce que tu peux bien raconter à Marlène Dietrich? On t'a vu hier à La

Lorraine, vous étiez assis l'un à côté de l'autre, elle n'arrêtait pas de rire ! » Je ne racontais rien d'exceptionnel, mais il y avait entre nous une telle connivence qu'il nous suffisait de voir la même situation, puis de nous regarder dans les yeux ensuite, et nous éclations de rire. « Je n'ai jamais ri de ma vie comme avec vous », m'a-t-elle confié un jour. Cela suscitait de l'envie, immanquablement, parmi les gens qui nous entouraient, qui reconnaissaient Marlène et se demandaient : qu'est-ce qu'elle a à rire comme ça avec ce merdeux !

Le revers de cette situation enviable était que je n'avais plus le droit de sortir : elle ne voulait plus que je dîne avec des gens que j'avais l'habitude de voir s'ils ne lui plaisaient pas. Si quelqu'un lui convenait, il n'y avait pas de problème, elle disait : « Invitez votre ami. » Mais il existait aussi des gens qu'elle ne voulait pas voir. Si je lui proposais de dîner avec cette personne, elle répondait : « Non, non. Pourquoi voulez-vous que nous dînions avec Untel ? »

En raison de cette entente qu'il y avait entre nous, je devais tout raconter à Coquatrix, qui n'osait pas interroger directement Marlène. Il m'invitait à déjeuner et me demandait : « Alors, tout se prépare bien ? Raconte-moi comment ça se passe avec elle. » À la vérité, Bruno avait un peu peur de Marlène. Pourtant, il ne se gênait pas pour faire savoir aux artistes ce qu'il avait à leur dire. Il était même connu pour ça. Quand une vedette chantait une chanson qui ne lui plaisait pas à l'Olympia, c'est la première chose qu'il lui assenait, avant même de lui dire bonjour. Il lui était même arrivé d'annoncer à Charles Trenet : « Charles, ce n'est pas possible, vous n'allez pas commencer votre tour de chant avec ça ! Charles Trenet ne peut pas chanter une bêtise pareille ! » Je l'avais moi-même entendu dire cela. Et, connaissant bien Trenet, j'avais pensé : « Oh là là ! Il ne sait pas où il s'aventure ! »

Piqué, Charles avait répondu : « Ce n'est pas du tout une bêtise, et je vais quand même la chanter. Peut-être pas en première chanson, puisque ça ne vous plaît pas, mais je vais quand même la mettre.

— Non, non et non, Charles. Si vous la mettez, je ferai baisser le rideau sur vous pendant que vous la chantez.

— Mais si, mais si !

— Mais non, voyons ! »

Bruno était le seul directeur de music-hall qui se permettait de donner son avis sur le tour de chant de la vedette, et de dire à Brassens, par exemple : « Georges, celle-là, je trouve que c'est un peu faible par rapport à celle que tu chantes avant, tu devrais en mettre une autre à la place. » Or, en dépit de cette assurance, Coquatrix n'osait plus faire à Marlène ce genre de remarques dont il était coutumier avec les autres. À vrai dire, il avait bien essayé, mais elle l'avait très vite rembarré. Il lui avait dit un jour, en ma présence : « Marlène, j'espère que vous allez chanter *Marie Marie*, la belle chanson que Gilbert Bécaud vous a donnée, qui commence ainsi : "Marie, Marie, écris donc plus souvent..." » Elle l'avait alors regardé froidement, avec ses yeux clairs qui semblaient vous transpercer, avant de lui répondre de très haut : « Je prends bonne note de votre remarque. Mais sachez que je répète tous les jours la chanson. Gilbert est d'ailleurs venu m'écouter, il a même donné des indications à Burt. » Ce qui signifiait qu'elle le priait de s'occuper de ses petites affaires. Il a d'ailleurs très bien compris le message et a répondu humblement : « Parfait, Marlène. Excusez-moi. »

Avec tout cela, les répétitions, les soirées, le champagne, Marlène faisait semblant d'être heureuse. Elle avait eu une liaison avec Burt Bacharach, qui était un très bel homme, un sosie de Paul Newman. Elle avait un petit faible pour moi. Mais en réalité, elle avait toujours la nostalgie de Gabin et ne pensait qu'à le revoir. Elle me parlait de lui chaque jour ; me racontait qu'elle lui avait écrit d'innombrables fois, sans jamais recevoir de réponse. « Sa femme doit intercepter mes lettres », m'avait-elle expliqué. Elle répétait : « Picasso a eu sa période bleue. Moi, avec Gabin, j'ai eu ma période rose !

— Vous avez dû beaucoup l'aimer, faisais-je observer. Vous m'en parlez chaque jour !

— Je l'ai plus qu'aimé », répondait-elle, non sans tristesse.

Or il s'est trouvé que durant le mois de répétition avant l'Olympia, un de mes vieux amis, le comédien Roger Dumas, tournait un film dans lequel jouait Jean Gabin. Il s'agissait de *Rue des Prairies,* qu'ils tournaient près d'Enghien-les-Bains, au studio d'Épinay-sur-Seine. Sitôt que j'ai appris cette nouvelle, j'en ai informé Marlène qui m'a dit : « Je vais écrire une lettre que vous lui porterez. Je lui dirai que je vais passer à l'Olympia et que tout ce que je chanterai sera pour lui. » Je n'avais rien à refuser à Marlène. J'ai donc appelé mon ami Roger, à qui j'ai expliqué que j'avais besoin d'une entrevue avec Gabin. Quelques jours plus tard, me voilà parti pour déjeuner avec Roger, Gabin et Claude Brasseur, qui jouait aussi dans le film, ainsi que Marie-José Nat.

À mon arrivée, ils venaient de terminer une prise et s'apprêtaient à passer à table. Roger s'était débrouillé pour que je sois placé en face de Gabin. Il a fait les présentations : « Jean, je vous présente mon ami Jean-Jacques Debout. » Gabin m'a jeté un coup d'œil et m'a répondu sans façon : « Assieds-toi, môme. Qu'est-ce que tu bois ? – Comme vous, monsieur Gabin. »

Il me dit : « Il y a du bordeaux et du vin blanc. Moi, je bois du vin blanc. Le vin rouge, à midi, ça va me faire dormir, or j'ai une scène très importante cet après-midi. » Il était parfaitement naturel ; il avait retiré la cravate qu'il portait dans le film pour rester en bretelles, avec sa chemise grande ouverte. Il a ajouté à mon intention : « Dis donc, je t'ai vu chanter à la télévision. Tu sais que j'ai commencé comme chanteur ? C'était mon premier métier, le music-hall. J'étais *boy* de Mistinguett, au Casino de Paris. J'aime la goualante que tu chantes, là. Elle est bien, ton histoire d'orphelins, ça m'aurait plu si j'avais eu une chanson comme ça. » Il s'adressait à moi le plus simplement du monde, tout en déjeunant sans façon. Nous mangions une très bonne choucroute et il avait un coup de fourchette impressionnant. « Tu comprends, a-t-il expliqué à Claude Brasseur, parfois, je vais dans des restaurants qui ont des étoiles partout et finalement on bouffe mal. Le *Guide Michelin* fait n'importe quoi ; il décore des imbéciles ! Il y en a d'autres qui mériteraient d'en avoir, et ceux-là n'en ont pas ! »

Tandis qu'il bavardait avec Brasseur, je m'entretenais avec Roger. Une femme aimable entre deux âges nous apportait les plats les uns après les autres et nous demandait si le déjeuner nous plaisait. Roger m'a raconté que cette femme avait été une petite amie de Gabin avant la guerre. Il avait vécu un an avec elle. Et quand il l'avait revue plusieurs années après la fin de leur liaison, elle se trouvait dans la dèche. Elle avait perdu son travail et peinait à gagner sa vie. Du coup, chaque fois que Gabin tournait un film, il exigeait qu'on l'engage pour tenir le restaurant du film : « Je veux cette personne-là pour me faire la cuisine », disait-il. Et comme il n'arrêtait pas de tourner, elle vivait désormais très à l'aise. C'est elle qui avait raconté ça à Roger. Gabin, lui, ne s'en était pas vanté.

C'est durant ce déjeuner que j'ai compris pourquoi Marlène l'avait tellement aimé, pourquoi elle l'aimait encore. Il était à la fois fascinant d'intelligence, de générosité, et d'un naturel impressionnant. Personnellement, j'admirais beaucoup Gabin comme acteur, j'allais le voir au cinéma chaque fois que c'était possible ; pour autant, je n'aurais jamais cherché à le rencontrer si ce n'avait pas été pour Marlène. À la fin du déjeuner, comme il disait : « Bon, c'est pas tout ça, je vais aller me reposer un peu avant de reprendre la scène », j'ai glissé ma requête : « Monsieur Gabin, puis-je me permettre de vous donner quelque chose ? » Et j'ai sorti la lettre de ma poche. Sur l'enveloppe, Marlène avait inscrit : « Pour Monsieur Jean Gabin ».

Gabin m'a dit : « Fais voir, môme. » Il m'a pris la lettre des mains, il a mis ses lunettes, a regardé l'enveloppe et a dit : « Ah, c'est encore la Schleue qui me poursuit. Putain de merde ! Elle va me faire chier longtemps celle-là ? ! Ah là là ! » Sans la décacheter, il a froissé l'enveloppe dans ses mains. Il y avait sur la table devant lui un cendrier Cinzano. Gabin a mis la boulette de papier dedans. Il a sorti son briquet Zippo et a mis le feu à la lettre sans même l'avoir ouverte. Je le regardais faire, pétrifié. J'entendais la voix de Marlène qui me répétait chaque jour : « A l'Olympia, je chanterai uniquement pour lui », et je voyais la lettre se consumer dans le cendrier blanc.

Je suis rentré à Paris bien embêté. J'avais rendez-vous le soir même avec Marlène au Relais Plaza. Quand je suis arrivé, elle était déjà présente. Elle a commandé une coupe de champagne avant que je parle et a prononcé un seul mot, dans lequel toute son attente était résumée : « Alors ? » J'ai répondu que j'avais bien donné la lettre à Gabin. « Et comment a-t-il pris ça ? » Je ne pouvais pas lui dire ce qu'il avait fait. J'ai donc menti. « Il l'a mise dans la poche de son veston. Et il n'a rien dit à personne. » Je n'avais pas le courage de lui dire la vérité ; c'était littéralement au-dessus de mes forces. « Ah bon !

Vous ne pouvez pas savoir par votre ami? a-t-elle demandé encore. – Non, Roger ne m'a rien dit. » Pour rien au monde, je n'aurais voulu lui faire de la peine en lui disant comment Gabin avait réagi. Et elle a sans nul doute continué d'attendre une réponse de Gabin, sans trop y croire cependant, pendant toute la durée des répétitions.

12

La veille de la première, je suis arrivé à l'Olympia à 10 heures. Marlène tenait à être là pour pouvoir me donner des conseils, ce dont j'étais très ému. Je suis arrivé à l'heure dite. Coquatrix était là, assis auprès d'elle. Il lui avait donné un micro dans lequel elle me parlait depuis la salle. « Jean-Jacques, c'est à vous d'entrer en scène, maintenant. Ce serait très joli que l'orchestre se mette à jouer avant votre arrivée. Vous entrerez sur la musique. Il n'y a rien de plus vulgaire qu'un chanteur qui arrive comme ça, platement, comme on marche sur un trottoir. Il faudrait que l'orchestre joue quelque chose en sourdine. » Elle a demandé à Burt, en anglais : « Tu peux jouer un peu de piano quand Jean-Jacques arrive ? » Burt était au piano et dirigeait tout l'orchestre en même temps. « *Yes*, *Yes*, Marlène. »

Ce simple détail a pris une heure pour se régler. Puis nous avons commencé à répéter ma première chanson, ma deuxième chanson... Ensuite, elle m'a fait changer l'ordre de mon tour de chant... Il était 2 heures de l'après-midi, et elle-même n'avait pas toujours pas répété. Mais pour elle, ma partie devait être aussi soignée, aussi irréprochable que la sienne.

C'est seulement quand tout a été réglé pour moi au millimètre près qu'elle s'est fait apporter un fauteuil. Elle s'est alors assise devant l'orchestre, sur scène. Burt Bacharach a fait jouer l'orchestre : elle regardait les musiciens, elle écoutait tout, demandait des modifications. Puis elle chantait, assise, avec le micro. Quand elle a fini de répéter tout son tour de chant, il y a eu un quart d'heure de pause. Elle est allée dans sa loge, a passé sa fameuse robe de scène de couleur chair et ses perles. Son ingénieur des lumières, le fameux Jules Fischer, qui a été le plus grand de tout Broadway et qui a éclairé toutes les grandes comédies musicales, était venu spécialement de Londres. Elle a de nouveau tout répété dans l'ordre, en costume de scène. Ensuite, nouveau quart d'heure de pause : elle s'est mise en smoking d'homme et a répété avec ses danseuses. Pendant ce temps-là, je voyais Coquatrix s'énerver de plus en plus. Il se disait : « Je vais être obligé de payer tous les services de l'orchestre jusqu'à minuit », ce qui coûtait une petite fortune pour chaque musicien. Il s'est approché de moi et m'a murmuré à l'oreille : « Vous ne voulez pas lui dire d'arrêter ? Parce que je ne vais pas pouvoir payer tous ces suppléments, je vais me ruiner ! » J'ai répondu lâchement : « Ben oui, mais c'est vrai que... » Je n'ai pas pris parti. Marlène, elle, répétait imperturbablement, sans paraître remarquer l'heure tardive ni l'exaspération de Coquatrix. Elle l'a fait jusqu'au moment où elle a estimé que tout était au point. Puis nous sommes partis avec Burt Bacharach manger au Pied de Cochon. Là, nous avons parlé de la répétition : elle me demandait mon avis concernant l'ordre dans lequel les chansons seraient présentées. Elle avait composé son tour de chant exprès pour les Français. Elle y faisait évidemment figurer tous ses grands succès américains et allemands, mais elle avait également programmé une chanson en français composée à partir d'un poème que lui avait donné Jacques Prévert, *Le Petit Déjeuner du matin*. Celle-ci lui tenait particulièrement à cœur. Elle connaissait bien Prévert. Comme il avait écrit pour Gabin, Marlène, qui avait vécu huit années auprès de l'acteur, le voyait très souvent à l'époque. Prévert lui avait d'ailleurs dédié ce poème. Elle le chantait magnifiquement, avec une émotion et une retenue qui me donnaient toujours envie de pleurer. Ce soir-là, elle n'a cessé de me demander si, d'après moi, son interprétation plairait à Prévert. « Vous savez, répétait-elle, j'aime tellement cet homme que je ne voudrais pas le décevoir. J'espère qu'il sera fier de moi et de sa chanson. » Je l'ai répété à Prévert puisque j'avais la chance de le connaître. Je lui ai téléphoné dans l'après-midi de la première en lui disant : « Surtout, Jacques, venez la voir, parce que sinon, elle serait très déçue. » Et Prévert a promis : « Je viendrai l'embrasser, c'est tellement de souvenirs pour moi ! »

Le soir de la première, Marlène était très nerveuse et moi aussi. Elle m'a pris par le bras : « Bon, Jean-Jacques, c'est très bien, mais avant de chanter il faut que vous passiez dans ma loge parce que je vais vous maquiller moi-même. Vous êtes trop pâle, vous êtes comme un Pierrot sous la lune. Mais je sais quoi vous mettre. Les hommes ne savent pas faire ces choses-là, mais moi je sais maquiller un homme. » Personnellement, je n'avais aucun avis sur la question, j'étais donc d'accord pour tout ce qu'elle proposerait. Elle m'a mis un fond de teint mat très léger, un produit américain, en m'expliquant : « Vous savez, souvent, quand Frank Sinatra chante à Las Vegas, il m'envoie son avion pour que je vienne le maquiller. Oui, il m'a toujours dit : "Marlène, il n'y a que toi qui sais me maquiller." »

Elle plaisantait pour me détendre, car j'avais bien entendu un trac épouvantable. « C'est comme la fille de

Nat King Cole : je suis sa marraine, et il n'y a que moi qui ai le droit de lui couper les cheveux. La petite Nathalie prend l'avion, elle vient à Paris, je lui coupe les cheveux et je la fais remettre dans l'avion. Vous vous rendez compte ? J'aurais pu ouvrir un salon de coiffure. J'aurais pu maquiller les chanteurs et leur couper les cheveux.

— Vous devriez, Marlène, il y aurait la queue devant le salon ! Qui n'aimerait pas se faire maquiller et se faire couper les cheveux par vous ? C'est un bonheur. » Elle souriait.

« Vous trouvez ? Bon, dans ce cas, je vais boire une coupe de champagne. »

Elle avait fait mettre quelques bouteilles de champagne au frais, et m'en a fait ouvrir une. « Ça me donne du courage », expliquait-elle. En parallèle, Coquatrix m'avait chargé de la surveiller : « Surtout, il ne faut pas qu'elle boive trop. Faites attention, une coupe mais pas deux, ni trois. » Et puis je la voyais assise devant sa coiffeuse, complètement abattue, et je savais bien à qui elle pensait. J'essayais de la consoler : « Marlène, dans le public, il y a quelqu'un que vous adorez, c'est Maurice Chevalier. – Oui, c'est vrai. Avec lui, on a toujours fait bon ménage, même quand on n'était plus ensemble. Ça a toujours été un ami fidèle. » Son verre à la main, elle a continué à bavarder : « Il y a aussi des amis formidables, magnifiques, qui sont venus de Londres pour venir ce soir. Mel Ferrer est là. » Il était venu dans sa loge juste avant. « Et puis, vous savez, il y a aussi des écrivains. Jean Cocteau est venu, alors qu'il a une angine de poitrine en ce moment. Il m'a envoyé cette belle lettre avec un dessin. » Elle était très touchée. Comme j'avais regardé à travers le rideau de scène, j'avais de mon côté repéré quelques célébrités dans la salle. Je le lui ai dit : « Il y a aussi Gabrielle Chanel, qui est là, avec son tailleur, son petit chapeau.

— Ah ! Coco Chanel ! Je suis ravie qu'elle soit là, mais elle va me juger. Qu'est-ce que je vais prendre demain ! Mes oreilles vont siffler toute la journée.

— Qui d'autre avez-vous vu ? »

Il y avait aussi Jean-Pierre Aumont, Claude Dauphin, Jean Marais... En revanche, Jean Gabin n'était pas venu, bien sûr. Puis elle s'est résignée et m'a dit : « Bon, maintenant, pensez à vos chansons. Après tout, le public, c'est le public : peu importe qui viendra, qui ne viendra pas. » Et je sentais qu'elle était profondément triste, malgré l'excitation de cette première, malgré le champagne et son tour de chant réglé au millimètre.

Avant le spectacle, elle avait demandé à Coquatrix de filtrer les gens qui voudraient venir la voir dans sa loge : « Si c'est Chevalier, si c'est Jean-Pierre Aumont, si c'est Jean Marais, si c'est Jean Cocteau... laissez-les venir. » Mais beaucoup d'autres gens connus voulaient venir l'embrasser avant que ça commence. Et elle ne pouvait pas les recevoir tous. Il fallait qu'elle se concentre ; par ailleurs, on n'a pas forcément envie de voir du monde dans ces moments-là. Moi, j'avais le trac ; c'était la première fois que je chantais dans une salle si prestigieuse. De plus, il y avait un parterre incroyable. Il n'y avait pas que des personnalités parisiennes et françaises, même si ce n'étaient pas les moindres, il y avait aussi Grace Kelly, Gary Cooper, Audrey Hepburn, Spencer Tracy... Pour un petit chanteur français, arriver avec tout l'orchestre de Marlène devant une salle et savoir que tous ces gens-là étaient présents, c'était terriblement impressionnant. Leonard Bernstein, qui faisait partie de ses amis, était venu spécialement, Erich von Stroheim était au premier rang. Le chorégraphe américain Jerome Robbins et Sammy Davis se trouvaient là aussi... Il y avait des photographes partout qui mitraillaient toute la salle.

Malgré mon anxiété et la présence de ce public, mon tour de chant s'est déroulé sans problème. Marlène m'a ensuite demandé : « Accompagnez-moi jusqu'au moment où je vais commencer. Quand l'introduction de ma chanson d'ouverture commencera, vous irez dans la salle. » C'est ce que j'ai fait. Mon rôle consistait à vérifier que tout allait bien. Marlène m'avait prié de le faire afin d'être sûre que le son était convenablement réglé, que sa voix n'était pas couverte par les cuivres ou par la batterie, que la balance était exactement comme elle le voulait. Je devais également observer l'effet produit par les gélatines roses, m'assurer que tous les éclairages produisaient l'effet voulu. « Allez aussi au balcon par moments, m'avait-elle demandé. Du balcon, on n'a pas le même son qu'en bas. » Cette tâche minutieuse accomplie, je devais lui en rendre compte pendant le spectacle. « De temps en temps, m'avait-elle dit, pendant mon tour de chant, vous viendrez dans les coulisses. Si je vous regarde et que vous levez le pouce, ça voudra dire que tout va bien et je serai tranquillisée. » C'est donc ce que j'ai fait, ce soir-là et tous les autres soirs. Marlène avait raison de vouloir être attentive à tout. On ne sait jamais : parfois, la sono peut être mal réglée, parfois, un problème peut venir de l'orchestre... Mais elle avait déjà tout vérifié et revérifié. Je ne remarquais donc jamais que des broutilles. Quoi qu'il en soit, elle me demandait de noter tous les soirs sur un cahier ce que j'avais repéré. C'est d'ailleurs une expérience qui s'est révélée extrêmement précieuse pour moi, lorsque j'ai écrit des spectacles par la suite. Parce que Marlène n'avait pas qu'un tour de chant; son récital était réglé comme une comédie musicale. Des danseuses habillées en smoking venaient danser autour d'elle; elle parlait sur la musique. Elle faisait par moments de fausses sorties, auquel cas il fallait que les éclairages fassent croire qu'elle était là alors qu'elle apparaissait de l'autre côté... Tous ces effets de mise en scène demandaient à être réglés de façon très précise. Je découvrais tout ça et, plus tard, je mettrai à profit cet apprentissage lorsque j'écrirai des spectacles, moi aussi.

Depuis la salle, le soir de la première, j'ai assisté à son tour de chant, qui était triomphal. Plus elle chantait, plus les gens l'applaudissaient. Elle a remporté notamment un tonnerre d'applaudissements avec la chanson écrite par Pete Seeger, *Que sont devenues les fleurs du temps qui passe*, qu'elle a chantée en français, au milieu de son récital. Toute la salle s'est levée pour l'acclamer à la fin de cette chanson. Et si *Que sont devenues les fleurs...* a été reprise par Dalida et bien d'autres, c'est parce qu'elles l'avaient d'abord entendue chantée par Marlène. C'est elle qui en a fait un succès, alors qu'au départ la chanson n'avait pas passé les frontières de l'Amérique. Marlène l'a interprétée dans toutes les langues et l'a fait connaître partout. Après cela, elle a chanté bien évidemment tout ce qu'on connaît d'elle. La seconde partie du récital s'apparentait à un spectacle de music-hall. C'est là que ses danseuses arrivaient habillées en smoking. Elle a terminé comme elle le faisait toujours en chantant la chanson de *L'Ange bleu*, *Falling in Love Again*. Et toute la salle s'est une nouvelle fois levée, les spectateurs l'ont applaudie, rappelée, rappelée encore... Personne ne voulait la laisser partir. Pour Marlène, cette soirée était une magnifique performance, mais aussi une belle victoire.

Elle a salué son public enthousiaste, salué encore, souri, envoyé des baisers à tout le monde, puis, de retour dans sa loge, elle s'est assise devant son miroir et m'a avoué ce qu'elle pensait. « Finalement, a-t-elle dit, ce spectacle, je l'ai fait pour Gabin, pour qu'il voie ce que je suis devenue. Or, tout Paris vient me saluer sauf lui. »

Moi, je ne disais rien, je me contentais de hocher la tête en silence... Qu'aurais-je pu dire, d'ailleurs? Pour finir, elle a posé son verre de champagne et a conclu : « Mais quand même, j'aurais voulu qu'il voie toutes ces lopes qui m'applaudissent.

— Quoi? Toutes ces quoi?... »

J'avais compris, mais je voulais la faire répéter.

« Oui, toutes ces tapettes qui viennent me voir. Vous savez bien que je plais à toutes les tapettes. Eh bien, j'aurais voulu que Jean voie ça. Il m'aurait dit que ce n'était pas très bien, mais enfin... il l'aurait vu, au moins! »

Ce soir-là, Bruno Coquatrix avait loué chez Maxim's, où l'attendaient tous ses amis et un bon souper. Nous sommes allés là-bas retrouver Claude Dauphin, Coco Chanel, Mel Ferrer, Audrey Hepburn... Le souper a commencé vers 1 heure du matin. À l'époque, il y avait encore un orchestre chez Maxim's; le violoniste a joué tous les succès de Marlène pendant le dîner. C'était très beau. Enfin, vers 4 heures du matin, elle est rentrée au Lancaster. Et avant de monter dans sa voiture avec chauffeur, elle m'a dit : « Je vais appeler mon mari, qui est au milieu de ses poulets, en Californie, pour lui dire que ça s'est bien déroulé. »

Passé l'émotion de la première, nous avons continué paisiblement notre Olympia et entretenu les meilleurs rapports du monde. Marlène s'intéressait au music-hall, au théâtre, aux autres chanteurs, à tout et à tout le monde. Elle me demandait donc de lui indiquer les chanteurs français que je trouvais bons, et, avec le sérieux qui la caractérisait, elle notait sur son petit agenda : Brel, Aznavour, Bécaud, Trenet, Brassens, Ferré. Elle se rendait ensuite au Drugstore des Champs-Élysées pour acheter leurs disques. Elle se tenait ainsi au courant de la vie artistique française du moment. D'ailleurs, elle avait mis à son répertoire *Ne me quitte pas*, qu'elle interprétait magnifiquement. Un jour, elle m'a dit : « Vous avez vu que Brel va faire du cinéma ?

— Oui, ai-je répondu. C'est un comédien fantastique, il a une forte personnalité.

— C'est possible, a répondu Marlène d'un ton dubitatif. Mais je trouve que c'est un moins bon mariage d'amour qu'avec la chanson. »

Quelque temps plus tard, j'ai répété ces propos à Brel, pensant que l'opinion de Marlène pouvait l'intéresser. Il en a été stupéfait. « Mais elle ne m'a jamais vu jouer ! Et le film n'est pas encore sorti ! Comment peut-elle dire des choses pareilles ?! » Mais, dans le fond, cette remarque de Marlène l'amusait. Et un jour, je les ai présentés l'un à l'autre.

La rencontre s'est passée comme on pouvait s'y attendre. Au lieu de s'extasier sur sa manière de chanter, ou sur les textes sublimes que Brel écrivait, Marlène lui a demandé : « Pourquoi êtes-vous en nage tout de suite quand vous chantez ? Pourquoi transpirez-vous comme ça ? Vous savez que vous risquez de prendre froid en sortant de scène et ça peut vous tomber sur les bronches. Vous pourriez contracter un pneumothorax ! » Elle lui a donné une pommade qu'elle avait achetée aux États-Unis, une pommade spéciale pour prévenir les problèmes de poumon. Elle a attrapé un crayon et une feuille de papier à lettres et lui a tout expliqué ; elle a dessiné son torse et, avec des flèches, lui a montré les endroits où il devait mettre la crème, comment l'appliquer... C'était une véritable ordonnance qu'elle lui faisait. Je le lui ai fait observer. « Que croyez-vous que je faisais, quand j'étais dans l'armée française ? m'a-t-elle répondu. J'étais infirmière. Et quand j'étais jeune fille, en Allemagne, avant de faire du théâtre, je travaillais chez un médecin. Je me suis d'abord intéressée à soigner les gens, avant de jouer et de chanter. »

Brel l'écoutait religieusement, comme s'il avait eu quatorze ans. J'en étais sidéré. Pour moi, depuis Charles Trenet, on n'avait pas vu mieux, et je tenais Brel pour un véritable génie. Il suffisait de l'entendre chanter une fois pour s'en rendre compte. Mais elle lui parlait comme s'il était un débutant ; et il acceptait ses conseils avec reconnaissance. Marlène était ainsi : incroyablement précise et concrète. À moi aussi, elle me rapportait toujours des produits destinés à me soigner : comme je souffrais de sinusite, chaque fois qu'elle allait en Suisse, elle en revenait avec des médicaments suisses contre la sinusite. Elle s'occupait de tout. Je me souviens du mari de Ginette Spanier, un médecin assez âgé qui a soigné Serge Gainsbourg, et qui m'a dit un jour à propos d'elle : « Vous savez, Marlène est plus forte que moi. C'est une femme qui peut soigner n'importe qui. Elle ne se trompe jamais, son diagnostic est toujours exact. »

« Demain soir, je fais un pot-au-feu, j'ai Katharine Hepburn qui vient dîner. Ça vous amuserait de voir Katharine Hepburn ? » Elle formulait toujours ses propositions ainsi. Elle pensait que pour moi, c'était un amusement de rencontrer toutes ces stars internationales. Et elle n'avait pas tout à fait tort, je dois le reconnaître. Je répondais que j'en serais très heureux, naturellement. « Vous savez, c'est ma meilleure amie. Il n'y a pas une semaine sans qu'on se téléphone. » Et j'ai comme ça dîné en face de Katharine Hepburn. Elles se parlaient alternativement en anglais, en français et en allemand. Chez Marlène, ce mélange des trois langues était un charme de plus. Après le dîner, elle me faisait des commentaires : « Vous voyez, Jean-Jacques, cette Katharine Hepburn, c'est une amie fidèle. Chaque fois qu'elle vient à Londres, elle fait un détour par Paris, pas tellement pour Paris, mais plutôt pour me voir. Nous avons eu le même mari, vous savez, Spencer Tracy. Je l'ai beaucoup aimé, mais ça ne nous a pas fâchées pour autant. Parce que c'est une amie fidèle et une femme intelligente. » Dans sa bouche, « femme intelligente » était le compliment suprême.

Quand Marlène cuisinait, elle le faisait toujours en grandes quantités, pour le cas où il y aurait eu des invités de dernière minute. Et tous les soirs, elle me demandait d'apporter ce qui restait à Mme Miron, la gardienne de l'immeuble, qui héritait de tous les plats. Marlène avait pitié de cette femme qui était très dévouée et avait une vie difficile. Elle me disait : « Son mari la bat, il ne lui donne pas d'argent. Je sais qu'elle ne mange qu'un quignon de pain par-ci par-là. Je veux au moins qu'elle se nourrisse bien, je ne veux pas la voir fatiguée ni malade. » Du coup, je lui descendais des plats et des plats par l'ascenseur. Cet immeuble était assez luxueux ; beaucoup de gens prenaient l'ascenseur, et quand on m'y croisait avec de la nourriture, je me faisais fusiller du regard par tout le monde.

Mais il est vrai que Mme Miron était aux petits soins pour Marlène. Je remontais de la loge en portant des fleurs : « Marlène, Mme Miron m'a donné des fleurs pour vous, qu'elle avait mises de côté. Elle a préféré me les confier plutôt que de monter vous déranger.

— Qu'est-ce que cette femme adorable fait avec un mari aussi bête, aussi méchant ! s'exclamait Marlène. J'aurais un mari comme ça, je l'aurais tué depuis longtemps, je n'aurais pas pu supporter ça ! Et puis il est laid en plus ! Du reste, je ne sais pas ce qu'elle attend pour le mettre à la porte ! »

Et elle le disait aussi à Mme Miron, très fort, dans le hall d'entrée de l'immeuble, là où ça résonnait, de façon que tout le monde l'entende. Parmi un régiment d'infanterie, on aurait reconnu la voix de Marlène.

13

Un jour, elle m'a demandé si je connaissais Sacha Distel. « Sacha est comme un frère pour moi », ai-je répondu. Et je lui ai expliqué qu'il m'avait aidé à débuter, qu'il m'avait accompagné lui-même à la guitare. « Vous voyez que c'est un gentil garçon, ai-je conclu.

— Mais ça ne m'étonne pas, m'a-t-elle répondu. Je le vois sur son visage. J'ai rêvé de lui cette nuit. Cela vous ennuierait de me le présenter ? »

Et tandis que je me demandais quelle était cette nouvelle lubie, elle m'a expliqué pourquoi elle souhaitait le rencontrer. « Il me rappelle un peu Raf Vallone. » J'ai répondu à Marlène que je lui présenterais Sacha avec plaisir, mais qu'elle devait savoir que Sacha avait un succès fou avec les femmes. Il suffisait qu'une femme le voie et elle tombait à ses pieds comme une mouche. Ce n'était pas pour effrayer Marlène.

J'ai donc appelé Sacha et je lui ai annoncé que je lui passais quelqu'un qui souhaitait lui parler : « Bonjour, Sacha, c'est Marlène au téléphone. Je suis avec Jean-Jacques et je me demandais si vous accepteriez de venir dîner chez moi quand vous le pourrez. Je vous ferai un pot-au-feu et on dînera dans ma cuisine ; comme ça, on pourra parler. Les restaurants, c'est bien, mais tout le monde vous regarde et du coup, parfois, on en oublie de dire l'essentiel. Est-ce que vous voulez que je vous fasse un bon pot-au-feu ? Le jus de viande donne des forces et je sais que les artistes sont parfois fatigués à force de faire de la route, de chanter. Et vous verrez, quand vous aurez goûté à ça, vous m'en redemanderez. Bon, vous prenez date avec Jean-Jacques, je vous le repasse. »

Le samedi suivant, Sacha est venu dîner chez Marlène. Il avait apporté un bouquet de fleurs, après s'être renseigné auprès de moi sur ce qu'elle appréciait en matière de fleurs. Je lui avais appris que Marlène aimait par-dessus tout les géraniums, mais que le mieux était de lui apporter des roses rouges et roses. Elle l'a reçu habillée tout en jean, comme la première fois où je l'avais vue, elle avait remis son blouson en jean avec sa Légion d'honneur épinglée dessus, qu'elle ne retirait jamais. Elle a pris les fleurs, et a remercié Sacha. Puis elle l'a regardé en lui posant la main sur l'épaule et lui a assené : « Vous savez, j'ai quelque chose de très important à vous dire. Toutes les femmes vous trouvent beau, eh bien, elles se trompent. Moi, je ne vous trouve pas beau, je vous trouve joli ! Ce n'est pas la même chose ! » J'ai fermé les yeux, appréhendant un désastre. Je pensais qu'elle allait me fâcher avec Sacha, avec ses façons de voir et surtout de dire les choses. Mais Sacha a souri et la soirée s'est très bien déroulée. Après le dîner, elle lui a dit qu'elle était très heureuse d'avoir fait sa connaissance et qu'elle serait contente de le revoir. Elle s'est déclarée prête à lui faire la cuisine : quand il aurait envie d'un bon pot-au-feu, qu'il n'hésite pas à l'appeler ! Elle a noté son numéro personnel sur un petit papier qu'elle a mis elle-même dans la poche de Sacha. Ensuite, nous sommes sortis, Sacha et moi, pour prendre un verre à L'Hôtel particulier. Il était stupéfait de sa soirée. « C'est quand même un phénomène ! » a-t-il conclu à propos de Marlène. J'étais bien d'accord avec lui.

Tout au début des répétitions pour l'Olympia, Marlène était partie chanter à Berlin et m'avait emmené avec elle. Ce n'était pas exactement un voyage de tout repos. Marlène n'était pas retournée dans son pays depuis la guerre. Et en Allemagne, tout le monde savait qu'elle s'était engagée comme infirmière dans l'armée française, qu'elle était allée au front. Elle l'avait fait par amour pour Gabin, pour combattre en même temps que lui. Il restait une image d'elle dans la mémoire collective : de Gaulle l'avait décorée de la Légion d'honneur, et Marlène avait reçu cette décoration habillée en soldat français. Naturellement, tout cela avait été très mal perçu du côté allemand. Sa tête avait même été mise à prix. De ce fait, le voyage était pour Marlène à la fois un retour aux sources et un moment de tension.

Quand nous sommes descendus de l'avion, Marlène, Burt Bacharach, Marty Stevens et moi, je portais les sacs en cuir noir avec ses initiales qu'elle avait fait confectionner chez Hermès pour ranger ses partitions. Les sacs pesaient une tonne. Chaque fois, je me disais : « Oh là là, il va falloir que je porte les sacs ! » À la sortie de l'avion, nous avons assisté à un spectacle extraordinaire. Toute l'armée américaine basée en Allemagne semblait avoir été disposée à l'aéroport pour accueillir Marlène. Après cela, je pensais que nous allions nous rendre au théâtre et que ce serait fini. Mais pas du tout ! Nous sommes montés dans une énorme limousine blindée, un modèle spécial de Mercedes. Et plus nous roulions, plus je voyais de soldats partout. C'est là que j'ai compris l'importance du détachement de soldats américains en Allemagne, et aussi l'événement que constituait la venue de Marlène dans ce pays. En réalité, les soldats américains se donnaient la main depuis le tarmac et l'aéroport jusqu'au théâtre. Ils formaient une chaîne humaine pour que personne ne puisse approcher celle qui avait incarné l'Ange bleu. Sur des kilomètres, les *boys* contenaient la foule et acclamaient Marlène à son passage. C'était Kennedy qui avait donné cet ordre-là : l'armée américaine devait protéger Marlène comme un chef d'État. En plaisantant, je lui ai fait observer que le genre de véhicule blindé dans lequel nous nous trouvions nous rendrait bien service à Paris. Et elle m'a répondu le plus sérieusement du monde : « Oui, mais vous savez, il n'y a que les Allemands qui savent faire des voitures. Les Allemands sont très forts pour fabriquer deux choses : les armes et les Mercedes. »

À notre arrivée au théâtre, une foule importante était stationnée sur la place. Et malgré toutes les précautions prises par les soldats, au moment où Marlène empruntait l'entrée des artistes, une fille lui a craché au visage tout en lui lançant une boule puante. Marlène était consternée : « Je connais ces boules puantes, ça s'accroche à vous pendant des semaines. J'aurai beau essayer de le camoufler avec du parfum, je vais sentir ça au moins pendant un mois. »

Ce qu'il y avait de très étrange, c'était que les gens venus écouter le concert restaient dehors, sur la place. Tous les billets avaient été vendus pour la soirée, mais personne n'entrait dans le théâtre. En réalité, comme nous l'avons compris par la suite, tout le monde avait peur des attentats, ou de possibles représailles en raison du passé de Marlène. C'est alors que Willy Brandt, qui était maire de Berlin à l'époque, est arrivé, en limousine blindée lui aussi. Il est entré dans le théâtre et s'est installé au premier rang, tout seul, pour assister au concert. Voyant cela, le public a repris confiance. « Si Willy Brandt va voir Marlène, se sont dit les gens, nous pouvons y aller nous aussi. » Et peu à peu, la salle s'est remplie de spectateurs. Mais qui sait ce qui se serait passé si Willy Brandt n'était pas arrivé ?

Dans la loge de Marlène, il y avait une énorme gerbe de roses rouges, avec un petit mot : « Ma chère Marlène, j'espère que tu es fière de l'Amérique et de l'armée américaine. Je pense à toi. Commence par chanter *Falling in Love Again* et le public oubliera tout, tout de suite. Je t'embrasse tendrement. John. » Le mot et les roses émanaient de Kennedy, avec qui Marlène avait eu une brève liaison. Elle m'a raconté qu'un soir, il l'avait reçue à la Maison-Blanche dans le Bureau ovale. Il l'avait prise dans ses bras et lui avait dit : « Écoute, tu as été la maîtresse de mon père autrefois. Il n'y a pas de raison que tu ne sois pas la mienne aussi. » Et Marlène avait poursuivi son récit : « Je me suis laissé faire comme une gourde. Mais j'aimais son visage. Il était très beau. » Elle avait toujours une photo de lui au-dessus de son bureau, une simple photo qu'elle avait accrochée avec une punaise. Après avoir lu le mot de Kennedy, Marlène me l'a montré. « Vous voyez, m'a-t-elle dit, c'est lui qui a fait mettre l'armée américaine tout le long de la route. » Dans ce moment de tension nerveuse, à l'heure de son retour dans sa ville natale, elle était contente de l'attention du président, du mot et des fleurs. Et elle a pris le temps de réfléchir au conseil qu'il lui donnait, à savoir commencer le récital par la chanson de *L'Ange bleu*, celle qui l'avait rendue si célèbre. Normalement, Marlène la chantait à la fin, à moitié en anglais, à moitié en allemand. Mais après avoir lu ce conseil, elle a été prise de frénésie. « Jean-Jacques, il faut prévenir Burt dans sa loge que je vais commencer par *L'Ange bleu*. » Avec Burt, nous avons passé un bon moment à changer l'ordre des partitions des musiciens, juste avant le lever du rideau.

Et de fait, Kennedy avait raison. Marlène est entrée en scène sur la musique de *Falling in Love Again* et à la fin de la chanson, toute la salle s'est levée et l'a applaudie à tout rompre, en l'assourdissant de bravos. Ils avaient oublié qu'elle avait été mal vue du peuple allemand, qu'elle avait combattu dans le camp adverse, qu'elle avait descendu les Champs-Élysées au bras du général de Gaulle, habillée en soldat français, qu'elle avait été décorée par ce même général. Ils avaient oublié ou lui avaient tout pardonné. À partir de là, c'était gagné. Le récital a été un triomphe. Et la fin a pris des allures d'apothéose. Le directeur du théâtre, un vieux monsieur qu'elle avait connu avant la guerre, l'aimait beaucoup. Il avait fait installer un faux rideau derrière le rideau de scène, comme un grand drap entre les projecteurs. De la salle, on ne voyait rien. Dans ce drap, il avait fait mettre des milliers de pétales de roses. Et à l'extrême fin, au dernier salut de Marlène, il a fait libérer le drap avec tous les pétales de roses qui sont descendus en tourbillonnant devant les projecteurs sur Marlène, toute droite dans sa robe couleur chair. C'était extraordinaire. Les gens étaient en pleurs, bouleversés.

Marlène est sortie de scène en larmes également. Elle retrouvait son pays, sa ville. À table, elle nous a confié : « On ne change pas une Berlinoise. Je suis partie à cause de ce M. Hitler, mais je savais bien qu'un jour je reviendrais. » Quand elle parlait de Hitler, elle ne l'appelait jamais par son nom, comme le font la plupart des gens. Elle y mettait une distance méprisante en disant « ce M. Hitler. » Et elle ajoutait : « Ce M. Hitler peut d'ailleurs se vanter, même là où il est, d'avoir mis l'Allemagne dans une véritable catastrophe. » Mais elle était profondément touchée de son retour aux sources et de ses retrouvailles avec l'Allemagne. C'était une réconciliation avec elle-même et avec le passé, en somme.

Ça a été un drame pour elle quand, trois ans plus tard, Kennedy a été assassiné à Dallas. Elle s'est enfermée pendant une semaine et a pleuré nuit et jour. Quand je l'avais au téléphone, elle me répétait, effondrée : « Vous voyez, ces Américains sont capables de tout, même de tuer leur président. Et le pire, c'est qu'ils réussissent. Parce que dans les autres pays [elle faisait allusion à de Gaulle et à la tentative d'assassinat du Petit-Clamart], parfois, ils ratent leur cible, mais les Américains ne ratent jamais la leur. »

14

Un jour de l'année 1963, Sacha Distel m'a proposé de l'accompagner au Palais des Sports voir Ray Charles. C'était la première fois que ce grand chanteur venait en France et son concert s'annonçait comme un véritable événement. J'ai accepté avec empressement. Le concert avait lieu un dimanche en matinée. Nous en sommes sortis enthousiasmés et nous avons accompagné Eddie Barclay à une soirée chez Albert Debarge, qui possédait un des laboratoires pharmaceutiques les plus en vue de France. L'un des fils Debarge se fiançait avec une Anglaise ; la soirée était donnée en cet honneur. Albert Debarge avait une maison rue de Sèvres, avec un grand jardin dans lequel il avait fait installer un piano avec une sonorisation. Il y avait également une petite scène dans le salon de la maison. Il avait invité de nombreux chanteurs que nous avons retrouvés sur place : Johnny, Richard Anthony, Frank Alamo, Henri Salvador, mais aussi des artistes du spectacle et des personnalités de la télévision : Jean-Claude Brialy, Jacques Chazot, Jean Castel...

Tous les artistes se succédaient au piano, et chantaient quelque chose. « Jean-Jacques, c'est ton tour », m'a dit Eddie Barclay à un moment donné. Salvador venait de chanter, accompagné par Sacha. J'avais le trac de chanter après eux, mais j'ai chanté *Les Boutons dorés*, qui m'avait fait connaître. Et pendant que je chantais, j'ai remarqué une petite jeune fille aux cheveux châtains, avec une robe rouge cerise, assise dans un canapé. Elle me regardait et j'ai eu une impression très forte. C'était comme si je me trouvais face à quelqu'un venu d'un autre monde. Elle avait quelque chose que je n'avais encore vu chez personne, une grâce, une lumière qui émanait d'elle, qui la rendaient très singulière. Elle avait quelque chose d'irréel. De ce fait, elle m'est apparue comme une petite princesse. Tout en chantant, je me disais : « Qu'est-ce qu'elle doit être jolie sur une scène ! »

Ma chanson terminée, je me suis levé, j'ai quitté le piano et je suis allé directement vers elle. Je lui ai demandé la permission de m'asseoir à côté d'elle. Elle buvait de l'orangeade ; pour me donner du courage, parce que j'avais envie de lui parler, j'ai pris un scotch Coca. Je lui ai demandé son nom : « Je m'appelle Chantal de Guerre. » Je lui ai confié que j'avais eu, en la voyant, le sentiment d'assister à une apparition. Je n'arrivais pas à me persuader qu'elle était vraie et je ne me lassais pas de la regarder. J'avais été littéralement foudroyé. Je sentais que j'avais beaucoup de choses à lui dire et je ne savais pas par où commencer. Je ne savais pas si je la reverrais, je ne savais pas si elle avait envie de me parler. Je n'étais pas du tout sûr de moi ; je ne l'ai jamais été. Il y a des gens qui ont confiance en eux : moi, je n'ai jamais été sûr de rien. J'étais dans un trouble extrême, et pourtant j'avais une intuition très forte, que je lui ai confiée. « J'ai l'impression que nous allons nous marier un jour, lui ai-je dit, que nous aurons deux enfants. Vous serez célèbre vers trente ans et vous chanterez à l'Opéra de Paris. » Elle m'a répondu très sérieusement : « Qu'on se marie, ça peut arriver ; deux enfants, ça peut arriver aussi. Pour ce qui est de la célébrité à trente ans, je veux bien vous croire. Mais en ce qui concerne le fait de chanter à l'Opéra de Paris, ça me semble très improbable. Vous savez, je ne suis pas Maria Callas. Alors, j'ai l'impression que vous vous moquez de moi. »

Je me suis empressé de la détromper. Je n'essayais pas de l'impressionner en jouant au devin. Mais je ne pouvais pas garder pour moi ce que je ressentais. Mon impression était si forte que je devais la lui communiquer, tout irrationnelle qu'elle soit. Je savais que, lorsque j'avais des pressentiments aussi forts, je ne me trompais pas. La vie m'avait appris ça : j'avais déjà eu des prémonitions à propos d'événements qui s'étaient la plupart du temps produits, en bien ou en mal. Mes intuitions concernaient aussi bien des accidents que des événements favorables. Il m'était aussi arrivé de voir par exemple des gens qui se rencontraient et je sentais que ce n'était pas très bon, ni pour l'un ni pour l'autre. Je ne le leur disais pas, bien sûr. Mais malheureusement, ce que je ressentais arrivait. Parfois, je me faisais peur tout seul, avec ces prémonitions; j'évitais alors de trop y penser. C'est ce que j'ai expliqué à Chantal, pour qu'elle me prenne au sérieux.

Elle m'a parlé d'elle; elle habitait à Londres, où elle faisait des études pour devenir journaliste. La fiancée d'Olivier Debarge était une de ses amies, ce qui expliquait sa présence à Paris ce jour-là. Mais elle repartait le lendemain, ce qui excluait qu'on se revoie dans l'immédiat. Elle résidait chez la duchesse de Bedford, car, à l'époque où je l'ai rencontrée, elle vivait une histoire d'amour avec Gilles Milinaire, le fils né d'un premier mariage de la duchesse. Et Nicole Milinaire avait accueilli Chantal chez elle comme si elle était une de ses filles. Ce soir-là, j'ai emmené Chantal boire un verre au King Club, j'ai dansé un slow avec elle. Mais comme elle repartait le lendemain, je sentais qu'elle m'échappait. Aussi, en rentrant chez moi, le soir même, j'ai écrit la chanson *Nos doigts se sont croisés*, qui raconte notre rencontre : « Je sais qu'après moi d'autres pourront te raconter qu'ils ont connu l'amour quand ils t'ont rencontrée. Ce que je n'osais dire, d'autres te le diront ; et quand tu vas les croire, c'est eux qui partiront... » La chanson n'était pas très optimiste, parce que je ne l'étais pas non plus en l'écrivant. À l'époque, j'allais souvent à Londres avec Johnny ; quand je lui écrivais des chansons, il les enregistrait là-bas. J'ai donc promis d'appeler Chantal quand je passerais dans la ville où elle habitait. C'est ce que j'ai fait, un jour où j'étais en Angleterre. Mais je n'ai pas réussi à la joindre. Elle se trouvait alors au château du duc de Bedford. Moi, j'étais en Angleterre pour deux jours seulement... Nous ne nous sommes donc pas vus. Je pensais souvent à elle, mais j'étais au courant de la relation qu'elle entretenait avec Gilles Milinaire. Le temps passait sans que je la revoie... Bref, tout contredisait l'intuition que j'avais eue en la voyant ; cette rencontre semblait devoir être sans lendemain.

Six mois plus tard, je n'avais aucune nouvelle d'elle, lorsque, un soir, je suis allé au cinéma voir *L'Homme de Rio* sur les Champs-Élysées. J'aimais beaucoup Belmondo, que j'avais connu avant même qu'il tourne un court métrage, et j'adorais Françoise Dorléac. Quand je suis ressorti du cinéma, en descendant l'avenue des Champs, j'ai reconnu Chantal qui passait. Elle est venue vers moi tout de suite. « Comment allez-vous, Jean-Jacques ? » Elle m'a expliqué qu'elle était revenue à Paris parce que sa grand-mère se trouvait dans le coma, qu'elle était allée la voir à l'hôpital. Je lui ai proposé que nous nous retrouvions le soir même pour dîner ensemble, et nous nous sommes donné rendez-vous au Quick Élysée. Ce que je ne savais pas, c'est qu'il existait un Quick Élysée en face du drugstore des Champs-Élysées, c'est-à-dire en haut, du côté de l'Étoile; mais il y avait aussi un Quick Élysée dans la rue Pierre-Charron, là où se trouvaient les premiers bureaux de *Salut les copains*...

Et le soir venu, je l'ai attendue à celui de la rue Pierre-Charron. Au bout d'une heure, j'ai pensé qu'elle m'avait posé un lapin. J'ai réglé ma consommation et je me suis préparé à partir. C'est à ce moment que Chantal est arrivée. À force d'attendre au Quick Élysée, elle avait questionné le serveur, qui lui avait appris l'existence d'une autre brasserie du même nom. Nous avions failli nous manquer.

J'ai emmené Chantal dîner au Vieux Paris, près de la rue de l'Échaudé, un restaurant qui servait des spécialités grecques. Ce soir-là, j'ai appris que tout était fini entre elle et son petit ami. Après le dîner, je l'ai emmenée au King Club, où nous avons bavardé en écoutant de la musique. Je l'ai ramenée chez moi pour prendre un dernier verre. Je venais d'acheter une MGB décapotable neuve. Il pleuvait des hallebardes et cette voiture était une vraie passoire. L'eau entrait autant par en dessous que par la capote fermée. La pauvre Chantal était trempée, alors que j'avais pourtant fermé toutes les vitres. J'en étais très gêné.

J'avais un petit studio au 58, boulevard de Courcelles. C'est là que j'ai invité Chantal pour la première fois, première fois qui s'est, du reste, mal passée. J'étais si amoureux d'elle que j'avais follement envie qu'elle reste dormir avec moi. Je lui ai joué un peu de piano, puis j'ai voulu l'embrasser. Elle avait des bottes, car c'était la mode cet hiver-là, des bottes en cuir noir avec une fermeture Éclair, que j'ai commencé à lui défaire. J'en ai enlevé une, puis l'autre, mais j'ai bien dû y passer une demi-heure. Après cela, je l'ai prise dans mes bras, je l'ai embrassée, mais je sentais bien qu'elle était très réticente.

Elle tenait sa jupe à deux mains, de peur que je ne la lui soulève, en disant : « Non, non, non ! » J'essayais de la rassurer en lui promettant qu'elle n'avait rien à craindre de moi. Mais j'avais beau lui dire : « Je ne suis pas le satyre du bois de Boulogne ! », elle répétait sans arrêt : « Non, non » et tirait sur le bas de sa jupe, au point qu'au niveau de la ceinture, on voyait apparaître la moitié supérieure de sa culotte.

Au bout d'un moment, devant sa résistance, je me suis énervé. Je lui ai donné un billet de cinq cents francs en lui disant de prendre un taxi. J'étais furieux : pour une fois que je rencontrais une fille qui me plaisait vraiment, qui me plaisait pour la vie, elle ne me prenait pas au sérieux. Chantal est donc repartie en taxi. Plus tard, quand nous nous sommes revus, elle m'a raconté qu'elle avait fait arrêter le taxi dès qu'il était passé devant une bouche de métro en se disant : « Je préfère prendre le métro et garder les cinq cents francs ! » Puis elle m'a dit : « Pendant dix jours, j'ai eu de l'argent de poche sur moi grâce à ta mauvaise humeur. »

Après cette rencontre, elle est repartie à Londres et je me suis dit que c'était fini. D'un côté, tous les espoirs étaient permis, puisqu'elle était désormais libre. De l'autre, je ne pouvais pas passer ma vie à l'attendre. Par ailleurs, je ne voyais pas comment ma vie s'articulerait entre Londres et Paris. Ma carrière se déroulait nécessairement en France, puisque j'écrivais des chansons en français. Et puis, à l'époque, j'avais rencontré une fille qui était mannequin mais qui vivait la plupart du temps à New York pour ses photos... J'étais donc tiraillé entre plusieurs personnes, différentes possibilités ; je me demandais parfois ce que je faisais à Paris, mais mon travail était là. Ma carrière, qui ne marchait pas trop mal, était en France. Je ne pouvais donc me faire aucune idée de la façon dont tout cela évoluerait.

Trois mois plus tard, j'ai reçu l'appel d'un garçon qui s'est présenté comme le frère de Chantal de Guerre. Il me téléphonait de sa part, pour me dire qu'elle revenait vivre à Paris, et qu'elle serait très contente d'avoir de mes nouvelles. Chantal n'avait pas osé m'appeler directement. Tout à coup, l'espoir m'est revenu. Je l'ai appelée immédiatement, et nous avons pris rendez-vous. Nous sommes allés dîner chez Maître Albert, en compagnie de Jean-Marie Périer, Françoise Hardy, Eddie Vartan, Johnny et Sylvie. Il y avait aussi Jean Demachy, Alain Demachy et Régis Paniès. Nous avons passé une soirée formidable, mais pas très intime. Dans ce contexte, je me serais mal vu dire à Chantal que je l'aimais. À 1 heure du matin, je l'ai raccompagnée chez elle, et je lui ai demandé : « Vous ne voulez pas venir dans le Sud avec moi ? » En effet, deux jours plus tard, je devais descendre à Antibes pour participer au festival de la Rose d'Or de la chanson française.

Elle m'a répondu qu'il fallait d'abord qu'elle en parle chez elle avant de pouvoir me donner une réponse. Elle venait à peine de rentrer d'Angleterre, elle ne savait pas si elle pourrait repartir aussi rapidement. Je l'ai rappelée le lendemain sans qu'elle puisse me donner de réponse plus précise. Il était convenu que je devais la rappeler plus tard, mais je me suis découragé. Jamais deux sans trois, ai-je pensé. Les circonstances nous sont encore une fois contraires. J'étais préoccupé par mes partitions qui n'étaient pas tout à fait prêtes. Il fallait que je passe les prendre au dernier moment avant de monter dans l'avion. Tout cela me déstabilisait. Je suis parti à Antibes sans avoir rappelé Chantal.

En réalité, j'étais persuadé qu'elle ne pourrait pas venir; j'ai toujours été pessimiste. Comme je ris volontiers, on me prend souvent pour un joyeux drille, mais c'est l'inverse qui est vrai.

Je suis donc parti depuis Orly pour l'aéroport de Nice sans avoir osé l'appeler. Finalement, c'est elle qui a téléphoné chez moi. Elle voulait me dire que tout était arrangé ; elle avait raconté à ses parents qu'elle se rendait chez une amie chez qui elle passait parfois des week-ends à la campagne. Voilà ce qu'elle avait l'intention de m'annoncer lorsqu'elle a appelé chez moi : mais j'étais déjà parti.

À Antibes, j'ai commencé à répéter. Le concours se déroulait sur trois journées : le premier soir, les répétitions avaient lieu ; le deuxième soir, on procédait aux éliminatoires et le troisième soir se déroulait la finale. Je répétais donc sans avoir véritablement le moral ; je ne croyais pas du tout en moi et encore moins dans ce concours. Et tout à coup, en plein milieu de la répétition, devant la scène, tout près de moi, j'ai vu arriver Chantal. Elle était en compagnie de la maman de Michel Legrand, que je lui avais présentée peu de temps auparavant. Mme Legrand avait sa maison d'édition dans le hall de la salle Pleyel ; j'étais passé lui dire bonjour en compagnie de Chantal. Et au moment de cette entrevue, Chantal avait entendu Mme Legrand me dire : « Je vous souhaite bonne chance pour la Rose d'Or, Jean-Jacques. J'y serai, je descends en voiture. »

Lorsqu'elle a appris que j'étais déjà parti, Chantal n'avait pas d'argent pour acheter un billet d'avion. Elle ne savait pas comment faire pour me rejoindre ; à tout hasard, elle est donc allée trouver Mme Legrand, pour lui demander si elle ne pouvait pas descendre à Antibes en voiture avec elle. C'est ainsi qu'elle était arrivée jusqu'à moi pendant la dernière répétition.

J'étais tellement étonné de la voir, si heureusement surpris que tout à coup, pour moi, plus rien n'avait d'importance. Je ne rêvais plus que de me retrouver seul avec elle. Je suis descendu de scène ; je l'ai embrassée ainsi que Mme Legrand. La tête me tournait.

Depuis la veille, Dario Moreno, qui participait aussi au concours, me répétait que ma chanson était formidable et que je devrais la lui donner. « Tu verrais comme je la chanterais », me disait-il. Je suis allé voir Dario Moreno et je lui ai dit : « Comme tu apprends très vite, si tu veux, prends ma chanson. Tu la chanteras demain à ma place. » Me retirer du concours et emmener Chantal à Saint-Tropez était la seule chose dont j'avais envie. Au concours, je le savais, il y aurait un monde fou, tous les journalistes étaient descendus de Paris. Les chansons seraient retransmises sur France Inter dans la France entière... Mais en comparaison du bonheur que j'imaginais à me promener avec Chantal, cela ne me tentait plus du tout.

Dario était ravi de ma proposition : « C'est le plus beau jour de ma vie, m'a-t-il dit. J'adore cette chanson ! » Je suis allé avertir l'organisateur du concours, Claude Tabet, dont la réaction a été beaucoup moins positive. « Mais enfin, Jean-Jacques, vous êtes devenu fou ! » m'a-t-il lancé. Je me suis défendu en argumentant : « Dario aime tellement cette chanson, qu'il me semble préférable que ce soit lui qui la chante. Et moi, ça me permettrait d'aller à Saint-Tropez avec mon amie.

— Si vous faites ça, m'a répondu Claude Tabet, je vous fais un procès ! C'est votre chanson, c'est vous qui l'avez écrite, vous devez la chanter. De plus, d'après ce que j'entends autour de moi, *Nos doigts se sont croisés* est une des mélodies qui ont des chances de bien se placer dans le concours, je ne sais pas ce que vous êtes en train d'inventer là... »

Dario était déçu comme tout. Il m'avait entendu trois fois interpréter ma chanson et la connaissait déjà par cœur quand j'hésitais encore sur certains mots. Jacqueline Boyer, qui me voyait hésiter, me disait : « Ne fais pas l'imbécile ! J'aime beaucoup Dario Moreno, mais enfin, rends-toi compte ! Tu ne vas pas lui faire cadeau de ta chanson ! » Il y avait aussi Salvador qui produisait de jeunes chanteurs, pour son label, les disques Rigolo, qui faisait partie de la maison Vogue. Lui aussi m'a sermonné : « Tu es fou, tu as des chances d'être bien placé. Je ne te dis pas que tu vas gagner, mais enfin... Ça va t'apporter quoi de partir tout de suite à Saint-Tropez ? Il y a tant de jeunes chanteurs qui voudraient être à ta place ! » Puis il éclata de rire et avoua : « En même temps, je te comprends, à ta place j'aurais envie de faire pareil. » Jean-Louis Jaubert, le chef des Compagnons de la Chanson, m'a également pris à part pour me demander : « Qu'est-ce que c'est que cette histoire ? » Tabet était allé raconter à tout le monde ce que je lui avais dit et avait prié plusieurs personnes d'intervenir auprès de moi pour me dissuader. « Essayez de le raisonner, leur avait-il dit, parce qu'il est capable d'y aller malgré mon interdiction. » Il avait compris que j'étais tombé amoureux de la jeune fille venue me rejoindre et qu'à cause de cela, j'étais capable de n'importe quelle folie.

J'avais réussi à faire l'unanimité contre moi en parlant de me retirer. Je me suis donc senti obligé de rester. J'ai installé Chantal au Grand Hôtel de Juan-les-Pins, où il y avait une piscine. Nous sommes allés dans une boutique où je lui ai acheté un maillot de bain. Elle était venue avec un tout petit sac qui contenait seulement sa brosse à dents, sa carte d'identité et un pull-over. Nous nous sommes baignés, nous avons dîné à l'hôtel. Je voyais Dario tout triste au bord de la piscine. Je me suis dit que j'allais retourner parler à Claude Tabet, tenter de le convaincre. « Monsieur Tabet, ai-je dit, c'est très difficile pour moi parce que Dario est terriblement déçu. Il a tellement envie de chanter cette chanson que je suis sûr qu'il gagnerait le concours, s'il la chantait. Avec moi, vous allez tout droit à un échec et je préfère aller à Saint-Tropez que de causer un échec. » Cette affirmation peut surprendre. Mais je n'ai jamais été le genre d'homme que j'aurais voulu être. Je ne m'aimais pas beaucoup ; je n'ai jamais été content de moi. Or, pour réussir dans la chanson, il faut vraiment se supporter. Il faut être suffisamment narcissique pour écrire ses propres chansons et les imposer. Ce qui explique que j'ai toujours beaucoup aimé écrire pour d'autres que pour moi. Pour chanter, il faut un certain degré d'estime de son propre personnage ; et, comme le montre cet exemple, cette estime me faisait peut-être défaut.

Claude Tabet ne l'a pas entendu de cette oreille et m'a dit que si je continuais, il appellerait tout de suite son avocat, maître Maurice Garçon. Eddie Barclay, qui était là aussi, et qui assistait à la conversation, m'a dit de ne pas faire l'imbécile. « Je t'ai entendu répéter, c'est vraiment une belle mélodie que tu as écrite. Tu as fait une belle chanson, qu'est-ce que tu fous ?... » Mon envie de partir le faisait rire ; il disait à Claude Tabet : « C'est encore du Jean-Jacques. »

Mais Chantal elle-même, quand elle a compris de quoi il s'agissait et quel était l'enjeu de ce concours, n'était pas d'accord pour que je laisse tout tomber. « Tu as écrit cette chanson pour moi, a-t-elle argumenté. Si c'est Dario qui la chante, ce ne sera pas pareil. J'aime beaucoup Dario, mais... » J'ai fini par me rendre à ces avis et par me résigner à tenir ma place dans le concours.

Le lendemain, nous étions trente candidats en lice pour la Rose d'Or, parmi lesquels on comptait Jean-Claude Pascal, Dario Moreno, Jacqueline Boyer, Frida Boccara... Il n'y avait pas que des débutants, loin de là.

La Rose d'Or récompensait des chansons nouvelles, mais certains des interprètes étaient déjà très installés, très connus.

Le concours se déroulait de la manière suivante : les chansons chantées par les candidats étaient retransmises en direct sur France Inter et chaque station de France Inter avait un panel d'auditeurs qui, dans toute la France, notaient les candidats. L'addition de tous ces votes désignait le premier, le deuxième et le troisième du concours, qui se voyaient décerner des prix. Du coup, le résultat était assez imprévisible, parce qu'un chanteur pouvait très bien plaire dans le nord mais pas dans le midi de la France ; au Pays basque, ils étaient peut-être plus sensibles à un chanteur à voix...

Il se peut que l'arrivée de Chantal m'ait donné des ailes que je n'avais pas d'habitude. En tout cas, lors de la dernière répétition, Franck Pourcel, le chef d'orchestre, qui avait été premier prix de conservatoire de violon, qui avait remporté les prix les plus renommés, est venu me dire : « Si tu chantes comme cela ce soir, je te donne gagnant. » Il était connu pour sa franchise dans le milieu : ce n'était pas quelqu'un qui disait des choses pour faire plaisir. Henri Salvador m'avait dit la même chose, d'une autre façon. C'est à ce moment-là que j'ai compris qu'il pouvait se passer quelque chose d'important pour moi.

La soirée du concours est arrivée. J'ai chanté, ainsi que les autres candidats. Puis il y a eu une sorte d'entracte, le temps que les gens votent. Et chaque fois que les résultats d'une région tombaient, j'étais premier ou deuxième. À la fin, nous avons attendu le vote de Lille, qui était très important parce qu'il regroupait les votes de tout le nord de la France. Et, là encore, je suis arrivé en tête. J'ai compris alors que je venais de gagner la Rose d'Or. Un peu étourdi, je suis remonté sur la scène et j'ai de nouveau chanté, dans un état second. On m'a remis un chèque de dix mille francs, ce qui représentait une belle somme à l'époque.

À ce moment-là, Eddie Barclay, qui était un peu le président d'honneur de la Rose d'Or, a démontré qu'il était très beau joueur. Il avait présenté des artistes de sa maison de disques, et pouvait légitimement espérer que l'un d'eux gagnerait. Or j'étais chez Vogue ; j'avais fait gagner la maison adverse. Néanmoins, Barclay est monté sur scène pour annoncer qu'il avait organisé une réception et a ajouté : « Je dédie cette soirée à mon ami Jean-Jacques Debout, qui la mérite bien. »

Chantal était évidemment très contente pour moi ; il y avait d'ailleurs quelque chose de magique dans tout cela. Je lui avais présenté Henri Salvador, que Chantal adorait. Il lui rappelait les chansons de son enfance. Elle lui a demandé de lui chanter un peu de *La Biche et le Chevalier.* Et Salvador, devant la piscine à Juan-les-Pins, lui a chanté *Une chanson douce* en s'accompagnant à la guitare. Je lui ai aussi présenté Franck Pourcel, Jean-Claude Pascal qu'elle avait vu dans des films à l'époque des *Caroline chérie*... Elle m'a vu remporter le concours... Elle était donc impressionnée, bien sûr. Elle me disait avoir le sentiment de vivre un rêve. Mais elle ne comprenait pas pourquoi je ne l'avais pas attendue à Paris, pourquoi il avait fallu qu'elle demande à Mme Legrand de l'emmener en voiture. Elle avait du mal à s'expliquer cela et il a fallu que je me justifie à plusieurs reprises. Mais à partir de ce jour-là, nous ne nous sommes plus quittés.

15

Nous sommes rentrés ensemble à Paris en juin de l'année 1964. Un ami photographe nommé Patrick de Mervelec, qui travaillait pour *Salut les copains*, m'a prêté son appartement qui se trouvait derrière l'École militaire. J'ai proposé à Chantal de nous installer là-bas, le temps de trouver quelque chose à nous. C'était compliqué, parce que ses parents n'étaient évidemment pas d'accord. Mais à partir de là, les choses se sont enchaînées assez rapidement. Eddie Barclay a organisé au Club Saint-Germain une grande soirée dont j'étais la vedette, pour célébrer encore mon succès de la Rose d'Or. À cette occasion, j'ai présenté Chantal à Daniel Filipacchi, qui m'a dit : « Je vais la mettre en couverture de *Mademoiselle Âge Tendre*, elle est le type que je cherche pour lancer ce magazine. Mais il faudrait qu'elle chante, parce que je voudrais la produire pour RCA. » Cela aussi posait un problème avec la famille de Chantal.

Les de Guerre étaient une famille aristocrate, originaire des Vosges. Il y avait eu un général dans les ascendants de Chantal. Comme on peut l'imaginer, son père était hostile à ce qu'elle devienne une artiste et surtout à ce qu'elle jette l'opprobre sur leur nom. « Écoute, lui avait-il dit en définitive, après avoir tenté de la dissuader de faire un métier de saltimbanque, tu veux chanter, je ne peux pas m'y opposer, mais ce serait mieux que tu changes de nom. »

À ce moment-là, j'étais en tournée dans le Sud avec Johnny, dont j'assurais la première partie. J'avais à Biarritz un ami qui s'appelait Léo Guido, dont le père était propriétaire des Messageries maritimes à Paris. Ce Léo Guido était lié d'amitié avec Tino Rossi; il n'aimait d'ailleurs que les artistes. Il connaissait par cœur le répertoire de tout le monde; et il faisait venir tous les gens qui chantaient au casino de Biarritz. C'est ainsi qu'il m'a engagé pour chanter là-bas. Puis, après mon tour de chant, il m'a invité à venir avec Chantal au château d'Arcangues, chez Guy d'Arcangues et son père Pierre d'Arcangues, qui était le meilleur ami de Luis Mariano.

Je connaissais déjà Guy d'Arcangues, qui fréquentait L'Épiclub. Quant à son père, Pierre d'Arcangues, il s'agissait d'un véritable original. Il nous a reçus dans sa robe de chambre en soie brodée à ses initiales, avec un bonnet rouge. Je leur ai présenté Chantal. Pierre d'Arcangues lui a dit qu'il la trouvait très jolie et lui a demandé ce qu'elle faisait dans la vie. « Il est question qu'elle chante, ai-je répondu, Daniel Filipacchi voudrait que je lui écrive quelques chansons, il veut sortir un disque. Mais, pour le moment, elle fait des photos pour un nouveau magazine intitulé *Mademoiselle Âge Tendre*. » Et j'ai mentionné incidemment le fait que la famille de Chantal ne voulait pas qu'elle utilise son nom. Naturellement, le marquis d'Arcangues comprenait cela très bien. Il tournait autour de Chantal, avec sa robe de chambre et son bonnet, tout en réfléchissant. Nous étions dans le grand salon du château; au-dessus du piano à queue se trouvait un tableau qui occupait sur le mur la même longueur que le piano et montait jusqu'au plafond. Il représentait des princes en collerette blanche, entourés de petits pages, de dames et de serviteurs. C'était un tableau peint par Goya pour la famille royale d'Espagne. « Regardez ce petit page, là », nous a dit tout à coup Pierre d'Arcangues. Il a pris Chantal par les épaules et l'a placée à côté du tableau, juste devant le petit page en question. La ressemblance était étonnante : ce page avait la même tête que Chantal, la collerette blanche en plus. Le marquis a fait un geste de la main : « C'est très simple, a-t-il déclaré. Il faut qu'elle s'appelle Chantal Goya. » Nous avons tous été frappés par le fait que ce nom sonnait bien. Chantal aimait l'idée de s'appeler ainsi. Léo Guido était enthousiasmé : « C'est formidable, Chantal Goya ! Il faut garder ce nom ! » Il était tellement content qu'il buvait du champagne au goulot, en s'en mettant partout et en répétant : « Il faut arroser ça ! » Et il renversait du champagne sur Chantal, comme on le fait lors des courses de voitures. Il était si euphorique qu'il lui en a versé toute une bouteille sur la tête. Tout le monde riait. Le marquis d'Arcangues est allé chercher d'autres bouteilles de champagne, dont il a coupé le goulot avec son sabre. C'était une soirée de fous. Et à table, il n'y en avait plus que pour le nouveau nom : Chantal Goya par-ci, Chantal Goya par-là... Le marquis a téléphoné à Luis Mariano pour lui demander ce qu'il en pensait ; il ne faisait rien sans Luis, et Luis ne faisait rien sans lui. Mariano lui a dit au téléphone : « C'est une très belle idée. Embrassez bien Jean-Jacques de ma part et embrassez sa petite fiancée que je ne connais pas. » Le lendemain, nous avons annoncé au père de Chantal que le marquis d'Arcangues avait trouvé le nom d'artiste de sa fille, qui allait désormais s'appeler Chantal Goya. Sur le moment, M. de Guerre a été un peu surpris, mais lui aussi a fini par trouver que ce nom sonnait juste. Et la carrière de Chantal a démarré aussitôt.

Dans sa petite enfance, Chantal avait vécu en Indochine, en bordure d'une plantation de caoutchouc gérée par son père, à une dizaine de kilomètres de Saigon. Les de Guerre avaient quatre enfants : trois filles et un garçon. Chantal était l'aînée. Ils vivaient dans une petite maison coloniale comme on en voit dans les films de Marguerite Duras. Mme de Guerre et Marguerite Donnadieu, qui devait prendre plus tard le pseudonyme de Duras, sont d'ailleurs allées à l'école ensemble... Ce qui explique que Marguerite Duras était la marraine de Chantal.

Chantal a donc vécu dans son enfance la vie de ces Français expatriés aux colonies. Toute la famille travaillait dur pour faire marcher la plantation. Il ne faut pas penser qu'il suffisait d'être là pour obtenir du caoutchouc; il s'agissait d'un labeur harassant, sans cesse à recommencer et très aléatoire. Une mousson plus violente que d'ordinaire, ou des vents contraires qui couchaient les arbres par terre, et les récoltes étaient compromises pendant plusieurs années. C'était un métier très difficile. Mais les de Guerre avaient choisi cette vie en Indochine, où ils étaient heureux. Puis les troubles ont commencé. Le Viêt-công s'est mis à mener des opérations pour chasser les Français du territoire d'Indochine.

C'est ainsi qu'un jour, un Viêt-công est arrivé chez les de Guerre pour les tuer. Il se trouve qu'ils étaient tous partis à la plantation : la seule à être restée à la maison était Chantal, alors âgée de quatre ans, que gardait une assam, une nourrice indochinoise. Chantal était assise sur le perron de la maison, minuscule et vulnérable. Le Viêt-công est arrivé en courant vers elle, un couteau à la main. Il a levé son couteau sur elle; évidemment, elle ne s'est rendu compte de rien; on ne pense pas au mal à quatre ans. Elle lui a montré qu'un lacet de sa chaussure était défait et lui a demandé : « Est-ce que tu peux me refaire mon lacet ? » L'homme a posé son couteau sur la marche, il a refait le nœud de sa chaussure, a repris son couteau, puis il est parti en pleurant. Plus tard, on a su par des gens qui vivaient sur place que cet homme avait été abattu parce qu'il avait épargné la petite fille sur le perron. Les voisins des de Guerre, eux, n'ont pas eu affaire à des combattants de la même trempe. Ils ont tous été assassinés, parents et enfants.

Quand les parents de Chantal sont rentrés à la maison, l'assam, qui avait assisté à la scène, leur a tout raconté. Les de Guerre ont alors compris qu'il leur fallait partir. Ils ont quitté la plantation sur-le-champ. Le général Leclerc avait mis deux bateaux à la disposition des Français d'Indochine qui souhaitaient revenir au pays. Les de Guerre ont embarqué à bord du *Pasteur*, sur lequel ils sont rentrés en France.

D'une certaine manière, même si elle ne se souvient pas directement d'avoir vécu cet épisode, je suis persuadé que l'histoire du Viêt-công et du lacet a armé Chantal à vie contre la méchanceté.

Les de Guerre avaient laissé toutes leurs affaires en partant précipitamment. Chantal n'avait pas de vêtements de rechange. Sur le bateau, sa mère lui a donc confectionné une petite robe en papier, avec des journaux qu'elle avait récupérés de-ci de-là. La robe tenait avec des épingles et, dès que Chantal bougeait, les épingles la piquaient. Elle se rappelle aussi avoir jeté à l'eau de petits morceaux de sa robe, parce qu'elle avait plaisir à voir les poissons sauter pour les attraper. Il y avait beaucoup de monde sur le bateau, les familles n'avaient pas droit à une cabine particulière ; les voyageurs s'entassait à huit ou neuf personnes dans la même cabine.

À leur arrivée en France, les difficultés ont continué. Les de Guerre ont vécu très modestement, rue de Paradis, dans le 10e arrondissement. Ils étaient arrivés sans un sou, ruinés, et la grand-mère paternelle de Chantal a eu l'idée de les faire habiter dans le bureau de la cristallerie de Saint-Louis que son mari dirigeait. Cette cristallerie, qui se trouvait à Saint-Louis-lès-Bitche, dans les Vosges, avait un bureau à Paris. C'est là que la famille de Chantal a trouvé refuge dans un premier temps. Chantal m'a raconté que, lorsque les gens de la direction se réunissaient là pour prendre des décisions pour la cristallerie, on les faisait lever à 6 heures du matin pour dégager les locaux. Ils ne pouvaient rentrer qu'après 7 heures du soir, une fois que la conférence était terminée. Personne ne devait savoir qu'une famille habitait là. Ces conférences avaient lieu trois fois par mois ; pendant ce temps-là, ils devaient errer dans Paris, même quand il faisait froid, même si un enfant était malade. Par la suite, les de Guerre ont eu droit à un appartement situé rue Pelleport, un logement qui était réservé aux militaires rapatriés. La famille a coulé là des jours plus heureux, libérée de la tutelle des grands-parents. C'est dans cette rue Pelleport que Chantal a grandi.

À l'adolescence, elle est allée au couvent des Oiseaux, où l'a inscrite sa grand-mère. Ses grands-parents aimaient beaucoup Chantal, mais ils étaient très stricts. Chantal, du fait de cette éducation bourgeoise qu'elle a reçue, était très polie, très attentionnée, mais en même temps pleine de ressources. Elle n'hésitait pas à leur mentir si elle jugeait cela nécessaire. Elle avait déjà compris qu'il est souvent inutile de heurter les gens de front : qu'il vaut mieux arranger la vérité pour leur faire plaisir. C'est d'ailleurs ce qu'elle a dû faire lorsque nous nous sommes rencontrés. Chantal a toujours eu quelque chose d'absolument pur, de positif, qui lui a permis de surmonter de grands obstacles. Elle n'aurait pas fait le parcours qu'elle a eu si elle n'avait pas possédé une force particulière.

Marlène m'avait dit un jour, en me parlant d'une autre femme, quelque chose qui m'a marqué parce que j'ai tout de suite fait le rapprochement avec Chantal : « Il faut se méfier de ces petites femmes. Elles savent se faufiler partout, même à travers les larmes. » Chantal aussi est une petite femme, en termes de gabarit. Et je crois qu'elle a magnifiquement su se faufiler à travers les larmes de sa vie.

Quand elle a commencé à avoir du succès, on a dit beaucoup de mal d'elle. On lui reprochait de chanter en play-back, d'abêtir les enfants... Il faut savoir que dès lors que quelqu'un perce, il y a des gens que cela dérange. Chantal a connu une grande réussite ; certains en ont été extrêmement gênés.

D'après moi, on ferait mieux de se dire tout simplement que si quelqu'un plaît au public, c'est qu'il correspond à un besoin, de même qu'on peut avoir recours à un certain médicament, à un moment donné, pour aller mieux. Au fond, je pense que les créateurs et les artistes sont des sortes de médicaments. Ils font du bien aux gens. Les artistes qui ont beaucoup de succès sont de bons médicaments parce qu'ils font du bien à un très grand nombre de gens.

Quoi qu'il en soit, ma rencontre avec Chantal a donné son sens à ma vie. Avant elle, ma vie était un jardin en friche. Et dans ce terrain à l'abandon, où tout proliférait dans le désordre, une petite fleur s'est mise à pousser. J'avais l'impression qu'elle était sortie de terre pour me donner du courage et me faire plaisir ; pour me donner la force de relever les autres plantes alentour et de cultiver tout le reste. Dans ma vie, tout allait de travers. La seule chose à tenir droit, dans le bon sens, c'était cette jolie fleur qui allait devenir Chantal Goya. Je dois dire à ce propos qu'elle est la seule personne à avoir su me donner un tout petit peu confiance en moi. C'est sans doute la raison pour laquelle je lui ai écrit huit spectacles, qui ont tous eu la faveur du public.

Le 1er juillet 1963, à l'approche des grandes vacances, je me suis rendu à la SACEM, rue Chaptal, qui était l'endroit où on nous donnait nos droits d'auteur. C'était la première fois que je m'y rendais. Au guichet, on m'a annoncé un chiffre que j'ai entendu sans vraiment le comprendre. J'ai cru que j'avais gagné deux mille francs de droits, ce qui me semblait pas mal. À l'époque, les droits mettaient entre un an et demi et deux ans avant d'être comptabilisés à la SACEM. Les deux années précédentes, j'avais écrit *Pour moi la vie va commencer*, pour Johnny, et *Tous mes copains*, pour Sylvie. J'étais dans mes premiers succès. La comptable m'a remis une feuille couverte de chiffres et de calculs à laquelle je n'ai rien compris. Au guichet, j'ai croisé Jacques Prévert qui venait chercher ses droits lui aussi.

Prévert m'a regardé, avec sa cigarette maïs aux lèvres, et m'a demandé : « Tu es content ? Tu as un bon chiffre ? » Ce jour-là, il portait un caban de marin, une casquette de marin, et il tenait son chien en laisse. Je ne savais pas quoi lui répondre. J'étais à moitié content, sans savoir exactement ce que j'avais gagné. J'ai demandé à la caissière : « Je pars en vacances demain. Au lieu de me faire un chèque, pourriez-vous me donner l'argent en liquide ? » Elle a eu l'air stupéfait et m'a répondu : « Non, je ne peux pas vous donner une somme comme ça en liquide, parce que je ne l'ai pas. Il faut que vous alliez endosser votre chèque à la Société Générale. » C'est seulement à ce moment-là que j'ai montré ma feuille de droits à Prévert, qui a été estomaqué en voyant ce qui y était inscrit. « Ben dis donc ! Je voudrais bien faire un chiffre comme ça ! » a-t-il dit sincèrement.

C'est là que j'ai commencé à réaliser. *Les Feuilles mortes* était chantée dans le monde entier, y compris par Sinatra et Nat King Cole... « Jacques, lui ai-je demandé, expliquez-moi combien je vais toucher, je ne comprends rien du tout. » Il m'a montré sur la feuille l'endroit où c'était indiqué : j'avais gagné non pas deux mille francs, mais deux cent mille ! Je suis resté un peu abasourdi. Prévert, que j'adorais, pour qui j'avais beaucoup d'admiration et qui me regardait toujours en rigolant m'a proposé d'aller arroser cela au café voisin, qui s'appelait L'Annexe. Nous y sommes allés en compagnie de Mouloudji, venu lui aussi encaisser ses droits avant l'été. Prévert avait des déboires à cette époque-là de sa vie. Il avait fait restaurer une maison non loin du Havre, à La Hague. Et on parlait alors d'installer un site nucléaire à cet endroit. Sa maison allait donc surplomber une zone nucléaire ; il était fou de rage. À table, il nous en a parlé avec des larmes dans les yeux.

Je me suis ensuite rendu à la banque pour retirer de l'argent avant notre départ en vacances. Le banquier m'a donné un carnet de chèques, avec lequel je suis allé aux Champs-Élysées. J'y avais vu une Lancia Flavia chez un concessionnaire situé juste à côté du Drugstore. C'était un très joli modèle gris anthracite qui me plaisait beaucoup. Elle me paraissait idéale pour emmener Chantal en vacances. J'ai dit au vendeur que je la prenais, mais que je la voulais tout de suite, car nous partions le lendemain. « Non, vous devez la commander, et il faut trois mois pour obtenir ce modèle-là.

— Écoutez, ai-je répondu, je veux celle-là et je la veux maintenant. Si ce n'est pas possible, j'irai en face, et j'achèterai une Peugeot. »

Du coup, le vendeur a pris peur et accepté tout ce que je voulais. Il a fallu démonter la vitrine pour faire sortir ma voiture, parce qu'elle était plus grande que la porte de sortie... Ça a été toute une affaire.

Nous sommes descendus en Lancia à Beaurecueil, près d'Aix-en-Provence, où nous avons rejoint Roger Dumas. Nous nous sommes installés dans l'auberge que tenait son frère, un mas où les gens montaient à cheval. Jean Dumas m'a trouvé une chambre. Roger en avait une autre. Et nous avons passé là d'excellentes vacances.

À la fin de l'été, nous sommes remontés à Paris. J'ai trouvé à louer un pavillon charmant en bordure du bois de Vincennes, à Nogent-sur-Marne. J'ai refait toutes les peintures. Puis nous avons emménagé, Chantal et moi, avec Roger Dumas que j'avais installé au deuxième étage. Le pavillon était en effet assez grand pour que nous le partagions. Du coup, nous partagions aussi le loyer, ce qui nous arrangeait bien les uns et les autres.

Quelque temps après avoir emménagé, j'ai épousé Chantal. Un nouvel élément intervenait en faveur de notre union : elle était enceinte. Une date a donc été fixée à la mairie de Nogent, avec le maire de l'époque, Roland Nungesser, qui était un ami d'enfance.

La cérémonie s'est déroulée à la mairie de Nogent dans la matinée. Je refusais de porter une alliance – c'est toujours vrai aujourd'hui –, je me serais senti bagué comme un pigeon, pris au piège. En lieu et place des alliances en or, j'avais apporté deux petits anneaux de rideau en plastique, détachés de la tringle le matin même, trop étroits pour que nous puissions même les enfiler à notre petit doigt, Chantal et moi. La cérémonie s'est déroulée sans histoire. Chantal était alors enceinte de cinq mois et, même si sa grossesse n'était pas apparente, elle en subissait néanmoins le poids. Je revois mon père l'attrapant par les épaules et lui disant : « Tenez-vous droite, Chantal ! »

À la même période, Luis Mariano m'avait commandé une opérette pour le Théâtre du Châtelet. J'avais donc pris date avec lui et M. Lamy, le directeur du Châtelet, afin d'en discuter ensemble. Le matin du mariage, j'ai découvert avec horreur sur mon agenda que le soir même, j'avais rendez-vous au Pied de Cochon avec Luis Mariano et M. Lamy. Il m'était impossible de décommander cet entretien dont la date avait été fixée longtemps auparavant. Le décorateur était même venu tout spécialement d'Espagne à cette intention...

Vers 18 heures, j'ai donc écrit un petit mot à Chantal, que j'ai laissé sur mon oreiller, et je me suis enfui de la maison, la laissant seule avec ses sœurs et nos témoins de mariage.

« Vous avez fait une belle fête pour votre mariage ?

— Non, Jean-Jacques avait rendez-vous avec Luis Mariano », répondait Chantal, un peu fâchée tout de même.

Nous avons mené une vie très heureuse avec notre fils Jean-Paul, et entourés d'amis, dans notre petit pavillon de Nogent. Le soir, nous avions très souvent des invités : Christine Gouze-Rénal venait avec Roger Hanin, Claude Berri, Richard Bohringer... Chantal et Christine nous préparaient des petits plats. Et nous dînions tous ensemble, en parlant de nos projets, ce qui était vraiment formidable. J'avais connu Claude Berri par Roger Dumas, lorsque j'étais au Cours Simon. À cette époque-là, Roger jouait avec Jean-Louis Trintignant, au Théâtre des Noctambules, dans une pièce mise en scène par Robert Hossein.

À ce moment-là, Claude Berri était assez déprimé. Marlène Jobert venait de le quitter. La séparation était très dure pour lui ; il a vraiment accusé le coup. Il venait de réaliser *Le Vieil Homme et l'enfant*, avec Michel Simon, et s'apprêtait à jouer *Tchin-Tchin* au Théâtre de Poche. Il y avait aussi avec nous le peintre Michel Loeb, que je connaissais depuis ma première jeunesse à Saint-Mandé.

De mon côté, durant cette période, j'ai écrit, avec Roger Dumas, *Une écharpe, une rose* pour Chantal, comme me l'avait demandé Daniel Filipacchi. Et, fait assez étonnant, la chanson a marché de façon incroyable au Japon. Dans le hit-parade japonais, il y avait en numéro 1 Ray Charles et, à la deuxième place, Chantal Goya. On n'a jamais compris comment c'était arrivé. Mais la chanson marchait bien. Cela suffisait à nous faire plaisir.

16

Après être restés environ trois ans à Nogent, dans le pavillon que nous partagions avec Roger Dumas, nous nous y sommes trouvés un peu à l'étroit. Il nous a donc fallu chercher un autre logement. J'ai visité un appartement rue des Saints-Pères, dans le 6e arrondissement de Paris, qui me plaisait. Mais il fallait faire des travaux pour y installer le chauffage, et payer en sus une sorte de caution qu'on appelait alors un « pas-de-porte ». Le tout excédait mes moyens. C'est alors que j'ai rencontré mon ami Armel Issartel, que je connaissais depuis le Cours Simon, au Café de Flore. Il m'a présenté à la nouvelle élue de son cœur, Sophie Rochas, que je connaissais déjà, d'ailleurs. Ils s'étaient fiancés secrètement car la mère de Sophie n'aurait pas approuvé leur union.

Quand Armel m'a demandé ce que je devenais, j'ai répondu que j'avais trouvé un appartement mais qu'il me manquait un peu d'argent pour le prendre. C'est là que j'ai vu quel ami était Armel : « Si tu veux, m'a-t-il proposé, je vais emprunter cet argent à un ami et je te le prêterai ensuite. » C'est ainsi que j'ai pu louer l'appartement du 74, rue des Saints-Pères.

À ce moment-là, j'écrivais pour beaucoup de monde, tout en continuant à chanter. Chantal venait de tourner dans *Masculin féminin*, de Godard, pour lequel j'avais écrit la musique. C'est alors que Maritie Carpentier, que j'avais connue à Radio Luxembourg au moment de mes débuts, m'a appelé et m'a dit : « La télévision nous confie des émissions sur lesquelles j'aimerais bien collaborer avec toi. Il s'agirait d'écrire des scénarios, des chansons, des duos. Voyons-nous rapidement. » Les Carpentier habitaient alors devant le jardin du Luxembourg, rue Guynemer. Chez eux, nous avons discuté ensemble des *Sacha Shows*, des shows dédiés à Sacha Distel, que Maritie s'apprêtait à produire. J'ai écrit quelques chansons pour cela. Puis, un jour, l'idée a germé en moi de produire avec Roger Dumas de petites comédies musicales, des scénarios destinés à une émission qui passerait le samedi soir à la télévision. De cette idée devaient naître les fameux *Numéro 1*, qui ont rassemblé plus de quinze millions de téléspectateurs chaque semaine, et ont fini par être récompensés d'un Emmy Award de la meilleure émission étrangère en 1980.

Le principe de ces émissions était simple : elles étaient tournées en direct et dédiées à un invité, indépendamment de son actualité du moment, ce qui donnait aux artistes une grande liberté. L'invité auquel l'émission était dédiée conviait lui-même ses amis ou des artistes qu'il aimait à y participer. Les émissions étaient scénarisées, c'est-à-dire conçues comme une histoire dans laquelle l'invité jouait un rôle. Les acteurs étaient incités à chanter et les chanteurs à jouer la comédie... Les décors, les invités, l'histoire racontée variaient chaque semaine. Dans les tout débuts, nous tournions dans les studios du Moulin de la Galette, puis nous sommes partis tourner au Studio 17 des Buttes-Chaumont.

Rétrospectivement, je considère que ces émissions bénéficiaient d'une liberté mais aussi d'un état d'esprit qui seraient sans doute impossibles aujourd'hui. Les choses se passaient le plus simplement du monde. Je rencontrais Joe Dassin un soir au restaurant. Le lendemain, j'appelais Maritie et lui disais : « Tiens, j'ai vu Joe, je voudrais qu'il fasse un marin dans la prochaine émission. Qu'en dis-tu ?

— Écoute, s'il est d'accord, pas de problème. »

Tout se passait ainsi. Aujourd'hui, il faudrait avoir recours à des agents, négocier pendant des jours et des jours ; ce serait beaucoup plus compliqué. De plus, dans ces émissions, tout le monde était très content de se déguiser et de jouer ne serait-ce qu'un petit rôle. J'appelais Fernand Sardou pour faire un chauffeur de taxi. Et Fernand Sardou, qui n'arrêtait pas de tourner dans des longs métrages, me répondait immédiatement : « C'est noté. Dis-moi seulement à quelle heure et où je dois me trouver ! », et il venait sans faire d'histoires. J'appelais avec la même simplicité Jean Yanne, Jacques Chazot, Jean-Claude Brialy... Je me souviens que Brialy, même lorsqu'il était en tournée, prenait un train dans la nuit pour être le lendemain sur le plateau 17, aux Buttes-Chaumont, avec Mireille Darc et toute la troupe de danse habituée des émissions de Maritie et Gilbert Carpentier.

Quelques-unes de ces émissions sont restées tout particulièrement gravées dans ma mémoire. Le premier *Numéro 1* que j'ai écrit pour Sylvie s'intitulait *Je chante pour Swany* ; il racontait l'histoire d'une fille qui prenait des cours de chant et des cours de diction pour devenir artiste. Comme professeur de diction, nous lui avions trouvé Paul Meurisse, qui la faisait parler avec des billes dans la bouche. J'avais demandé à Daniel Gélin de jouer le rôle de son père, et de rouler les *r* pour imiter l'accent bulgare. Arthur Plasschaert avait réglé la chorégraphie, qui était formidable. Avec Roger Dumas, je composais jour et nuit les duos. Avec Chantal, Sylvie chantait *Les Petites Filles modèles* : « Petites modèles, on fait la joie de nos parents, on est douces, belles et on aime bien nos mamans... » J'avais également imaginé toute une histoire d'amour entre le jeune imprésario que jouait Jean-Claude Brialy et Sylvie. À un moment donné, il allait la voir chez elle alors qu'elle se trouvait dans son bain. Elle chantait *Je suis dans un bain de mousse, mousse*, tandis que Brialy la caressait. Quand Johnny a vu l'émission, il est devenu fou : « Où il est, ce Brialy ! Je vais lui casser la gueule ! » J'ai eu beau lui expliquer qu'avec Brialy, Sylvie ne risquait rien, je n'ai pas réussi à lui faire entendre raison. « Mais tu ne te rends pas compte ! Un samedi soir, devant tous les téléspectateurs, il lui passe la main dans le dos, il fait semblant de lui laver la cuisse, après, il se penche, il est au-dessus de ses seins ! Qu'est-ce que ça veut dire ! De quoi j'ai l'air ? J'ai l'air d'un con, tu ne te rends pas compte ! Eh bien, ça ne va pas se passer comme ça ! Allez, viens, accompagne-moi. » Il est parti au volant de sa voiture comme un fou. J'étais à ses côtés, bien embêté. Nous sommes allés à L'Orangerie, le restaurant que Jean-Claude possédait dans l'île Saint-Louis. Johnny ne s'est même pas garé ; il a laissé la voiture devant le restaurant, en double file, avec tous les automobilistes qui klaxonnaient derrière. Il était sûr que Jean-Claude était là et voulait lui mettre son poing dans la gueule. J'essayais de le retenir en répétant : « Ça ne sert à rien. Jean-Claude est venu par amitié, il n'est pas venu pour faire croire à une idylle avec Sylvie. Il a joué son rôle comme on lui a demandé. » Il n'y avait pas moyen de lui faire entendre raison. Heureusement, ce soir-là, Jean-Claude venait de quitter le restaurant. Il n'y a donc pas eu de bagarre. Quand ils se sont revus, quelque temps plus tard, chez Castel, Jean-Claude s'est excusé : « Franchement, si j'avais su que ça pouvait te faire autant de peine, je ne l'aurais pas fait. Mais c'est Jean-Jacques qui m'a demandé de faire ça avec Maritie Carpentier.

— Eh bien, qu'ils aillent se faire foutre ! Je ne marcherai jamais dans leurs combines, je ne ferai jamais de *Numéro 1*, jamais ! »

Il restait mécontent, mais pour Brialy, au moins, le pire avait été évité. Inutile de préciser que cette irritation n'a pas tenu, et que Johnny a fait par la suite plusieurs *Numéro 1*... Mais sa colère du moment tenait peut-être aussi au fait que l'émission de Sylvie avait battu des records d'audience. Il y avait eu tellement de demandes qu'elle avait été rediffusée la semaine suivante. Grâce à cette émission, la popularité de Sylvie est montée très haut : elle a gagné là ses galons de grande vedette. *Je chante pour Swany* a été un tube énorme, en Italie, au Japon, partout.

Dans la foulée, Coquatrix lui a fait faire un Olympia qui a été comble pendant un mois. Elle y chantait *Comme un garçon, Pour lui je reviens, La Plus Belle pour aller danser*, que venaient de lui écrire Aznavour et Georges Garvarentz... C'est sans doute à ce moment-là que le public a découvert une Sylvie Vartan différente de la « collégienne du twist ». On s'est aperçu qu'elle était devenue une grande interprète, l'égale d'une Mistinguett ou d'une Joséphine Baker. Elle s'évadait de *Salut les copains* pour devenir une vedette de music-hall.

Un esprit de camaraderie et de liberté présidait à ces *Numéro* 1, ambiance qu'on aurait à mon avis du mal à retrouver de nos jours.

J'avais donc une grande affection pour ces émissions, qui m'ont donné la possibilité d'écrire toutes ces chansons, ces duos pour Carlos, Thierry Le Luron, Chantal, Sylvie Vartan, Michel Sardou, Serge Gainsbourg, Jane

Birkin, Dalida, Jean-Claude Brialy, Jacqueline Maillan, Roger Pierre et Jean-Marc Thibault, pour moi aussi puisque j'y participais en tant que chanteur, pour Demis Roussos, Enrico Macias, Joe Dassin, Claude François, Gilbert Bécaud... et tant d'autres magnifiques artistes.

Pour Bécaud, j'ai dû un jour écrire une chanson destinée à résoudre une brouille avec son public. Voilà ce qui s'est passé. Un soir, alors qu'il chantait dans un *Numéro 1*, il y a eu une panne d'électricité. Or, quand il a senti la panne arriver, Gilbert s'est énervé et a crié : « Mais ma parole, on me prend pour un balayeur ! » Comme l'émission était en direct, la France entière a entendu cette phrase malheureuse avant que Bécaud ne soit coupé. Dans la semaine qui a suivi, tous les balayeurs de France nous ont écrit pour protester contre le mépris que Bécaud témoignait à leur corporation. Naturellement, il avait dit ça nerveusement, sans penser à mal. Il aurait aussi bien pu dire : « Arrêtez, bande de cons ! » Sa phrase n'avait pas plus de portée que cela. Mais elle avait néanmoins froissé des susceptibilités et l'avait donc mis en porte-à-faux vis-à-vis d'une partie de son public.

Après cet incident, Gilbert m'a appelé et m'a demandé de lui écrire une chanson de nature à régler ce différend, qui passerait dans un prochain *Numéro 1*. Avec Roger Dumas, j'ai donc composé pour lui une romance qui disait : « Un balayeur qui tient bien son balai... c'est une histoire d'amour. » Gilbert la chantait, un balai à la main. Et tandis qu'il chantait, tout un corps de ballet entrait sur scène et dansait sur une valse à la Tchaïkovski. C'était une pure merveille.

Dans l'un des couplets, Gilbert s'excusait littéralement en chantant : « Mais si j'ai fustigé les balayeurs étrangers, étrangers à cette histoire, il ne faut pas y croire, car j'étais fatigué, je ne savais plus ce que je disais. Il ne faut pas que les balayeurs m'en veuillent... Il faut qu'ils n'en veuillent à personne, qu'ils ne m'en veuillent même pas, qu'ils n'en veuillent pas ailleurs parce qu'il n'y a pas d'ailleurs, il n'y a plus de balayeurs, plus rien du tout. » Et le refrain revenait : « Un balayeur qui tient bien son balai... » Plus belles les unes que les autres, les danseuses enchaînaient les figures. Et la danseuse étoile était la fameuse Janet, des Ballets de Monte-Carlo, celle que Gilbert avait choisie pour partager sa vie, celle qui, trois ans auparavant, avait quitté Claude François pour lui.

Gilbert l'avait connue à Monte-Carlo et en était tombé profondément amoureux. Il n'avait pas songé alors qu'elle était la femme d'un chanteur encore débutant, qui essayait de se faire un petit nom à Paris. Il ne savait pas qu'il était en train de lui voler l'amour de sa vie. Depuis, on avait commencé à entendre parler de Claude François, il n'était plus le jeune inconnu qu'il avait été. Mais entre lui et Gilbert, naturellement, il y avait un énorme contentieux. Gilbert en voulait à Claude de l'avoir précédé dans la vie de Janet et Claude était profondément offensé d'avoir été supplanté par Gilbert. Un jour, il m'a dit : « J'ai beaucoup de respect pour Bécaud, mais je ne lui pardonnerai jamais de m'avoir piqué Janet. »

J'avais rapporté cette phrase à Maritie Carpentier, qui l'a trouvée assez triste. Elle adorait Gilbert Bécaud mais appréciait aussi Claude. C'est pour cela qu'elle a eu l'idée de tenter une improbable réconciliation. Un jour, elle m'a demandé : « Que penserais-tu d'un *Numéro 1* que je dédierais à Gilbert Bécaud et à Claude François ? » J'étais assez dubitatif quant à cette idée de réunion. Mais comme l'émission était la plus en vue à l'époque, il était difficile pour eux de refuser. J'ai donc suggéré à Maritie d'intituler ce *Numéro 1* « Rencontre entre deux génies de la scène », de façon à les flatter un maximum, pour qu'ils acceptent tous les deux. Et je l'ai dans un premier temps laissée se débrouiller pour les convaincre. Il faut savoir que Maritie était une femme prodigieusement passionnée, et qui portait aux artistes qu'elle soutenait une véritable affection. De la sorte, elle pouvait leur demander beaucoup. Elle aimait Georges Brassens et Brassens l'aimait, Bécaud l'aimait, Jean-Marc Thibault l'aimait, Joe Dassin l'aimait, Carlos l'adorait. Moi aussi, je l'aimais ; c'était une femme avec qui on pouvait parler, qui aimait rire... C'est pour toutes ces qualités qu'elle a été une productrice de télévision hors pair, sans équivalent aujourd'hui.

Je savais aussi qu'elle avait l'art de rendre possible l'impossible. Il y avait bien des fois où elle s'en prenait plein la gueule, mais elle était si passionnée qu'elle réussissait la plupart du temps à obtenir ce qu'elle désirait, pour le plus grand bien de tout le monde. Elle a donc appelé Claude François et a obtenu son accord pour l'émission. Le plus dur restait à faire, car Gilbert ne voulait pas entendre parler de l'ex de Janet, et encore moins partager une affiche avec lui. Ce contentieux était aggravé du fait qu'entre-temps, Janet avait quitté Gilbert.

Quand Maritie lui a fait sa proposition, la réponse de Bécaud a été très claire : « Il n'en est pas question. » Je me trouvais alors à côté d'elle et je l'ai entendue dire : « Tu ne devrais pas refuser sans réfléchir. Je te passe Jean-Jacques. » Plein d'enthousiasme à l'idée de la magnifique confrontation que pourrait offrir cette soirée, j'ai expliqué à Gilbert qu'à mon avis, ce *Numéro 1* serait formidable. Puis, emporté par mon élan, j'ai continué : « Tu sais que Claude François n'est à l'origine ni compositeur ni chanteur. C'est un très grand percussionniste. Et comme il a sûrement envie de te prouver quelque chose, tu n'auras jamais un percussionniste aussi efficace que lui. Il voudra t'impressionner et éblouir Janet. À mon avis, tu aurais bien tort de refuser ; tu ne retrouveras jamais cela deux fois. Je te le dis franchement. » Puis j'ai ajouté quelques arguments qui me venaient au fur et à mesure : « Tu sais, le public n'aime pas voir les artistes fâchés entre eux, il déteste ça. C'est quelque chose qui n'amuse pas les gens. Les artistes ont le droit d'avoir des brouilles et des inimitiés, bien sûr, mais crois-moi, ce n'est l'intérêt de personne. Et puis quoi ? C'est du passé, maintenant, votre fâcherie ! » À ma propre surprise, mes réflexions devaient sonner juste car Gilbert a fini par me dire : « Je crois que tu as raison. Passe-moi Maritie. »

Le jour de l'émission, Claude François est arrivé sur le plateau 17 et a serré la main de Gilbert. Bécaud était réticent, sur la défensive. Je le revois : il avait demandé à être assis sur un tabouret de bar. Il était donc juché sur son tabouret, immobile, muet et crispé. Claude était à un mètre de lui ; il essayait de communiquer avec Gilbert, mais celui-ci s'y refusait absolument. En régie, Maritie était consternée : « Regarde, c'est dramatique ! Ça ne marche pas du tout. Qu'est-ce qu'on va faire ? » Il était prévu que Claude François chante trois grands succès de Gilbert et que Gilbert chante en retour trois succès de Claude. Mais ça ne démarrait pas, il y avait une tension terrible. Gilbert avait amené ses musiciens d'un côté et Claude en avait fait autant. On sentait que c'était une espèce de match qui allait se jouer sur le plateau 17 aux Buttes-Chaumont, un match dont l'issue était très incertaine, même si j'espérais que tout se terminerait bien. Maritie s'angoissait en régie, se demandant ce qu'il fallait faire. « Écoute, lui ai-je dit, il faut demander à l'orchestre de commencer à jouer. » Je suis donc allé trouver l'orchestre, de connivence avec André Flédérick qui était le réalisateur, et j'ai prétexté la nécessité de faire quelques essais pour la régie. Je me suis ensuite tourné vers Claude, qui avait ses tombas, et je lui ai dit : « Tu commences à jouer. » Le génie de Claude François, il ne faut pas l'oublier, ce n'était pas sa voix, ni son physique. À force de travail et de succès, il a fini par faire croire qu'il avait un physique, mais son véritable talent résidait dans son sens du rythme. C'était un homme de rythme et de percussions.

Après les quelques essais qui n'ont pas vraiment réchauffé l'ambiance, il me fallait organiser le récital. Le pot-pourri que chantait Claude François commençait par *Et maintenant*, de Bécaud ; il chantait ensuite *Let It Be Me* et terminait par *C'est en septembre*. Il avait choisi d'interpréter les succès internationaux de Bécaud. J'ai annoncé à Gilbert que Claude allait commencer. « Eh bien, qu'il commence », m'a répondu celui-ci, très énervé. Puis il s'est repris et a annoncé qu'il souhaitait débuter le tour de chant : « Je veux commencer par le succès qu'il vient d'écrire pour les Américains. Mais je ne veux aucun orchestre ni aucun instrument : je vais chanter *a capella*. Et je veux que Claude François fasse quelques percussions à partir du premier refrain. »

Et c'est exactement ce qui s'est passé. Gilbert a commencé à chanter *Comme d'habitude,* Claude à jouer des tombas. Et *Comme d'habitude* était tellement réussie chantée ainsi par Bécaud et accompagnée de percussions que Claude, avec beaucoup d'adresse, a enchaîné. Claude était le contraire d'un con, il savait qu'il avait écrit l'une des plus belles chansons du monde, avec *Comme d'habitude* ; mais il savait aussi que Bécaud avait composé une œuvre d'envergure avec *Et maintenant* (qu'il avait écrite avec Jacques Revaux et Gilles Thibault). Ce qui fait qu'à la fin de la première chanson, au lieu de s'arrêter, il a eu l'intelligence de commencer la percussion pour *Et maintenant* au moment précis où ils se sont rapprochés. La caméra les tenait alors en gros plan, et après *Comme d'habitude,* ils ont chanté ensemble *Et maintenant.* Claude faisait les percussions et Gilbert jouait au piano. Tout à coup, quelque chose s'était enclenché entre eux. Gilbert voulait prouver sa valeur au piano, Claude se déchaînait sur les percussions. En régie, nous étions haletants. Le moment était extraordinaire. Ils ont tout chanté ensemble : les chansons de Gilbert et celles de Claude, avec cette émulation qui rendait leur chant et leur musique tellement intenses. *Let It Be Me, C'est en septembre, Le Lundi au soleil, Le Chanteur abandonné...*

À la fin de cette performance, ils sont tombés dans les bras l'un de l'autre. Nous sommes ensuite allés dîner tous ensemble à La Ciboulette, le restaurant que tenait Jean-Pierre Coffe. Bécaud pleurait comme une Madeleine ; Claude lui disait qu'il n'avait jamais vu un musicien et interprète tel que lui. Et il a ajouté : « Gilbert, bien que tu m'aies volé Janet, je suis content d'avoir partagé ce moment avec toi. Je ne revivrai jamais un moment aussi extraordinaire que ce soir. » Gilbert a essuyé ses larmes et lui a répondu : « Tu sais, j'ai aimé Janet comme tu ne peux pas l'imaginer.

— Si, je l'imagine, a répondu Claude. Et j'en ai souffert beaucoup.

— Je le sais. Tu n'en as jamais rien su, mais ta souffrance m'a fait beaucoup souffrir », a conclu Gilbert.

Voilà comment s'est terminé l'un des plus beaux *Numéro 1* qu'il m'ait été donné de concevoir.

17

En 1968, je chantais au cabaret *Don Camilo*, qui présentait pour moi l'avantage de se trouver dans la rue des Saints-Pères, où j'habitais alors. Chantal était enceinte de notre deuxième enfant. Au moment de la fin des barricades, Alain Delon m'a fait savoir qu'il allait venir m'écouter ; le hasard a voulu que Johnny et Sylvie passent le même soir. Dans la salle, il y avait également Tino Rossi, Lili, sa femme, et son fils Laurent. Je me suis demandé si tous ces amis s'étaient concertés pour me faire une surprise en venant le même jour, mais en réalité la surprise est venue d'ailleurs.

Au moment où j'allais entrer en scène, Jean Vergne, le propriétaire du *Don Camilo*, est venu m'annoncer que je devais rentrer chez moi. Il fallait conduire Chantal d'urgence à la clinique Sainte-Isabelle, à Neuilly, car elle était sur le point d'accoucher. Jacques Mérand, qui figurait dans le programme, a proposé de prendre ma place et de faire patienter le public le temps que je fasse l'aller-retour. J'ai couru jusqu'à mon domicile ; Chantal m'attendait en bas de l'immeuble, soutenue par Jean-Paul, mon fils. Nous avons foncé jusqu'à Neuilly. Arrivés à la clinique Sainte-Isabelle, j'ai confié Chantal à deux infirmières qui l'ont installée dans la salle d'accouchement et j'ai redémarré aussitôt en direction de Paris, pour honorer mon contrat et ne pas décevoir mes amis.

Quand je suis arrivé au cabaret, Jacques Mérand était toujours sur scène, tournant son chapeau dans tous les sens. Il n'en pouvait plus d'avoir fait patienter le public. « J'ai tellement traîné que j'ai failli me faire siffler », m'a-t-il confié en sortant de scène. Il avait tiré en longueur tant qu'il avait pu pour me laisser le temps d'arriver. Je suis entré en scène à mon tour, un peu déconcentré, mais j'ai néanmoins réussi à chanter presque normalement. Porté par les applaudissements de mes amis, j'ai terminé mon tour de chant par une chanson que j'avais écrite avec Roger Dumas pour la dernière revue à Bobino de Joséphine Baker, *Au revoir mais pas adieu.* Cette chanson avait été la dernière nouveauté que notre Joséphine chérie a interprétée ; elle est morte douze jours après l'avoir chantée pour la première fois. Je voulais lui rendre cet hommage et aussi faire plaisir à Tino, qu'elle avait tant aimé.

Le programme s'est terminé de façon inattendue pour moi : Robert Lamoureux est entré en scène en annonçant que je venais d'avoir une fille et que la rue des Saints-Pères comptait désormais un sixième père. La salle a éclaté de rire. Plus tard, dans ma loge, Tino m'a demandé de lui écrire une chanson, ce que j'ai fait par la suite sur le thème de la naissance de l'Enfant Jésus.

À 2 heures du matin, je suis retourné à Sainte-Isabelle. Ma petite Clarisse pleurait si fort que Chantal était affolée. Une infirmière a emmené la petite dans la salle des nouveau-nés. Je suis resté auprès de Chantal un bon moment, à lui tenir la main. Quand Clarisse s'est enfin endormie, Chantal m'a dit de rentrer à la maison et d'avertir sa famille.

Le lendemain, vers midi, je suis revenu avec Jean-Paul à la clinique. Dans la chambre de Chantal, il y avait des fleurs partout. Ray Ventura était venu lui-même apporter à Chantal un magnifique bouquet de violettes. Sylvie et Johnny lui avaient téléphoné. Le bébé était à côté d'elle, dans un berceau, et criait encore plus fort que la veille. L'infirmière lui avait mis de petits gants pour éviter qu'elle ne griffe son visage fragile. Pour permettre à Chantal de se reposer, elle m'a de nouveau proposé d'emmener le bébé dans la chambre des nouveau-nés. Je l'ai donc suivie dans le couloir qui menait à cette pièce.

Tout à coup, la porte de l'ascenseur s'est ouverte devant moi et j'ai vu apparaître Claude François, dissimulé derrière des lunettes de soleil. Il tenait à la main un gros bouquet de fleurs blanches et semblait très gêné de me voir. Il m'a confié qu'il s'apprêtait à rendre visite à la femme de son secrétaire, qui venait d'accoucher d'un petit garçon. Puis il a disparu sans même me demander ce que je faisais là.

Plus tard, j'ai appris qu'il était venu voir son fils aîné, qui était né le même jour que Clarisse ; il souhaitait préserver le secret autour de cette naissance, à cause de ses fans et admiratrices. Pendant les quelques jours que Chantal a passés à la clinique, il s'efforçait donc de venir discrètement ; il choisissait des heures où il ne risquait pas de rencontrer quelqu'un, il venait la nuit, en entrant par l'arrière-cour. Il m'évitait... J'étais assez intrigué par son manège. Au début, je me suis même demandé si ce n'était pas pour Chantal qu'il venait, puisqu'ils se connaissaient. Chantal l'aimait bien. Quand il n'était pas en colère ni sous pression, Claude était quelqu'un de charmant. En revanche, il ne fallait pas tomber sur lui dans les moments où il était pressé ; comme il faisait dix mille choses en même temps, il y avait des moments où ses nerfs ne lui appartenaient plus. Il envoyait alors promener tout ce qui se trouvait à côté de lui, y compris ses amis.

Avec ma mère et ma famille nombreuse, nous sommes ensuite partis pour un mois de vacances à Saint-Tropez, où nous avions loué une maison près de la place des Lices. Cette demeure avait appartenu à un ancien capitaine de frégate ; il y avait d'ailleurs des photos de bateaux partout. Sa fille, qui avait hérité de la maison, nous la louait à la condition expresse de ne toucher à rien, de ne déplacer aucun meuble et de ne pas faire de ménage. Par piété filiale, disait-elle, elle ne voulait rien changer dans cette maison. En réalité, comme nous l'avons compris par la suite, nous nous étions bien fait avoir.

Dans cette maison, de grands lézards verts étaient cachés derrière tous les cadres des photos. Il y en avait un grand qui traversait le plafond à toute vitesse et descendait le long des doubles rideaux jusqu'au parquet pour aller se cacher entre les livres d'une vieille bibliothèque vermoulue. Cela amusait beaucoup Jean-Paul, qui le montrait du doigt en disant : « Oh ! Bête ! Bête ! Regarde, maman, bête ! » Je lui expliquais que les lézards étaient des animaux très gentils et très rares que le marin disparu avait cachés chez lui et qu'il viendrait les reprendre plus tard pour les prêter à un cirque afin qu'ils fassent les mêmes numéros que dans la chambre à coucher. Il y avait aussi d'énormes araignées qui montaient et descendaient le long des murs ; des souris qui grignotaient petit à petit la bibliothèque. Nous ne devions pas non plus réparer les fuites d'eau qui faisaient de l'unique salle de bains un véritable hammam. Tout cela énervait passablement Chantal.

Un jour, n'y tenant plus, elle a convoqué l'héritière pour lui demander si elle trouvait normal de louer trente mille francs une maison où il était interdit d'allumer le chauffe-eau, la cuisinière, et de passer l'aspirateur. Ses réponses ne nous ont pas convaincus. À peine a-t-elle tourné les talons que je suis allé louer un aspirateur professionnel ; sitôt que je l'ai branché, tous les plombs de la maison ont sauté. Dans cette maison, rien n'était aux normes : le courant était encore du 110 volts. C'était pour cela que nous ne devions pas utiliser d'appareils électroménagers. Nous avons terminé nos vacances familiales éclairés à la bougie ; pour nous laver, nous étions obligés de nous rendre aux douches municipales de Saint-Tropez. De son côté, ma chère maman, qui n'avait pas passé de congés avec nous depuis longtemps, répétait qu'elle était ravie de ces si bonnes vacances en famille...

Chantal est retournée voir la propriétaire plusieurs fois afin de protester : « Écoutez, ce n'est pas possible ! Nous sommes obligés d'aller tous les jours aux douches municipales où tous les gens qui nous connaissent nous voient faire la queue avec notre serviette sous le bras ! »

Pour notre dernier soir à Saint-Tropez, j'ai invité à dîner Nicoletta, Bernard et Annabel Buffet, Jean-Marie Rivière, Isabelle Pons, Jacques Charrier, Eddie Barclay et Darry Cowl. Nous avons pris l'apéritif dans le jardin, puis, comme le temps se gâtait, nous sommes rentrés dans la maison. Nous nous sommes installés dans la grande salle à manger aux boiseries patinées par la poussière. Chantal avait fait au mieux pour le dîner. Tout à coup, tout le monde s'est mis à crier. Le chandelier qui se trouvait sur le piano avait mis le feu aux grands rideaux qui pendaient le long de la fenêtre ! Dans l'affolement général, c'est Darry Cowl qui a eu la présence d'esprit d'arracher les rideaux de la tringle et de les jeter dehors à l'aide d'un manche à balai... Aujourd'hui, naturellement, nous gardons de ces moments un souvenir impérissable !

Après cela, nous avons retrouvé Paris, et la rue des Saints-Pères. Dans une des pièces de l'appartement, j'avais installé mon Steinway, de façon à pouvoir travailler sans empêcher Chantal de dormir. À cette époque, je composais beaucoup de chansons pour moi et pour d'autres artistes comme Yves Montand, Barbara, Marie Laforêt... Du côté de Chantal, tout n'était pas non plus facile ; elle devait et mener sa carrière et élever nos deux enfants.

Peu de temps auparavant, au lendemain de Mai 68, Roland Petit avait acheté le bail du Casino de Paris pour y monter une grande revue avec sa femme, Zizi Jeanmaire. Il m'a contacté à ce propos, me demandant de composer l'ensemble des chansons, de l'ouverture au final, en collaboration pour les paroles avec Roger Dumas.

J'ai organisé de nombreux dîners de travail chez nous : Roland Petit venait avec Zizi, Yves Saint Laurent et Pierre Berger. Yves était le créateur des costumes et il était décidé qu'il viendrait à la maison régulièrement pour écouter les nouvelles chansons, de façon à créer les costumes en harmonie avec elles.

C'est juste avant l'un de ces dîners qu'un jour, Chantal, qui était en train de donner le biberon à Clarisse, a été appelée d'urgence au téléphone. Yves Saint Laurent venait d'arriver. Elle lui a donc mis Clarisse dans les bras, avec pour mission de lui donner son biberon tandis qu'elle répondait au téléphone. Je revois cette image étonnante : Yves tenant Clarisse dans ses bras, l'air un peu désemparé, mais décidé à bien faire. La photo n'a pas été prise, mais cette image est restée dans ma mémoire.

Quand j'ai commencé à travailler pour Roland Petit, je connaissais déjà Yves-Mathieu Saint Laurent. Je l'ai rencontré au début de l'année 1960, dans un petit restaurant de la rue Richelieu, Chez Georgi, où il dînait en compagnie d'une femme du nom de Suzanne Luling, qui travaillait chez Christian Dior et connaissait tout Paris. Pour ma part, je dînais ce soir-là en compagnie du metteur en scène Jacques Charon, avec Robert Hirsch et Jacky Scander. Suzanne Luling les connaissait bien, évidemment, et, à l'heure du café, elle est venue s'asseoir un moment à notre table, avec un grand garçon brun, très élégant. « Je suis heureuse de vous présenter un des futurs grands hommes du monde de la haute couture », a-t-elle dit en nous le présentant.

Quelques semaines auparavant, dans *Paris Match*, Christian Dior avait fait des éloges remarqués d'Yves en le présentant comme le plus jeune mais aussi le plus grand modéliste de Paris. Il était très réservé et a très peu parlé ce soir-là. Son allure était impressionnante ; il réussissait à avoir l'air avant-gardiste tout en restant classique. On aurait dit un jeune prince qui venait de recevoir les clefs de son nouveau royaume. J'avais remarqué l'élégance de sa montre et la façon dont était noué son nœud de cravate : deux éléments de peu d'importance, mais rien ne trahit plus le goût de quelqu'un que son nœud de cravate. Il me faisait penser à Gatsby le Magnifique. Quelque temps plus tard, la brillante ascension d'Yves n'a surpris personne.

La préparation du spectacle a consisté en six mois de création captivante. Roland Petit nous réunissait l'après-midi au Casino de Paris, en bas du grand escalier que la géniale Mistinguett avait l'art de descendre avec ses célèbres gambettes... Roland avait fait réaliser d'énormes travaux : il avait fait refaire le sol de la scène, et complètement remanier le cadre de scène. Les coups de marteau retentissaient durant nos réunions. Le sculpteur Soto faisait installer de grands tuyaux qui pendaient au fond de la scène pour le tableau de l'ouverture, où toute la troupe des artistes arrivait en chantant et en dansant sur l'air de *Pour l'amour du métier* : « On quitte sa maison quand on a dix-sept ans, on quitte ses parents quand on a dix-sept ans, les enfants du voyage, ça vit dans les chansons, les enfants du voyage... Pour l'amour du métier, quand on a choisi de vivre pour danser, pour l'amour du métier, quand on a choisi de vivre pour chanter. Pour l'amour du métier. » Cette ouverture devait mettre les spectateurs immédiatement dans le climat du spectacle. Le décorateur Herter, qui avait fait une très belle carrière aux États-Unis et avait contribué au succès d'Isadora Duncan à New York, travaillait avec nous à l'élaboration des différents tableaux. Il était très célèbre pour ses décors impressionnants, comme son célèbre *Alphabet*. Il y avait aussi Guy Peellaert, qui avait apporté au spectacle son côté bande dessinée ; le sculpteur César, qui avait fait un énorme sein qui occupait toute la scène. Mathias, qui avait également construit des décors exotiques. Une Rolls-Royce avait été conçue spécialement pour l'arrivée de Zizi, de même qu'un quai de gare, sur lequel défilaient des soldats russes qui chantaient pour lui dire au revoir, pendant que des wagons défilaient à toute vitesse sur la scène. Cela avait une allure folle et Yves Saint Laurent commençait à faire essayer les premiers costumes qu'il venait de créer.

Je me souviens d'un jour de répétition où il avait étalé de nombreux croquis par terre, dans l'entrée du Casino, pour nous les montrer. Je les regardais avec admiration, car je les trouvais magnifiques. Il a vu mon intérêt pour ses dessins et m'a souri. « Jean-Jacques, ça te ferait plaisir d'en prendre un ? » Je n'ai pas caché que c'était le cas. « Eh bien, choisis celui qui te plaît. »

J'ai pris un croquis qui représentait les costumes destinés à un tableau intitulé « Les diamants ». On y voyait une boîte à l'intérieur de laquelle les diamants scintillaient, jetant des rayons bleus dans tous les sens. À côté de cette boîte, Yves avait dessiné ses costumes de diamants pour les danseurs, qui jetaient eux-mêmes des reflets dans toute la salle.

Le spectacle prenait forme et, à chaque répétition, de plus en plus de personnalités venaient assister dans la salle en travaux à la renaissance de ce vieux Casino de Paris. C'est ainsi que j'ai revu Maurice Chevalier qui passait régulièrement voir Zizi et Roland Petit. Joséphine Baker venait aussi nous voir à l'occasion. Coco Chanel passait, avec son petit chapeau admirablement posé sur ses cheveux. Il y avait aussi Christine de Rivoire, Hélène Rochas, Rudolf Noureev, la grande danseuse Claire Motte... Johnny était venu une dizaine de fois faire répéter Zizi ; le spectacle comportait un tableau rock'n roll, dont il avait réglé la chorégraphie.

Et puis un soir, alors que la première approchait à grands pas, Roland Petit m'a montré le projet d'affiche pour le spectacle. Son esquisse était intéressante, mais ne ressemblait pas à la revue, qui avait quelque chose de vraiment surréaliste. D'ailleurs, Roland lui-même n'était pas convaincu. C'est alors que mon ami d'enfance Jean-Paul Goude m'est revenu en mémoire. Je savais qu'il habitait New York et qu'il dirigeait le magazine *Esquire*. Par sa maman, j'ai réussi à le joindre rapidement. Roland lui a expliqué ce qu'il souhaitait en l'avertissant qu'il n'avait plus une seule minute devant lui, que ce serait désormais une course contre la montre pour en arriver à l'affichage définitif. Jean-Paul aimait être mis au défi et, dans les trois jours qui ont suivi le coup de téléphone, un de ses amis est venu au domicile de Roland lui apporter l'affiche que Jean-Paul avait dessinée. Elle représentait un grand Z, avec la tête de Zizi Jeanmaire et un minuscule Roland Petit qui tenait Zizi par le bout du pied. Cette image est devenue mythique, comme beaucoup d'œuvres de Jean-Paul. On l'a vue partout : dans tous les magazines américains, sur tous les murs de Paris et sur toutes les colonnes Morris. Et elle a été en grand dans tous les *France Soir* et les *Paris Match* de l'époque. Il n'y a pas un livre aujourd'hui sur l'histoire de la revue qui ne contienne une reproduction de l'affiche de Zizi au Casino de Paris dessinée par Jean-Paul Goude.

Le soir de la première, j'ai assisté le cœur serré d'inquiétude au spectacle. Je revois le final avec l'orchestre au grand complet, dirigé par Jean-Claude Vannier. Les danseurs et danseuses descendaient le grand escalier, habillés en bleu, blanc, rouge, dans les éblouissants costumes d'Yves Saint Laurent. Zizi était tellement impressionnante, lorsqu'elle descendait les marches qui s'allumaient au fur et à mesure, que nous en avions le souffle coupé. Jamais jusqu'alors je n'avais été aussi fier du final que j'avais écrit avec Roger Dumas. Il a été bissé ce soir-là, et tous les autres. Le spectacle a énormément plu. Mais ce tableau-là a fait un véritable triomphe. Tous les artistes qui avaient travaillé pour cette revue entièrement novatrice ont salué le public sous le sourire heureux de Roland Petit. Quand Yves Saint Laurent est entré en scène, les « Bravo ! » ont fusé.

Le lendemain, tout Paris ne parlait que du spectacle de Roland Petit. Les critiques, tous magazines confondus, ont exprimé leur admiration pour cette revue à grand spectacle d'avant-garde et raffinée, dont la mise en scène n'était jamais ennuyeuse. Cette revue a d'ailleurs fait le plein de spectateurs tous les soirs, pendant deux ans et demi.

J'ai fait encadrer le dessin d'Yves, qui ne m'a jamais quitté. J'ai perdu bien des choses au cours de ma vie, dans mes déménagements ; il est arrivé également qu'on

me vole certaines affaires sans que je m'en rende compte, mais ce dessin d'Yves a toujours représenté beaucoup pour moi. Il symbolise une collaboration artistique que je ne retrouverai jamais dans ma vie. Je le garde donc précieusement, tout près de mon cœur, comme un diamant.

18

En 1970, je suis sorti un matin pour faire quelques courses dans le quartier; Chantal m'avait remis un chèque signé par elle, sans montant indiqué, destiné à payer un plein d'essence pour notre voiture. En chemin, j'ai rencontré une amie qui se rendait au Salon nautique du CNIT. Je l'y ai accompagnée; sur place, j'ai rencontré Éric Tabarly et Gérard Petitpas, son radio, ainsi que quelques amis skippers. Je connaissais Tabarly pour l'avoir croisé à plusieurs reprises chez Armel Issartel. Nous avions fait de la musique ensemble au cours de ces soirées : il chantait fort bien et connaissait tout le répertoire d'Édith Piaf par cœur.

Éric savait que j'aimais la voile, que j'étais attiré par cette discipline. Je lui ai avoué que je rêvais de faire le tour du monde, et je lui ai demandé conseil : parmi tous les bateaux présentés, lequel choisirait-il, s'il s'en achetait un? Il m'a confié que sa préférence irait à un voilier baptisé le *Tina*, appartenant à un constructeur hollandais, représenté par les chantiers français Vaneck. Le bateau n'était pas encore tout à fait fini; mais comme c'était le seul modèle réalisé, le constructeur l'avait envoyé au Salon nautique pour que les visiteurs le voient.

Après avoir discuté longuement avec Éric, Gérard, Michel Vaneck et les skippers, saisi d'une impulsion, j'ai acheté le bateau avec le chèque remis le matin même par Chantal. Puis j'ai ramené tout le monde à la maison et débouché de bonnes bouteilles pour fêter cet achat et mon nouveau projet : j'allais faire le tour du monde.

Nous étions tous assis par terre dans le salon, en train d'examiner les plans du bateau et les cartes maritimes, lorsque Chantal est arrivée. Elle a d'abord cru que je voulais aider Tabarly dans ses voyages au long cours ; elle trouvait cela très bien. Mais quand elle a compris que c'était moi qui voulais faire le tour du monde et que j'avais acheté un voilier avec son propre chèque, elle a cru que je plaisantais. « Tu es fou ? On a déjà du mal à s'acquitter du loyer, comment va-t-on payer un bateau pareil ? » Tabarly, Vaneck, moi : nous étions tous très embêtés. Le lendemain, j'ai reçu un appel d'un homme qui parlait anglais avec un fort accent hollandais, et qui voulait savoir à quel endroit il devait placer le radar du bateau. « Vous préférez l'avoir à l'avant ou à l'extrémité du mât principal ? » Je n'en avais évidemment aucune idée ; j'ai commencé à me dire que j'étais peut-être allé un peu vite en besogne.

Quelques jours plus tard, Chantal a pris un train pour aller à Anvers décommander mon achat et tenter de récupérer son chèque. Ce n'était pas simple. Mais au CNIT, un autre visiteur avait eu un coup de foudre pour le *Tina*, un certain Gaston Defferre. « Désolé, monsieur, le bateau est déjà vendu à un artiste, nommé M. Debout », lui avait-on répondu. En définitive, grâce à l'entremise du constructeur hollandais qui comprenait que je m'étais mis dans une situation intenable, Gaston Defferre m'a racheté le voilier sur lequel j'ai failli faire le tour du monde.

Peu après, à défaut de tour du monde, le producteur Gérard Sayaret m'a offert de partir avec Françoise Hardy pour une tournée qui passerait par la plupart des villes d'Afrique noire. Yaoundé, Libreville, Dakar, Abidjan, Kinshasa, Douala, Cotonou, Lomé... Tel était l'alléchant programme qu'il m'a proposé. J'ai accepté avec empressement, content de découvrir ces pays lointains autrement que sur une mappemonde.

La première étape de la tournée était Dakar, où nous étions programmés au théâtre Daniel-Sorano. Cette tournée représentait pour moi quelque chose de nouveau ; c'était la première fois que je chantais avec Françoise Hardy, alors que nous étions amis dans la vie. Il s'agissait aussi de la première fois que je chantais en Afrique noire. À peine arrivé à l'hôtel N'Gor, où nous devions séjourner, je suis descendu me baigner. L'hôtel était composé de bâtiments entièrement blancs, dans le style 1950 ; il avait été construit par Air France en face de l'île de N'Gor. On sentait très fortement le poids du passé, le fait que le Sénégal avait été une colonie française.

Devant l'hôtel, à travers les arbres plantés autour de la piscine, nous apercevions les pirogues actionnées par des hommes torse nu qui se dirigeaient vers la côte de l'île. Le soleil rouge commençait à plonger dans la mer ; j'étais agréablement dépaysé. Le personnel de l'hôtel était souriant et bienveillant.

Je m'étais étendu sur un transat, quand un garçon brun aux longs favoris a interrompu mon repos. Il était habillé d'un costume noir et d'une chemise blanche, avec une cravate, ce qui lui donnait un côté chauffeur d'ambassade. Mais il portait aussi des lunettes de soleil et tenait dans la main droite un magnétophone. Après s'être assuré que j'étais bien Jean-Jacques Debout, il m'a demandé de lui accorder une interview pour la radio

de Dakar. « Vous êtes très attendus, vous et Françoise Hardy », m'a-t-il dit, avant de m'annoncer qu'il viendrait le soir même au concert pour recueillir les impressions du public pour sa radio.

Son matériel était assez volumineux : il s'agissait d'un magnétophone de la marque Nagra et d'un gros micro à main surmonté d'une boule noire en mousse pour éviter que la voix ne crache. Comme je lui demandais s'il avait vu Françoise Hardy, il m'a répondu qu'il était passé à la réception, où on lui avait dit qu'elle se reposait dans sa chambre et ne voulait pas être dérangée. Je lui ai proposé de prendre un verre, proposition qu'il a déclinée. En revanche, il avait très envie de se baigner pour se rafraîchir avant de commencer l'entretien.

Il m'a demandé s'il pouvait aller se changer dans ma chambre et y entreposer son matériel. Je n'y voyais aucun inconvénient et je lui ai donné ma clé tout en lui expliquant où elle se trouvait. « À tout de suite », m'a-t-il dit.

J'ai continué d'admirer cet endroit idyllique, où d'innombrables oiseaux multicolores voletaient d'un arbre à l'autre en pépiant. Je somnolais un peu tout en pensant à mon tour de chant du soir. J'étais fier et heureux de me trouver là. J'avais vu Daniel Sorano jouer dans *Cyrano de Bergerac*, au TNP, mis en scène par Jean Vilar. Je me souvenais de son interprétation du monologue de Cyrano, où il était bouleversant. Je me disais qu'il fallait que je sois à la hauteur tout en me demandant ce que faisait ce journaliste fantôme.

J'ai regardé ma montre : il était bientôt l'heure de quitter l'hôtel pour aller faire la balance du son avec les musiciens et régler les lumières. J'ai regardé une dernière fois autour de moi, cherchant le journaliste sans l'apercevoir. Je suis monté dans ma chambre ; là, j'ai frappé à la porte, doucement d'abord, puis de plus en plus fort. Personne ne répondait.

Une employée de l'hôtel qui passait dans le couloir m'a dit que quelqu'un était sorti de ma chambre avec une valise une heure auparavant. Comme je n'avais plus de clé, je lui ai demandé de m'ouvrir la porte avec son passe-partout. À ma grande stupéfaction, j'ai alors constaté que toutes mes affaires avaient disparu. Dans ma penderie, il n'y avait plus de costumes de scène ; dans la salle de bains, plus de trousse de toilette ; dans l'autre placard, plus de chemises, ni de tee-shirts, plus de pyjama, plus de chaussettes, plus de sous-vêtements. Et sur le bureau, tout avait également été enlevé : passeport, agenda et une enveloppe qui contenait mon argent pour le voyage. Même ma paire de chaussures de scène avait disparu. Seule ma brosse à dents, dépassant d'un verre vide dans la salle de bains, me restait, ainsi que le maillot de bain que je portais.

Je n'avais plus qu'une chose à faire : joindre le producteur Gérard Sayaret, qui se trouvait au théâtre, et lui demander deux cachets d'avance pour aller en ville me reconstituer une tenue de scène.

À Dakar, j'ai rapidement acheté une chemise noire, des chaussures noires, un jean noir et des chaussettes noires... À mon retour au théâtre, deux gendarmes m'attendaient : on avait retrouvé mon passeport par terre dans un supermarché.

Je leur ai raconté l'histoire du faux journaliste de Radio Dakar : l'un d'eux m'a avoué que ce n'était pas la première fois que cet individu sévissait.

Malgré cette petite péripétie, le concert s'est bien passé. Le public était très chaleureux. À l'entracte, un vrai journaliste est venu dans ma loge, faire une photo avec la famille du président de la République d'alors, Léopold Sedar Senghor. Je lui ai demandé s'il avait déjà entendu parler du faux journaliste : « Oh, oui ! Il fait souvent ce coup !

— On n'a jamais pu le prendre sur le fait?

— Non, hélas! C'est un kleptomane; il a déjà fait des séjours à l'hôpital psychiatrique. On ne sait jamais de quoi il est capable... »

Nous sommes ensuite allés sur la plage où un petit orchestre jouait tandis que nous buvions des jus de fruits frais. Quand j'ai voulu bavarder avec Françoise, je me suis aperçu que ses yeux étaient pleins de larmes et qu'elle détournait son joli visage pour me cacher sa peine. J'ai pensé que le tour de chant l'avait inquiétée. Elle venait pourtant d'être acclamée et d'émouvoir par sa beauté, sa voix et sa présence si rares, toute une jeunesse qui n'avait d'yeux que pour elle. Je lui ai parlé de tout ce que j'avais ressenti durant son concert : l'intelligence de ses chansons, son élégance naturelle, tout ce qui, une fois de plus, avait conquis son public.

Françoise est d'un caractère très vrai. Et, très simplement, comme elle seule pouvait le dire, elle m'a confié qu'elle souffrait de ce que Jacques lui manquait terriblement. Ces grands voyages les séparaient d'une façon trop cruelle. Elle ne supportait pas de penser que le lendemain, elle allait devoir chanter à Abidjan, puis à Libreville, puis à Kinshasa, puis à Douala, Cotonou, Yaoundé... En pensée, elle appréhendait tous ces bagages à défaire et à refaire, ces chambres d'hôtel tropicales au cœur de nuits de solitude, cet environnement qui lui était étranger... Elle a ajouté que la scène n'était pas quelque chose de bénéfique pour elle, mais plutôt une expérience qui, loin de l'aider à se construire, la démolissait. C'était cela qui faisait peur à Françoise, si fragile et si forte à la fois.

Après quelques semaines, qui ont été très difficiles pour elle et très plaisantes pour moi, la tournée est arrivée à sa fin. Nous avons décollé de Ouagadougou pour

Orly. Dans l'avion, j'ai offert à Françoise un stylo plume Waterman en argent, en souvenir de ces milliers de kilomètres parcourus ensemble à travers toute l'Afrique. Paris se rapprochait. C'est alors que Françoise m'a annoncé sa décision : « Tu es le dernier ami à m'avoir vue chanter sur scène. J'ai choisi d'arrêter. Je continuerai à écrire des chansons et à les enregistrer, je les chanterai peut-être à la télévision, mais on ne me verra plus sur scène. » J'étais abasourdi. Je pensais sincèrement qu'elle reviendrait un jour sur cette décision injuste, car je ne l'avais jamais vue aussi radieuse et aussi belle que pendant cette dernière tournée. Mais elle avait bien mûri ce choix.

19

« Cette fois, Sylvie et moi, on se sépare », m'a annoncé Johnny par téléphone. Il était catastrophé. Je savais qu'à ce moment-là, en 1972, les choses n'allaient vraiment pas bien entre eux. J'ai fait de mon mieux pour le réconforter : « Ce n'est pas la première fois que vous traversez un orage. Ça peut arriver à tout le monde... Une dispute n'est pas forcément synonyme de rupture...

— Non, je crois que cette fois-ci, c'est vraiment fini. J'ai cette impression. Voilà, je te passe Jean Pons », a-t-il ajouté. À sa voix, sans timbre et sans énergie, je savais qu'il était profondément déprimé. J'ai continué la conversation avec Jean Pons. À l'époque, tout en travaillant pour Bruno Coquatrix à l'Olympia, il était aussi l'agent de Johnny. Ce jour-là, arguant de l'état de déprime de Johnny, Pons m'a demandé de l'accompagner à la Réunion où il devait faire une tournée huit jours plus tard. « Écoute, Johnny n'a pas trop le moral, il aimerait que tu viennes avec lui faire sa première partie. »

Cette proposition ne m'arrangeait pas vraiment : j'avais plein de choses à faire, ma maison près de Houdan était en travaux... Néanmoins, je me suis laissé convaincre. Huit jours plus tard, je prenais l'avion à Orly, avec Johnny qui se trouvait dans un état préoccupant, complètement abattu. Il m'a raconté que Sylvie lui avait préparé sa valise; il l'avait trouvée dans l'entrée de l'appartement, avec un mot lui disant : « Tu vas partir à la Réunion, j'ai préparé ta valise, c'est sans doute la dernière fois que j'ai l'occasion de le faire puisqu'on se quitte... » C'était très dur pour lui. J'étais assis à côté de lui dans l'avion et j'ai bavardé de choses et d'autres, en essayant de le distraire de son chagrin. Lors de l'escale à Djibouti, il se sentait tellement mal que le commandant de bord a accepté qu'il ne sorte pas de l'avion. D'ordinaire, on fait descendre tout le monde pour passer des insecticides; cette fois, Johnny a eu le droit de rester assis. De toute manière, je crois qu'il n'aurait même pas eu la force de se lever.

Durant cette escale, j'ai tenté en vain de joindre Sylvie. Pour finir, j'ai laissé un message pour elle, expliquant où nous étions et lui demandant d'appeler Johnny à l'hôtel Méridien où nous étions attendus à Saint-Denis de la Réunion. C'est ce que Sylvie a fait, et le moral de Johnny en a été quelque peu amélioré. Mais en arrivant, il se trouvait tellement épuisé après ces turbulences émotionnelles que nous avons tous eu le sentiment que les concerts ne tenaient qu'à un fil. Nous avions quitté quelques heures plus tôt un Paris froid et pluvieux et nous nous retrouvions avec une température avoisinant les 40°C. Comme nous tous, son médecin était assez inquiet. Nous lui avons suggéré d'annuler le premier des récitals prévus : il a refusé. Chacun sait que les tours de chant de Johnny ne sont pas de tout repos. Il mène une bagarre très forte devant son public. À vrai dire, on ne devrait même pas parler de tour de chant en ce qui le concerne : il fait plutôt ce qu'on appelle un extraordinaire show. Johnny est toujours allé jusqu'à sa dernière goutte de sueur; je l'ai assez vu dans ma vie pour pouvoir en témoigner. Et je me suis souvent demandé, à la fin de ces shows, comment il allait faire pour se relever et marcher, tant il était allé au bout de ses forces. Or, cette fois, il arrivait déjà vidé, avant même d'avoir commencé.

Nous sommes allés répéter là où nous devions chanter, au stade de Saint-Denis de la Réunion. En plein milieu de sa répétition, Johnny a fondu en larmes et s'est réfugié dans la caravane qui lui servait de loge, après avoir annoncé qu'il songeait à abandonner la chanson. Bref, ça allait de mal en pis. Son médecin et moi, nous avons pris la décision de ne pas le laisser seul une seconde : nous le savions capable de tout. Il devait être environ 18 heures et le concert devait commencer à 21 heures.

Johnny est parti se reposer. À l'heure prévue, j'ai fait mon tour de chant. Le stade était bourré à craquer ; il y avait douze mille personnes. Toute la jeunesse de la Réunion s'était déplacée; ils étaient venus de tous les coins de l'île. Le concert était l'événement du moment. C'était la première fois que Johnny venait chanter dans l'océan Indien, ce qui aggravait presque la situation. Lorsqu'un chanteur se produit pour la première fois dans une ville inconnue, devant un public dont il n'a pas l'habitude, il doit arriver avec un moral d'acier. Et là, nous nous demandions tous s'il n'allait pas craquer avant même le début du concert.

À son tour, Johnny est entré en scène et le public s'est déchaîné. Certains se bagarraient pour arriver au premier rang. La foule bougeait énormément, de façon incontrôlable, malgré toutes les forces de l'ordre qui étaient présentes et s'efforçaient de contrôler la situation. Tout était survolté. Beaucoup de jeunes filles tombaient dans les pommes, poussées contre les barrières jusqu'à l'asphyxie. La police les relevait. De notre côté, nous en ramassions aussi parce que les forces de l'ordre étaient débordées. On les soulevait avant qu'elles étouffent puis on les allongeait à l'écart. Je les revois, étendues par terre, avec des masques à oxygène tenus par les pompiers...

Pendant ce temps-là, sur scène, Johnny a entonné son répertoire habituel. Il a chanté *Noir, c'est noir*, *Si vous allez à San Francisco*, *L'Idole des jeunes*, *Pour moi la vie va commencer*, il prenait sa guitare, il chantait aussi des passages en s'accompagnant lui-même. Il a joué aussi des rocks très enlevés, comme il a toujours su en faire. Il a chanté aussi : « Je t'écris souvent, je pense à toi chaque seconde », la chanson que j'avais composée pour lui quand il était militaire, qu'il s'ennuyait de Sylvie et lui écrivait de la caserne. Et à un moment donné, ça a été plus fort que lui. Pendant que l'orchestre jouait, il s'est arrêté en plein milieu d'une chanson et il a confié au public ce qui se passait avec Sylvie. « Pour moi, c'est bien sûr un grand événement de venir vous voir pour la première fois, mais vous devez savoir que j'ai beaucoup de peine. La femme que j'aime vient de me quitter. Je pense à elle et je voulais vous le dire. J'espère qu'elle m'entend de là où je suis, à la Réunion, et je lui dédie *Que je t'aime*, que je vais essayer de chanter encore mieux que d'habitude. »

Et ce soir-là, il a chanté *Que je t'aime* pratiquement en larmes pendant toute la chanson. Par moments, les sanglots étouffaient sa voix, mais c'était très beau ; l'émotion donnait à la chanson une vérité émotionnelle. *Que je t'aime* en était encore plus émouvante que d'ordinaire. Si on avait voulu le faire exprès, on ne serait pas arrivé à ce résultat, même en travaillant beaucoup. Jusque-là, le public avait chanté les refrains en même temps que lui. En le voyant en larmes sur scène, mais toujours convaincant dans sa façon de chanter, le public a pleuré avec Johnny en reprenant le refrain. Des coulisses, je voyais cela : les jeunes qui avaient de grosses larmes roulant sur leurs joues, en chantant *Que je t'aime.* Ce soir-là, les caméras de télé n'étaient pas présentes. Personne ne se serait attendu à cela, d'ailleurs. Aussi, à part quelques photos, il n'existe guère de traces de ce concert unique auquel j'ai eu la chance d'assister. Mais je suis persuadé que pour tous ceux qui s'y sont trouvés, il reste un moment inoubliable. La fin de sa performance a été invraisemblable : il a été rappelé pendant au moins trois quarts d'heure. Il a fallu faire venir une fourgonnette de la police pour l'emmener parce que les jeunes se battaient à coups de poing pour l'approcher. On lui avait déjà déchiré sa chemise et son pantalon. Il est monté en slip de bain dans le car de police et c'est dans cette tenue qu'on l'a ramené à l'hôtel.

Après ce premier concert, nous avions deux jours de battement avant d'aller chanter au Théâtre du Tampon, dans une autre partie de l'île. Pendant ces deux jours, le médecin de Johnny lui a prescrit un repos total. « Le mieux, c'est qu'on le laisse tranquille. Je veux vraiment qu'il se repose : donc, pas de journalistes, pas d'interviews, pas de photos. Rien ! » On a emmené Johnny dans un petit hôtel dont les patrons avaient ordre de ne laisser entrer personne.

De ce fait, de mon côté, j'ai organisé une expédition qui me tentait depuis un bon moment. J'avais envie de visiter l'île Maurice ; on m'offrait la possibilité d'y aller en voilier. Après avoir demandé à Johnny s'il n'y voyait pas d'inconvénient, j'ai donc décidé d'aller y faire un tour pendant ces deux jours. La traversée a duré environ huit heures et je suis arrivé à Mahébourg alors que la nuit était déjà tombée

Le lendemain, j'ai loué une petite 4L et j'ai commencé par faire un tour à Port-Louis, dont le gouverneur avait autrefois été le fameux Mahé de La Bourdonnais. Je savais que Bernardin de Saint-Pierre y avait été envoyé par Louis XV pour effectuer des études de botanique. Il s'agissait de découvrir ce que l'on pouvait faire pousser sur cette île qui serait utile à la France. Et en arrivant vers Cap-Malheureux, tout à coup, j'ai compris ce qui m'avait incité à venir visiter cette île. Ou plutôt, la mémoire m'est revenue : quand j'étais enfant, ma grand-mère m'avait offert *Paul et Virginie,* le roman de Bernardin de Saint-Pierre, qui m'a profondément marqué. Je l'avais lu dans l'édition Curmer, où l'on voyait les scènes magnifiquement dessinées par le fameux Decourtis, un graveur encore meilleur que Jacques Callot. Je me suis alors souvenu de plusieurs épisodes majeurs du roman : l'enfance idyllique de Paul et de Virginie dans cette île paradisiaque ; leur amour chaste et partagé ; le départ de Virginie pour la France et, pour finir, le naufrage du bateau qui la ramène, sous le regard de Paul qui essaie en vain de sauver sa bien-aimée.

J'étais bouleversé d'être sur les lieux de ce qui constituait tout ce roman de mon enfance. J'ai longuement repensé à ma grand-mère. À Port-Louis, je me suis acheté une édition ancienne du roman de Bernardin de Saint-Pierre, que j'ai eu la chance de trouver chez une libraire formidable. Elle m'a raconté comment Bernardin de Saint-Pierre en était arrivé à écrire ce roman. Envoyé sur ce qu'on appelait à l'époque l'île de France et non encore l'île Maurice, pour créer ce fameux jardin des pamplemousses qu'il a fait par la suite avec Pierre Poivre, il est tombé amoureux de la femme de Pierre Poivre. C'est cette femme qu'on retrouve dans le roman sous le nom de Mme de La Tour, la mère de Virginie.

Je suis rentré à l'hôtel où, après le dîner, j'ai joué un peu de piano. Il était prévu que je reparte le lendemain matin de bonne heure : je chantais le surlendemain et ne pouvais pas courir le risque de ne pas être au rendez-vous. Je commençais à songer vaguement à écrire une chanson à partir de cette histoire. Mais j'étais aussi préoccupé par le prochain concert.

À la Réunion, j'ai retrouvé Johnny. Il n'avait pas eu de nouvelles de Sylvie, mais il s'était reposé et se sentait visiblement un peu mieux. Je lui ai raconté mon voyage, lui ai parlé de Bernardin de Saint-Pierre. J'ai même fini par lui prêter mon exemplaire de *Paul et Virginie*, tant cette histoire l'avait intéressé. Le lendemain matin, nous avons pris notre petit déjeuner ensemble. Johnny avait lu le roman durant la nuit : « C'est vachement beau, a-t-il convenu. Tu vois, il n'y a qu'à cette époque-là qu'on savait écrire de vraies histoires romantiques. »

Dans la matinée, nous sommes allés en hélicoptère voir la Soufrière, le volcan de l'île, qui était alors en pleine ébullition. Cette vision m'a fait assez peur ; je n'avais qu'une hâte, c'était que l'hélicoptère vienne se reposer à l'hôtel. Et le soir même, la deuxième représentation a lieu au Théâtre du Tampon, où il y avait une foule invraisemblable. Ce théâtre était beaucoup plus petit que le stade de Saint-Denis, mais le public qui était présent à Saint-Denis le soir de son arrivée était venu de nouveau au Tampon, situé à dix ou vingt kilomètres. À ceux-là s'ajoutaient les Réunionnais descendus des montagnes. La police était complètement décontenancée ; ils ne savaient plus où donner de la tête. Comme il n'y avait plus de places, mais que le Théâtre du Tampon était à ciel ouvert, comme une arène, tous les gosses étaient montés dans les arbres des alentours avec des trompettes, des tam-tams, tout ce qu'ils avaient pu trouver pour faire du bruit...

J'ai entamé mon tour de chant dans ce vacarme, et c'était une catastrophe. Pendant les deux premières chansons, j'ai tenu bon et réussi à chanter à peu près correctement. Pourtant, certains gamins commençaient à me lancer des branches sur la tête. Mais, à la troisième chanson, ils se sont mis à crier : « Johnny ! Johnny ! » Je n'entendais plus l'orchestre qui m'accompagnait. Je n'ai pas insisté, je leur ai dit : « Écoutez, je crois que vous avez raison. Moi-même, je serai très content de l'entendre. Je pense donc que je vais écourter. À la demande générale, c'est l'entracte, et place à celui que vous attendez tous, notre ami Johnny. » Je suis alors sorti de scène, et j'ai vu les organisateurs qui regardaient leur montre, effarés. J'étais censé chanter huit chansons, à la troisième je ne pouvais plus rien faire. De son côté, Johnny n'était pas encore arrivé au théâtre, ce qui était normal. Il savait que j'avais ma première partie à faire ; ensuite, il devait y avoir l'entracte... Il se disait qu'il avait le temps. Mon tour de chant, qui devait initialement durer trois quarts d'heure en avait à peine duré un. Je n'étais pas du tout vexé : ils n'avaient rien contre Jean-Jacques Debout, mais je n'étais pas le mobile de la soirée. Celui qu'ils voulaient voir, dans l'impatience et dans la fièvre, c'était Johnny. Après le premier soir où ils avaient tous pleuré en même temps que lui, ils étaient revenus à la fois pour pleurer de nouveau avec lui et pour le consoler.

L'ambiance était surchauffée. Heureusement, Johnny a fini par arriver. Il n'était évidemment pas prêt : on lui a passé en vitesse son costume de scène, puis on a fait signe à l'orchestre de commencer, pour calmer un peu les gens. Dehors, on aurait dit qu'un cyclone se préparait, avec les cris du public et les branches brisées qui atterrissaient sur la scène. Quand Johnny est apparu en public, on a entendu des clameurs incroyables. Il n'a pas pu chanter tout de suite, tant il y avait de bruit. Lui-même n'entendait pas l'orchestre, qui jouait pourtant fort. Il les a laissés crier, le temps qu'ils se calment un petit peu. Puis il a fait son *one-man show*. Et ce soir-là encore, le public chantait en même temps que lui ; par moments, j'avais l'impression d'être à une messe. Il y avait l'ambiance des grands gospels, c'était extraordinaire. On voyait tous ces gosses qui étaient montés dans les arbres, en dehors du théâtre ; certains se trouvaient à près d'un kilomètre. Il y en avait dans la montagne, dans tous les coins. J'ai pensé au moment où le Christ a suivi son chemin de croix : les Évangiles racontent que les gens étaient massés partout pour le voir passer. Ce soir-là, je pouvais très bien imaginer la scène et je me suis dit que sur le Golgotha, il ne devait pas y avoir plus de monde qu'autour du Théâtre du Tampon pour voir Johnny.

Après le gala, comme le premier soir, la police a fini par ramener Johnny en panier à salade. Un dîner de gala était prévu à Saint-Denis dans un grand hôtel, avec les organisateurs, le maire de Saint-Denis et Michel Debré, qui était à l'époque le député de la Réunion. Je garde de cette soirée un souvenir formidable. Devant nous, des pêcheurs sortaient de la mer des langoustes qu'ils faisaient cuire au barbecue ; ils nous les donnaient ensuite à déguster avec du punch. Les orchestres jouaient et un grand nombre de petites Réunionnaises, plus belles les unes que les autres, chantaient les chansons de Johnny avec des colliers de fleurs autour du cou... J'étais comme dans un rêve.

Par moments, il y avait quelques bagarres : Johnny a toujours suscité des rixes, je ne sais pas pourquoi. Sa présence rendait le monde hystérique. Il suffisait qu'un policier repousse un jeune en disant : « Non, à partir de cette limite vous n'avez plus le droit de passer », et tout à coup il y avait une échauffourée.

Quand nous avons pris l'avion du retour, Johnny était en meilleur état qu'à l'aller. Il ne parlait plus de Sylvie, mais je sentais qu'il avait désormais l'espoir que ça s'arrange. Du reste, c'est ce qui s'est produit. Ils se sont réconciliés à Paris, avant de se séparer à nouveau, plus tard.

Pour ma part, dans l'avion, je m'étais mis à l'arrière. Mon petit magnétophone à la main, j'ai commencé à fredonner les paroles d'une nouvelle chanson : « Pour un jour, une nuit, redeviens Virginie... »

À un moment donné, Johnny s'est approché de moi et m'a demandé ce que je faisais. « Je suis en train d'écrire une chanson sur l'histoire de Paul et Virginie. Je compare Virginie à une fille d'aujourd'hui et le garçon se souvient du grand amour de Paul pour elle. » Je lui ai fait entendre ce que je venais d'enregistrer. Sa réaction est allée au-delà de ce que j'aurais pu imaginer : « C'est formidable ! Qu'est-ce que c'est beau ! Il faut vite que tu l'enregistres en arrivant à Paris. Tu me donneras le disque. Tu verras ce que j'en ferai ! »

Quand j'ai eu terminé l'enregistrement de *Redeviens Virginie*, je l'ai donc appelé. Je suis allé le voir là où il habitait, place du Président-Wilson, en face du musée d'Art moderne. Dans son appartement, il avait une salle de musique qu'il avait fait faire exprès. Je lui ai alors donné à écouter ma chanson. C'est là que j'ai vu, une fois encore, ce que valait l'amitié de Johnny : il a mis le disque dans son blouson, il est monté sur sa moto et il est parti. Par la suite, j'ai su qu'il s'était rendu à RTL, sans rendez-vous, qu'il avait débarqué dans le bureau de Monique Lemarcy en disant : « Monique, il faut écouter cette chanson, *Redeviens Virginie*. D'abord parce qu'elle est magnifique. Ensuite, parce que je voudrais tellement que Jean-Jacques rechante ! Tu le connais comme moi : il n'a jamais eu vraiment confiance en lui. Voilà pourquoi je t'apporte cette chanson : il faut que quelqu'un le défende, que quelqu'un défende cette chanson. »

Monique a écouté le disque et a répondu . « Johnny, je ne te remercierai jamais assez de m'avoir apporté cette chanson. » Dès le lendemain, elle la programmait sur RTL. Très rapidement, France Inter et Europe 1 ont suivi. Ce n'étaient pourtant pas des radios qui se précipitaient sur mes disques pour les passer. Mais là, on touchait au fameux mystère du succès : certaines œuvres ont de la chance, d'autres en ont moins. *Redeviens Virginie* n'en a pas manqué. Le disque s'est vendu à 900 000 exemplaires et il est évidemment devenu très populaire à l'île Maurice, à la Réunion et dans toutes les îles.

Plusieurs années après, comme j'étais toujours inspiré par cette merveilleuse histoire d'amour entre Paul et Virginie, j'en ai tiré une comédie musicale que j'ai mise en scène avec Régis Santon au Théâtre de Paris, rue Blanche, et qui a connu un vif succès.

Pour jouer Virginie, j'ai choisi une jeune fille que j'avais vue en photo dans le catalogue des 3 Suisses. En appelant la rédaction du catalogue, j'ai réussi à me procurer son numéro de téléphone et je l'ai appelée. « Vous savez, m'a-t-elle répondu modestement, je ne chante pas, je ne suis pas comédienne... » Elle s'appelait Claire Keim. Elle a été une Virginie remarquable et a fait ensuite une belle carrière au cinéma, au théâtre et à la télévision.

20

L'île de Ré a été très importante pour moi, parce que j'y suis allé à différentes époques de ma vie. J'y ai tout d'abord passé des vacances avec mes parents, en 1954. J'allais souvent chercher des coquillages à marée basse et, sur la plage, j'ai fait la connaissance d'un garçon plus jeune que moi, qui s'appelait Olivier Despax. Il jouait déjà de la guitare comme un dieu et j'ai formé avec lui un petit orchestre dans lequel je jouais de la clarinette avec l'instrument que Jacky avait volé pour moi.

Nous faisions ainsi danser toute la jeunesse de l'époque en vacances, la nuit, dans un blockhaus éclairé par des bougies qui se trouvait du côté du phare des Baleines. Tous venaient là, à vélo, en scooter ou en mobylette ; nous nous retrouvions pour danser au rythme des airs de jazz.

Mon beau-frère Pierre Verdier possédait une entreprise de transports sur l'île de Ré et connaissait très bien le maire. C'est par lui que j'ai eu mon premier espace de liberté : un moulin au Morinant, qui n'avait plus d'ailes, que je louais trois cents francs par an. Dans ce moulin dont il ne restait plus que la tour, j'avais installé un lit sur la meule du troisième étage. Quand j'en avais assez de voir la mer depuis mon lit et que je voulais une vue sur le village, je tournais la meule et mon lit tournait en même temps. Je me lavais dehors, à l'eau du puits. Le soir, j'organisais là de petites soirées éclairées avec des lanternes parce qu'il n'y avait pas d'électricité. Je jouais alors de la clarinette avec Olivier. À nos soirées participaient, outre la jeunesse de l'île, le poète Georges Hugnet et sa femme Myrtille, Giacometti, qui résidait occasionnellement sur l'île, le peintre Chapelain-Midy... Ce moulin a été le repaire de tous les fous de l'île de Ré.

J'avais déniché une voiture d'occasion, que je conduisais sans permis, naturellement. C'était une vieille Amilcar de course ; je devais me lever et me cramponner au volant pour freiner, sinon je rentrais dans le décor, mais je n'allais pas vite. Mon beau-frère, qui, outre son entreprise de transports, avait aussi un garage, entretenait la voiture des gendarmes de l'île. Il leur avait dit : « Si vous voyez mon jeune beau-frère au volant de cette vieille Amilcar, fermez les yeux. Il ne dépasse pas le dix à l'heure... » Les gendarmes faisaient donc comme s'ils ne m'avaient pas vu. C'est comme ça que j'emmenais à la plage des Baleines tous les copains que je rencontrais. Je me souviens de ces années-là comme d'une époque bénie.

C'est à cette même période que j'ai rencontré Georges Hugnet, un ami d'André Breton, avec lequel il avait créé le mouvement Dada. Georges était d'ailleurs le rédacteur en chef du journal *Dada*. Il avait une charmante maison à Saint-Martin-de-Ré, avec un potager dans lequel se trouvaient des sculptures contemporaines : l'une de Giacometti, d'autres de Jean Arp. Il recevait régulièrement chez lui Lise Deharme, Jean Hugo, Valentine Hugo, Dora Maar ; cette dernière illustrait ses livres.

Je me souviens d'un soir où Giacometti a voulu voir le phare des Baleines en pleine nuit ; nous sommes donc sortis pour l'accompagner. Sur la plage, il y avait de grosses vagues, une mer démontée balayait le phare. « Ça m'inspire ! » a dit Giacometti. Et le lendemain, avec du plâtre, il a réalisé une vision qu'il avait eue cette nuit-là. Nous sommes ensuite allés réveiller un homme nommé Plédo, qui avait un tout petit bar non loin de là. Georges Hugnet a ramassé des graviers et les a lancés contre la fenêtre de la pièce où Plédo dormait : c'était le code pour dire qu'il y avait des clients. Il était environ 1 heure du matin. Plédo est descendu ; il a allumé la lumière dans sa petite baraque, sorti du réfrigérateur des huîtres, des oursins, du muscadet glacé. Nous nous sommes mis à table, et avons bavardé jusqu'à 2 ou 3 heures du matin.

Moi, qui avais quatorze ans et quelques, je ne me rendais pas compte de la chance formidable que j'avais. À l'époque, je considérais Georges Hugnet, Giacometti, Arp comme des copains. Je leur parlais comme si je les avais toujours connus et eux me répondaient comme on s'adresse à un gosse. Aujourd'hui, quand je revois les œuvres de tous ces grands artistes, y compris celles de Georges Hugnet dont les collages n'ont plus de prix à New York, je me rends compte de la chance que j'ai eue de rencontrer tous ces artistes magnifiques.

C'est aussi à l'île de Ré que j'ai connu Jean-Loup Dabadie, qui devait devenir un ami fidèle. Il fait partie des gens qui se sont trouvés sur ma route. Maintenant qu'il est académicien et qu'on lui consacre les grandes émissions de télévision qu'il mérite, quand je pense à tous les films qu'il a écrits, je me dis que la vie valait la peine d'être vécue pour rencontrer les beaux esprits et les grands artistes que j'ai croisés ou côtoyés. Même s'il m'arrivait le pire demain, je pense que je partirais sans rien regretter, parce que j'ai eu la chance dans ma vie de rencontrer des gens incomparables et formidablement intéressants, comme aussi à Ré Jean-Claude

Casadesus qui a joué dans mes premières séances d'enregistrement.

Par la suite, devenu adulte, j'ai voulu faire découvrir l'île de Ré à Chantal, Jean-Paul et Clarisse. J'avais loué une maison, sans tenir compte du fait qu'elle se trouvait devant un camping. Tous les matins, dès 7 heures, on entendait : « Mme Molard est priée de venir à la réception du camping où l'attend son courrier; un colis est arrivé pour M. Bouchot. » Chantal me disait : « C'est bizarre, on entend un haut-parleur qui appelle des gens pour leur courrier. Tu crois qu'on va pouvoir passer un mois avec les enfants réveillés si tôt? » Pour sa part, elle n'en était pas gênée parce qu'elle avait l'habitude de se réveiller de bonne heure pour donner le petit déjeuner aux enfants, mais moi, je devenais fou.

Heureusement, pendant ce séjour, j'ai rencontré le photographe Marc Hispar, avec lequel j'ai vraiment sympathisé. Il avait acheté une Phantom III – c'est-à-dire une Rolls-Royce plus grande que celle de la reine d'Angleterre –, qui n'avait plus d'âge. Quand il venait nous voir à la maison, dans sa Rolls, au milieu du camping, les gens avaient l'impression que la reine venait nous rendre visite. Ça avait un côté surréaliste. Nous sortions presque tous les soirs avec Marc et sa femme pour nous changer les idées, pour oublier les haut-parleurs qui appelaient toute la journée M. ou Mme Untel, ou les parents Trucmuche, parce qu'il y avait toujours des gosses qui partaient sur la plage ou qui se baignaient trop loin. Quand nous étions sur la route, les routes étaient tellement peu larges – ils les ont un peu agrandies depuis, mais, à l'époque elles étaient très étroites – que nous mettions parfois une heure et demie avant d'arriver à Saint-Martin parce qu'il était impossible de doubler et, derrière la Rolls, il y avait une file terrible de voitures qui klaxonnaient.

Je crois que ce furent les vacances les pires et les plus drôles qu'on ait passées. De ce fait, à la fin de l'été, j'ai acheté une maison à Saint-Martin-de-Ré, que nous avons gardée pendant huit ans.

Dans cette maison, nous avons passé des Noëls avec Johnny, Sylvie et David qui était alors tout petit. Une année, pour le réveillon, Sylvie nous avait préparé une dinde qui était tellement grosse que le lendemain il en restait plus de la moitié. Nous en avons donc remangé et, le surlendemain, il en restait encore, si bien que Johnny s'est tout à coup énervé : « Il y en a marre de manger de la dinde ! Je n'en peux plus !

— Moi aussi, mais qu'est-ce que tu veux ? Cette dinde est tellement énorme qu'on ne sait plus quoi en faire ! » a répondu Sylvie.

Chantal a pris les restes de dinde et les a jetés à la poubelle. Sur ce, Johnny nous a tous invités à dîner au restaurant. Notre voisine, une dame très gentille, gardait les enfants et nous sommes partis dîner au fameux Richelieu, qui venait d'ouvrir, à La Flotte-en-Ré, chez Léon Gendre. À notre arrivée au restaurant, le maître d'hôtel nous a distribué les menus en disant : « On a une dinde formidable.

— Surtout pas ! a répliqué Johnny. On est venus parce qu'on ne veut plus entendre parler de dinde ! »

Johnny aimait beaucoup venir sur l'île durant l'hiver et il m'avait demandé de lui trouver un logement à acheter. J'avais entendu parler d'une maison qui se trouvait à Saint-Martin, qui était vendue aux enchères dans un lot comprenant aussi deux magasins de chaussures. Ayant eu l'approbation de Johnny, je suis allé à la vente à La Rochelle et ai acquis la maison et les magasins pour quinze mille francs. Johnny a envoyé le chèque au notaire, mais il n'est jamais venu. Il commençait à s'installer à Saint-Tropez et a abandonné l'idée de restaurer cette maison. Quand il s'est séparé de Sylvie, il l'a donnée à David, puis David l'a donnée au notaire pour qu'il la vende. La maison a été rachetée par un architecte qui a tout rénové, et entre les deux magasins, le clos et la maison, il y a à peu près trois ans, le tout s'est revendu très cher. Ce qui m'a fait dire à Johnny : « Tu vois, je ne t'avais pas conseillé une mauvaise affaire ! »

Je me souviens d'une autre année où nous avons passé là des vacances rocambolesques. J'avais invité le scénariste Paul Gégauff, qui était un garçon charmant, sauf lorsqu'il buvait. Lorsqu'il était pris de boisson, ce qui arrivait de temps à autre, il pouvait devenir agaçant.

Je l'avais fait sans demander son avis à Chantal au préalable et Paul était arrivé avec ses enfants et une femme que personne ne connaissait. Cette femme était très fragile nerveusement; elle piquait des crises de nerfs incroyables, traversait le jardin toute nue, grimpait aux arbres dans la même tenue, devant les voisins et les enfants... Il paraît que les îles peuvent avoir cet effet-là sur les gens et, à l'époque, l'île de Ré n'était pas encore reliée au continent. Paul essayait de la maîtriser, ce qui n'allait pas sans heurts... Après plusieurs scènes de ce genre, Chantal n'attendait qu'une chose : que Paul ramène à Paris cette femme et ses enfants. Lui ne voulait pas s'en aller... Nos vacances étaient complètement gâchées, mais surtout, cela aurait pu être bien pire... Quelques années plus tard, nous avons appris une triste nouvelle : Paul et cette femme étaient partis en Suède pour d'autres vacances. Et tandis que Paul faisait du feu dans la cheminée pour le réveillon de Noël, cette femme lui a donné un coup de couteau qui l'a tué.

Chantal en a bien évidemment été très choquée, comme moi, du reste. « Tu imagines ? Si c'était arrivé devant les enfants ? Avant d'inviter les gens en vacances, tu devrais un peu te renseigner », me reprochait-elle gentiment.

21

Du jour où j'ai connu Barbara, je n'ai pas cessé de l'aimer, comme artiste et comme femme. Je l'aime encore aujourd'hui, alors qu'elle n'est plus là. Mais ma relation avec elle a été ponctuée de brouilles et de raccommodements.

Je l'ai rencontrée au cabaret L'Écluse, à Saint-Michel, en 1957 ou 1958. J'étais coursier aux Éditions Breton et je commençais à chanter dans de petits cabarets. À partir de ce moment-là, je suis allé la voir chanter presque tous les soirs pendant six mois. J'y allais avec ma petite amie de l'époque ; nous parlions ensemble jusqu'à des heures indues. Cette belle amitié a duré jusqu'au jour où j'ai vu l'homme qui l'accompagnait alors. Il lui parlait grossièrement et elle le laissait dire. Barbara envisageait d'aller vivre avec lui. Pourtant, je ne la sentais pas à l'aise en sa présence, et je sentais aussi que je la gênais dans ces moments-là. Un jour où cet homme était absent, je n'ai pas pu me retenir de dire : « Je ne sais pas ce que tu trouves à ce garçon.

— Tu ne peux pas comprendre, m'a-t-elle répondu. Quand on a aimé un homme, on croit que c'est fini, alors que, parfois, ce n'est pas le cas. » Puis elle a ajouté : « Et moi, est-ce que je m'occupe de tes petites amies ? »

Je n'ai pas bien compris pourquoi elle m'a dit ça. Je venais souvent la voir à L'Écluse avec ma petite amie, qui l'aimait beaucoup. Du coup, j'ai perdu l'habitude d'aller la voir chanter. Elle prenait de mes nouvelles par Léo Noël, le patron de L'Écluse, qui jouait de l'orgue de Barbarie et que je voyais aux Éditions Breton l'après-midi parce qu'il était proche de Raoul Breton. Elle en demandait aussi à Moustaki, avec qui elle était très liée. Mais nous n'avons pas renoué pour autant. Quinze années ont passé sans que nous reprenions notre relation. Il nous est pourtant arrivé de nous croiser : je me souviens d'une émission de Raoul Sangla où nous avons été invités tous les deux et où je l'ai revue avec une profonde émotion. À cette époque-là, elle passait à Bobino, en première partie de Georges Brassens. Elle m'a fait observer que c'était dommage de ne plus nous voir, puis m'a fait promettre de venir la voir à Bobino. Et sans que je sache vraiment pourquoi, je n'y suis pas allé. Il n'y avait aucune volonté délibérée d'entretenir la brouille de ma part, mais ça ne s'est tout simplement pas fait. Elle m'en a voulu. Il faut dire qu'à l'époque, toutes les critiques de son tour de chant étaient dithyrambiques. Elle aurait voulu que je voie cela, que je sois le témoin de son évolution, moi qui l'avait connue à L'Écluse. Elle aurait aimé que je la voie triompher dans l'un des plus mythiques music-halls de Paris.

Moi, entre-temps, j'avais commencé à écrire pour Sylvie et pour d'autres interprètes, à préparer les *Numéro 1*... En 1969, elle a fait ce fameux Olympia, qui a été sa grande consécration. Elle était accompagnée par le grand orchestre de Michel Colombier et le public a découvert alors qui elle était vraiment, quelle immense artiste était Barbara. À l'Olympia, en revanche, je suis allé la voir et ma venue lui a fait vraiment plaisir. À cette occasion, elle m'a invité à dîner avec elle à La Cafetière, un restaurant en face de l'Alcazar, rue Mazarine. Nous avons discuté de choses et d'autres ; j'ai raconté où j'en étais. « C'est bien gentil tout ça, m'a-t-elle dit alors. Tu écris pour la télévision, pour les autres, mais tu devrais reprendre le tour de chant. » Sur le principe, j'étais d'accord avec elle, mais, concrètement, ce n'était pas si simple : « Tu sais, ai-je expliqué, il m'est difficile d'être dans les studios, d'écrire pour les autres et de chanter en parallèle. Pourquoi ne pas être aussi chef de rayon à la Samaritaine, par-dessus le marché ? » Personnellement, j'avais plus ou moins fait une croix sur ma carrière d'interprète. Après avoir souri et convenu que cela faisait beaucoup, elle m'a fait une offre inattendue. Un mois plus tard, elle devait aller chanter à La Tête de l'art, un cabaret très chic, où beaucoup d'artistes allaient après être passés à l'Olympia. Et elle m'a dit : « Tu vas faire ma première partie à La Tête de l'art. Tu vas chanter tes chansons, je te dirai dans quel ordre les présenter. » C'est ainsi que j'ai repris du service en tant qu'interprète. Pendant deux mois, je suis passé à La Tête de l'art, et nous avons repris notre relation amicale. Pour moi, la période était très intense : je continuais à écrire pour les *Numéro 1*, j'écrivais beaucoup aussi à cette époque-là pour Sylvie et je commençais pour Chantal.

Et quelques mois après La Tête de l'art, elle m'a appelé au téléphone : « Je devais partir avec Serge Reggiani pendant deux mois en tournée dans tout le Canada. Mais Reggiani ne viendra pas. Est-ce que tu veux le remplacer ? Il s'agit de chanter à Montréal à la Place des Arts et au cabaret Le Patriote. » Elle s'était fâchée avec Reggiani à la dernière minute. « Je ne le verrai plus de ma vie », m'a-t-elle annoncé. Moi qui aimais beaucoup Reggiani, je ne comprenais pas du tout. Je lui ai fait part de mes doutes. Ce que je chantais allait-il plaire aux Canadiens ? Étais-je à la hauteur ? Sa réponse a été à son image : entière et passionnée. « Je veux absolument que tu viennes et on part dans trois jours. »

Pour le coup, j'étais stupéfait. J'avais énormément de choses à faire ; je ne pouvais pas me décider ainsi. « Tu te débrouilles ! m'a-t-elle dit. Sinon, je ne te revois plus, je ne te parle plus. Et dis-toi bien que si tu ne fais pas le Canada avec moi, tu ne rechanteras plus jamais. Alors, réfléchis bien. Je te rappelle demain, en fin de matinée, et tu devras me donner ta réponse. »

Comme sa tournée canadienne devait avoir lieu en juin et en juillet, il n'y avait plus de *Numéro 1* programmés à cette époque. J'ai donc réfléchi toute la nuit, demandé son avis à Chantal. Celle-ci trouvait que la proposition de Barbara était à mon avantage. Elle m'a incité à accepter.

Quand Barbara m'a rappelé le lendemain, j'étais toujours très hésitant. Je me demandais surtout comment le public canadien allait m'accueillir. Elle avait besoin d'une réponse immédiate parce qu'il fallait mettre le nom de la première partie sur les affiches. Je lui ai donc dit que j'acceptais sa proposition. Mais je ne savais même pas ce que j'allais chanter. « C'est pas grave, m'a-t-elle répondu. Je t'ai fait réserver une place à côté de moi dans l'avion. Tu répéteras pendant le voyage. » Il fallait chanter le soir même, en arrivant. Voilà comment je me suis retrouvé embarqué dans cette aventure, moi qui avais décidé que j'allais désormais me contenter d'écrire et de faire chanter les autres. C'est à cause de Barbara, ou, devrais-je dire, grâce à elle, que je suis à nouveau monté sur une scène.

La tournée a commencé au Patriote, à Montréal. Là, Barbara s'est mise en devoir de m'aider à m'améliorer : « Arrête de regarder tes chaussures quand tu chantes, il faut regarder le public en face. » J'avais envie de rire, mais je me retenais car elle était très sérieuse. Pour sa part, quand elle chantait le soir, elle arrivait à 14 heures dans sa loge ; elle se préparait, elle se concentrait. Elle était un peu comme un torero qui va prier dans l'arène avant la corrida. La chanson était pour elle une mystique ; moi, dix minutes avant d'entrer en scène, je racontais encore des blagues. Voilà pourquoi elle voulait me convertir à sa façon de faire. Cela excepté, nous nous entendions très bien.

Tous les matins, je frappais à la porte de sa suite, dans laquelle elle avait fait installer un piano. Avant mon départ, j'avais dîné avec Marlène, qui m'avait dit : « Puisque vous partez en voyage avec cette femme, que j'admire beaucoup, profitez-en tous les deux pour m'écrire une belle chanson. » Dans l'avion, j'avais rapporté ces propos à Barbara, qui avait été enthousiasmée à l'idée d'écrire pour Marlène. Tous les matins, nous travaillions donc ensemble. C'est ainsi que nous avons composé la chanson qui s'appelle *C'est trop tard* : « C'est trop tard pour verser des larmes maintenant qu'ils ne sont plus là... Car c'est du temps de leur vivant qu'il faut donner à ceux qu'on aime... » J'écrivais la musique tandis qu'elle se chargeait des paroles. En quelques jours, nous avons ainsi mis au point cinq chansons destinées à Marlène.

Après Le Patriote, nous avons enchaîné les représentations à la Place des Arts, une immense salle de Montréal. Le premier soir, nous étions invités à dîner par l'organisateur dans un restaurant appelé Chez son père, pour fêter l'anniversaire de Barbara. Il faisait une chaleur invraisemblable ; de ce fait, après avoir chanté, j'ai prévenu Barbara que je passais à l'hôtel prendre une douche. Nous étions convenus de nous retrouver au restaurant. Quand je suis sorti de la Place des Arts par l'entrée des artistes, un homme s'est approché de moi et m'a demandé : « C'est toi, Jean-Jacques Debout ? » J'ai répondu par l'affirmative.

Il m'a alors attrapé sous les bras et m'a jeté dans une auto américaine arrêtée devant la porte. Je me suis retrouvé à l'arrière d'une voiture noire, avec des vitres fumées. À côté de moi se tenait un homme avec un passe-montagne qui lui recouvrait tout le visage et des lunettes de soleil. Il ne parlait pas. Celui qui m'avait mis dans la voiture conduisait et l'homme au passe-montagne lui disait en modifiant sa voix : « Fonce ! Fonce ! J'ai toute la police au cul, fonce ! »

Puis, comme le chauffeur n'allait pas assez vite, il s'est penché en avant et a commencé à lui assener des claques depuis la banquette arrière. La voiture zigzaguait. Nous nous trouvions sur la rue Sherbrooke, qui est un peu les Champs-Élysées de Montréal, avec des magasins de mode, des bijoutiers, toutes leurs vitrines allumées. J'ai cru que la voiture allait percuter une vitrine. Je ne comprenais pas ce qui m'arrivait. J'étais positivement effaré.

Quelques jours auparavant, nous avions donné, Barbara et moi, une série d'interviews pour la télé et la radio. Je me suis imaginé alors que j'avais dû dire une bêtise, quelque chose qui avait offensé un Canadien. J'ai également envisagé que mes chansons ne plaisaient pas. Je ne savais pas quoi penser pour justifier cette situation folle dans laquelle je me trouvais. Puis la voiture est sortie de Montréal ; nous nous sommes enfoncés dans la campagne. Je me souviens d'une croix allumée dans la nuit, mais j'étais incapable de me repérer. Pour finir, la voiture s'est arrêtée devant une petite auberge complètement isolée. Et tout à coup, le personnage au passe-montagne m'a ordonné de sortir. Je me suis exécuté. « Tourne-toi. »

Je n'en menais déjà pas large, mais, à ce moment-là, j'ai cru que ma dernière heure était arrivée. Je pensais que j'allais prendre une balle. Je tremblais, je n'osais même pas parler. Et en même temps, je commençais à avoir comme une intuition de ce qui se passait. L'homme a répété : « Maintenant, retourne-toi ! » J'ai obéi, et je l'ai vu retirer son passe-montagne. Ses lunettes sont tombées par terre et c'est alors que je l'ai reconnu. Jacky, Jacques Mesrine, me regardait d'un air satisfait.

« Jacky ! Qu'est-ce que tu fais là ! C'est toi qui m'as fait ça ! J'ai failli avoir une crise cardiaque, tu te rends compte ! Je pensais que ma dernière heure était vraiment arrivée !

— Ouais, mais tu comprends, j'ai toute la police au cul, Interpol qui me recherche... »

Tandis qu'il parlait, je remarquais à quel point il avait changé ; il avait au visage des cicatrices que je n'avais jamais vues. Je n'avais pas croisé Jacky depuis fort longtemps. Depuis des années qu'il était en cavale, je recevais de temps à autre une lettre de lui, mais j'ignorais complètement qu'il se trouvait à Montréal. Il était déjà recherché par toutes les polices du monde. En France, il avait commencé par un crime d'amour : il était tombé amoureux d'une prostituée qui travaillait au Sans-Souci. Cette fille était maltraitée par son souteneur, ce que Jacky n'avait pas supporté. Il avait donc donné rendez-vous un jour à ce malfrat dans l'auberge de sa tante, qui se trouvait au milieu de la forêt de Compiègne. L'auberge était fermée, il n'y avait personne. Il avait attiré le souteneur au pied d'un arbre en lui promettant de lui montrer quelque chose d'étonnant. Au pied de l'arbre, il y avait une pelle. « Creuse ! » avait dit Jacky. L'homme avait compris que Jacky avait l'intention de le tuer et c'est ce qui s'était passé. Jacky avait été envoyé en prison à Orléans. Il avait ensuite quitté la France et entamé d'autres aventures. Son dernier exploit avait consisté à s'évader d'une prison canadienne située à la frontière américaine ; à cette occasion, il était soupçonné d'avoir étranglé trois gardes forestiers. C'est dire s'il était recherché.

« Hier, m'a-t-il expliqué, je suis passé devant le théâtre de la Place des Arts en voiture, avec mon homme de main. Je ne peux pas sortir, si jamais on me reconnaît c'en est fini de ma liberté. Mais j'avais trop envie de te voir. Je m'emmerde ici, j'avais envie de passer une bonne soirée avec toi. J'ai donc dit à mon homme de main d'aller t'attendre à la sortie des artistes. Ce n'est qu'en t'enlevant que je pouvais passer un petit moment avec toi. »

Il m'a pris par l'épaule et m'a fait entrer dans l'auberge, qui s'appelait Chez Clairette. « Je vais te faire une surprise : la fille qui tient la boîte t'a vu débuter quand tu as commencé à chanter chez Patachou, où elle était barmaid. Elle s'est retirée à Montréal. Elle sait que tu vas venir parce que je lui ai dit que je te ferais enlever. Sa spécialité, ce sont les steaks au poivre. » Moi, je ne savais plus quoi dire. Clairette est arrivée, et je l'ai reconnue, bien qu'elle ait triplé de volume depuis l'époque où elle travaillait chez Patachou. Elle m'a pris dans ses bras affectueusement : « Alors, môme ! Comment ça va ! C'est sympa de te voir ! Tu vas voir, je vais te faire un steak au poivre, tu m'en diras des nouvelles ! »

Nous avons pris un verre, nous nous sommes assis à table. Jacky a commencé à raconter qu'il travaillait pour le compte d'un propriétaire de *steak-houses*, qui n'avait plus de jambes depuis un règlement de comptes. « Il est dans une chaise roulante maintenant. Ce serait sympa que tu viennes déjeuner avec lui ; on a une planque vers le lac Saint-Laurent. Il adore la musique ; comme il a un orgue, tu pourrais lui en jouer, ça lui ferait plaisir. »

Dans l'auberge, il y avait un piano sur une petite scène en bois. Tout à coup, Jacky m'a dit : « Ça ferait plaisir à Clairette si tu voulais bien chanter. » Je n'avais rien contre. Jacky a précisé : « Elle aimerait que tu chantes *Les Boutons dorés* parce qu'elle se souvient que tu as débuté chez Patachou avec cette chanson-là. Et moi, ça me rappellera Juilly. Ça me remue à chaque fois que tu la chantes. Du reste, j'ai toujours ton disque dans mes affaires. »

Je suis donc monté sur la scène. Il y avait dans la salle de restaurant plein de gens que je ne connaissais pas. Clairette leur a demandé de parler moins fort ; elle leur a annoncé que j'allais chanter : « Il y a un artiste ici que j'ai vu débuter à Paris ; il va vous chanter une chanson. C'est improvisé, car on ne l'attendait pas. » Je me suis mis au piano. J'ai essayé de régler le micro. La moitié des notes du piano ne remontaient pas. Il y avait une telle humidité que le bois des notes avait gonflé. Après avoir joué, j'étais obligé de remonter la note avec le pouce pour pouvoir la frapper à nouveau. J'ai chanté *Les Boutons dorés* comme j'ai pu. Et au milieu de la chanson, j'ai entendu : « Ah ! Ah ! Pang ! Bing ! Bong ! », et parmi les gens qui étaient assis, il y avait comme une rumeur, certains se levaient, j'entendais des bruits de chaises, des portes claquées... J'ai sauté un pan de la chanson pour arriver plus vite à la fin, je n'ai même pas salué ; je suis descendu de la petite scène en bois et j'ai regagné la table où se trouvait Jacky. Et tout à coup, j'ai vu un type en smoking allongé par terre.

« Mais... qu'est-ce qui se passe ? ai-je demandé à Jacky.

— Tu as vu ?

— Non, que voulais-tu que je voie ? J'avais le projecteur dans la figure ! J'ai entendu des gens crier, voilà tout.

— Tu comprends, m'a-t-il expliqué, ce type était là avec une fille, en train de se bourrer la gueule au champagne. Je lui ai dit une première fois de se taire. Mais comme il en était à sa deuxième bouteille de champagne, j'ai bien vu que j'avais parlé dans le vide. Du coup, j'en ai eu marre, j'ai attrapé la bouteille de champagne et je la lui ai cassée sur la tête. »

Le type avait la tête fendue sur l'avant du crâne. Jacky s'est donc dit qu'il allait la lui recoller et il lui a vidé le seau à glace dessus. La fille qui accompagnait le type hurlait dans l'auberge. Il y avait du sang partout. Clairette est arrivée avec une serpillière et elle a tout épongé. Deux hommes sont arrivés et ont fait sortir le type en smoking... Jacky m'a regardé dans les yeux et m'a dit : « Je suis désolé, mais on ne parle pas pendant que tu chantes. »

Il commençait à se faire tard. « Je vais te ramener à ton hôtel, m'a proposé Jacky. J'ai du travail demain. » Après un dernier verre, nous sommes remontés dans la voiture et Jacky m'a raccompagné à mon hôtel. En partant, il m'a dit : « Je t'appellerai demain. C'est mon bras droit qui te parlera, il te dira : "Jacques de Juilly" et tu sauras que c'est de ma part. Il te donnera l'heure exacte où je passerai te prendre pour t'emmener déjeuner avec mon patron. Et si tu pouvais, j'aimerais beaucoup que tu amènes Barbara. Mon patron adore sa chanson *Dis, quand reviendras-tu*. Il serait ravi de la voir. »

Je suis rentré à l'hôtel complètement étourdi par cette soirée. Pendant ce temps, évidemment, Barbara m'avait cherché partout. Elle m'avait attendu en vain au restaurant Chez son père. Elle avait téléphoné à l'hôtel. Elle était sur le point de prévenir la police, ne sachant pas ce qui m'était arrivé et craignant le pire.

Il y avait une petite taverne dans l'hôtel, avec un pianiste qui jouait des standards américains et français. En rentrant, je suis allé y boire un dernier verre, tout seul. J'avais besoin de reprendre mes esprits après ce qui m'était arrivé. Il devait être 2 heures du matin. Le concierge de l'hôtel s'est approché de moi quand il m'a vu : « Mlle Barbara vous cherche partout ; elle est très inquiète. Elle a demandé que vous l'appeliez tout de suite, dès que vous arriviez. Elle m'a dit qu'elle ne dormirait pas de la nuit sans nouvelles de vous. » J'ai donc téléphoné à Barbara, lui disant qu'elle pouvait dormir tranquillement. J'ai aussi promis de tout lui raconter le lendemain matin, à une condition : qu'elle vienne déjeuner avec moi.

Elle a tout de suite élevé des objections : « Non, tu sais bien que je ne déjeune jamais. Je prends mon petit déjeuner et ensuite je commence à me concentrer pour le soir. Je dîne après le spectacle, mais c'est tout. » J'ai insisté : « Écoute, si tu veux me rendre service, fais-le, je t'expliquerai demain. »

Le lendemain, je lui ai révélé qui était Jacky, avec qui j'avais autrefois servi la messe ; j'ai raconté qu'il était en cavale, qu'il me faisait de la peine, que ça lui ferait plaisir si on allait déjeuner avec lui... Ça ne durerait pas longtemps, son chauffeur viendrait nous chercher, et j'ai conclu en disant : « Barbara, tu ne peux pas me dire non, tu ne peux pas refuser, ce n'est pas possible. »

Elle a poussé un énorme soupir avant de répondre : « Je vais y aller parce que si je n'y vais pas, tu es capable de ne pas arriver à l'heure ce soir et de me faire commencer le spectacle avec une heure de retard. » J'étais enchanté d'avoir remporté cette victoire ; je me disais que nous allions faire plaisir à tout le monde et surtout au pauvre truand cul-de-jatte.

22

À midi pile, le bras droit de Jacky est arrivé avec la voiture dans laquelle il m'avait enlevé la veille. Il s'agissait d'une Lincoln noire, identique à celle dans laquelle Kennedy était mort, à ceci près que celle-ci n'était pas décapotable. Nous sommes montés à l'arrière, Barbara et moi, et nous sommes partis retrouver Jacky. Nous avons longuement roulé vers le Saint-Laurent, dans la forêt, avant d'arriver dans un endroit très isolé ; le chauffeur a arrêté la voiture. Il a ouvert une grille posée à même le sol et a repris sa place au volant. La voiture a passé la grille et est descendue dans un sous-sol. Sur les côtés se trouvaient des portes en fer blindées numérotées. C'était assez impressionnant. Je lui ai demandé ce qui se trouvait derrière ces portes numérotées : « Ce sont des chambres froides où on met la viande pour nos *steakhouses* », m'a-t-il répondu. Puis nous sommes arrivés devant une grande porte vitrée. La voiture a stoppé et nous sommes descendus.

On nous a fait entrer dans une pièce dépourvue de fenêtres et éclairée de spots électriques. J'ai vu l'homme dont Mesrine m'avait parlé, un cul-de-jatte dans un fauteuil roulant ; sur sa chemise, la crosse d'un revolver dépassait du porte-revolver. Jacky était là ; il portait une chemisette à manches courtes, une cravate, et un revolver lui aussi. Il y avait également deux gardes du corps et un orgue électrique. J'ai présenté Barbara à Jacky, qui lui a pris la main et lui a dit avec enthousiasme : « Comme c'est gentil d'être venue ! Je sais bien que vous êtes là pour faire plaisir à Jean-Jacques, mais j'en suis très touché. J'écoute très souvent *Dis, quand reviendras-tu*, parce que j'ai une femme et deux enfants en France. Quand ils me manquent trop, je mets votre chanson. » Barbara était flattée de cet accueil, mais je voyais bien qu'elle se demandait aussi dans quel genre d'endroit nous étions. Jacky nous a présenté son employeur. Puis il a demandé à Barbara si elle accepterait de jouer *Dis, quand reviendras-tu* avant qu'on passe à table. Barbara s'est assise à l'orgue et a joué une version écourtée de sa chanson. Jacky et son patron en ont été très impressionnés.

Ils avaient préparé une très belle table avec une nappe blanche, des verres en cristal, des vins de bordeaux exceptionnels. Je me souviens d'un château-beychevelle qui était une pure merveille. Nous étions là, sous terre, à boire un vin exquis, avec ces deux hommes qui portaient leur revolver et les gardes du corps qui attendaient dans un coin de la pièce... C'était vraiment particulier. À un moment donné, Barbara s'est penchée vers moi et m'a glissé discrètement : « Dis, tu en as beaucoup à me présenter, des amis de ce genre ? »

Jacky m'a demandé des nouvelles de ma mère, puis il a commencé à égrener la litanie des « Tu te souviens ? » : « Tu te souviens de toutes les conneries qu'on a faites au collège ? Et du crapaud ? Et de la fois où j'ai poussé le curé dans la piscine ? Et de la fois où je me suis évadé du collège ? Et le vol de la clarinette ? Tu te rappelles quand on allait à Pigalle voir le film *Une enfant dans la tourmente* ? »

Tout ce que nous avions fait comme bêtises a été mentionné et Jacky a également raconté une histoire qui m'était sortie de l'esprit. À l'âge de quinze ans, nous étions partis en vacances à Hossegor avec la famille Mesrine. À l'époque, il fallait un smoking pour entrer au casino et un soir, tandis que mon père dormait, Jacky avait pris son smoking. Il s'était dessiné une fausse moustache avec un bouchon de champagne brûlé. Muni de l'argent qu'il avait dérobé à sa mère, il avait réussi à entrer ainsi au casino où il avait tout perdu en jouant à la roulette. Du coup, il s'était bagarré avec le croupier, à qui il avait donné un coup de canne sur la tête. Le personnel du casino avait essayé de le coincer, mais en vain. Conformément à son habitude, Jacky avait réussi à s'échapper.

De retour à l'hôtel, il avait remis en place le smoking de mon père, dont la veste avait été déchirée dans la bagarre. Le lendemain, Jacky m'a tout raconté tandis que les gendarmes le cherchaient dans Hossegor. Pendant ce temps-là, mon père accusait ma mère de lui avoir déchiré son smoking et lui faisait une scène, la sommant d'avouer. L'horreur !

Barbara écoutait ça, stupéfaite. De temps en temps, elle me disait : « C'est bien ! Je vais refaire une autre tournée avec toi, parce que tu me fais vivre des choses invraisemblables ! » Elle riait, mais je sentais qu'elle commençait à s'inquiéter. Ensuite, le cul-de-jatte lui a raconté comment il avait perdu ses jambes : il avait racheté des *steak-houses*, en étant plus rapide que la bande adverse, qui lorgnait également dessus. Pour le punir, ils l'avaient attaché sur une voie ferrée juste avant le passage d'un train. C'est Jacky qui avait réussi *in extremis* à le détacher. L'homme y avait néanmoins laissé ses jambes. Jacky n'avait pas réussi à le retirer à temps des rails, mais il lui avait sauvé la vie.

Nous mangions des steaks au poivre accompagnés de frites faites au couteau par Jacky lui-même, qui cuisinait très bien. Il y avait du fromage, de la glace et ces vins de grande qualité. Barbara a mangé très légèrement et n'a pas bu une goutte de vin. Au bout d'une heure, elle a demandé à ce qu'on nous ramène à l'hôtel : « Je suis obligée de repartir parce que je dois me préparer. J'ai des chansons nouvelles, je suis obligée de répéter : si vous pouviez nous raccompagner, avec Jean-Jacques, ce serait très gentil. »

Jacky et son chauffeur nous ont emmenés. Jacky a fait la moitié du chemin avec nous ; il est descendu à une pompe à essence où quelqu'un l'attendait. Le chauffeur nous a laissés devant l'hôtel Lasalle à Montréal. Là, Barbara m'a dit de monter dans sa suite avec elle ; elle avait à me parler.

Quand la porte de sa chambre a été fermée, l'orage s'est abattu sur moi : « Tu ne te rends pas compte, mais je crois que tu es tombé sur ce qu'il y a de pire ! C'est terrible ! Ces gens sont des bandits comme dans *Borsalino* et peut-être même encore pire. Tu te rends compte, te faire enlever comme ça, c'est incroyable ! » Je l'ai laissée dire sans la contrarier, puis je suis retourné dans ma chambre me préparer pour la soirée. Jacky m'avait promis qu'il essaierait de venir nous écouter chanter. Pourtant, il avait pour habitude d'éviter absolument de se montrer. Si jamais quelqu'un le reconnaissait, il était fichu.

De fait, à l'entracte, j'ai vu entrer dans ma loge un homme roux avec une grosse moustache rousse également, habillé tout en noir, avec des fleurs à la main, un très beau bouquet de roses rouges. Le rouquin a ouvert la bouche et j'ai entendu la voix de Jacky me dire : « Les fleurs, je voudrais les donner à Barbara, pour la remercier d'être venue au déjeuner. » Je lui ai expliqué que ce n'était pas évident, compte tenu de ses habitudes : « Avant de chanter, elle ne reçoit personne dans sa loge ;

elle se concentre, elle ne pense qu'à ce qu'elle va faire sur scène. On ne peut pas la déranger, mais si tu veux, on va donner les fleurs à son secrétaire pour qu'il les mette dans l'eau et tu la verras après son tour de chant. » Jacky est resté caché dans ma loge durant l'entracte, puis a regagné sa place juste avant la reprise du spectacle, en me chargeant d'un message destiné à Barbara.

Avant qu'elle entre en scène, j'ai eu le temps de le lui glisser : « Tu sais, notre ami Jacky est dans la salle, il est venu te voir chanter. Il voudrait que tu lui dédies la chanson *Dis, quand reviendras-tu*, si tu peux. » Barbara était enchantée du bouquet, qui était somptueux. Elle m'a promis de dédier à Jacky sa chanson préférée, si elle y pensait. Son tour de chant a été un triomphe et, au moment de l'avant-dernière chanson, elle a annoncé sur scène qu'elle allait chanter pour un ami qui vivait loin de Paris, de sa femme et de ses enfants. « Je lui dédie cette chanson », a-t-elle dit avant d'entonner : « Voilà combien de jours, voilà combien de nuits, voilà combien de temps... » Et c'était profondément émouvant, même pour moi qui l'entendais tous les soirs.

Après le récital, le rouquin est revenu dans ma loge. Jacky avait prévu de nous inviter à dîner, Barbara et moi, dans un restaurant où il avait réservé une table. « Tu verras, c'est bien supérieur à Chez son père », argumentait-il. Je suis allé dans la loge de Barbara, qui était en train d'ôter son costume de scène et se mettait en peignoir pour recevoir les gens et signer les autographes. Je lui ai fait part de la proposition de Jacky, qui ne l'a pas enthousiasmée : « Ah non ! ce soir, je ne sors pas, je suis épuisée. Le déjeuner m'a fatiguée ; je ne tiendrai pas le coup, si je sors. Tu sais comme je suis : je suis tellement nerveuse, si sensible au moindre bruit, à tout... Non, remercie ton ami pour les fleurs, mais...

— Barbara, ai-je rétorqué, tu ne peux pas lui faire ça, il compte tellement sur toi. Au début, il voulait passer du temps avec moi parce que je lui rappelle tous ses souvenirs de jeunesse, mais maintenant, c'est toi qu'il veut voir. Tu ne peux pas lui refuser cela !

— Eh bien, je te remercie, vraiment, avec toi on ne s'ennuie pas ! Quelle idée j'ai eu de te demander de venir remplacer Reggiani ! Même Serge ne m'aurait pas fait des coups comme ça. Jamais il ne m'aurait emmenée voir des gens pareils ! Jamais il n'aurait osé me faire dîner tard le soir ! »

Elle protestait vigoureusement, mais en souriant, amusée dans le fond de cette aventure. Elle a fini par céder en précisant : « Bon, on y va, mais on ne rentrera pas tard. Qu'il vienne dans ma loge d'ici une demi-heure. »

J'ai expliqué à Jacky que Barbara lui faisait une grande faveur en acceptant de dîner avec lui. D'ordinaire, après avoir chanté, elle rentrait dans sa suite, prenait un bain, mettait sa robe de chambre puis jouait un peu de piano pour se relaxer. Elle mangeait ensuite une assiette de crudités avant d'aller au lit et elle ne sortait jamais dans un restaurant après avoir chanté. Une demi-heure plus tard, dans sa loge, le bouquet à la main, Barbara posait pour les photographes. Jacky se cachait derrière moi ; heureusement, personne ne faisait attention à lui. Entre-temps, il s'était à nouveau grimé : il n'était plus roux, mais tout brun, sans moustache, avec un nœud papillon à pois et une chemise rouge. Nous sommes montés tous les trois dans la Lincoln et nous avons roulé dans Montréal.

Arrivés dans une rue peu éclairée, nous sommes entrés par une petite porte. Dans une salle basse, il y avait une cheminée, un type qui faisait cuire de la viande à la broche, et des gens un peu bizarres assis à table. Nous nous sommes installés tous les trois à une table réservée. Nous avons commencé à dîner. Puis Jacky a demandé à Barbara de chanter encore une fois *Dis, quand reviendras-tu.*

« Je m'excuse, monsieur, a répondu sèchement Barbara, mais je ne chante jamais à table, et encore moins avec la bouche pleine. » Ça a vexé Jacky. « Vous ne chantez jamais à table ? Eh bien, moi, je dis que vous allez chanter.

— Je vous assure que non. Et je vous prierai de me parler sur un autre ton. Sinon, je me lève et j'appelle un taxi. »

Voyant que ça tournait au vinaigre, j'ai fait de mon mieux pour arranger les choses. J'ai expliqué à Barbara que Jacky l'admirait beaucoup, que c'était pour cette raison qu'il insistait... « Je n'ai pas votre âge, m'a-t-elle répondu, je suis une femme fragile. On ne me commande pas de chanter à table. Jamais je n'ai chanté à table. » Ça a rendu Jacky furieux. « Ah ! vous ne voulez pas chanter ? » Il a mis ses deux mains autour de son cou et il lui a dit : « Tu vas chanter ou je t'étrangle ! »

J'ai arraché ses mains du cou de Barbara. J'avais peur parce que je connaissais son caractère et que je le savais capable de serrer. Barbara le regardait, les yeux écarquillés : « Mais vous êtes fou ou quoi ?! » Jacky s'est repris. « Excusez-moi, a-t-il dit. Je plaisantais. Vous savez bien que je ne l'aurais pas fait, je n'aurais pas serré. » Moi, j'essayais d'abonder dans son sens : « Non, je connais Jacky, tu sais, comme tu l'as contrarié en ne voulant pas chanter... » Mais Barbara était cette fois véritablement fâchée, et cela se comprenait. Elle n'adressait plus la parole à Jacky, ne participait plus à la conversation. J'essayais de calmer tout ça en plaisantant pour détendre l'atmosphère, mais ça ne la faisait pas rire du tout. Elle regardait sa montre sans arrêt, et disait : « Il faut que je rentre. Jean-Jacques, il faut rentrer, sinon, tu n'auras plus de voix. Nous devons faire un entretien pour la télévision très tôt demain matin. » Jacky nous a raccompagnés à l'hôtel. Là, il a voulu faire la bise à Barbara, mais elle s'est reculée et est sortie de la voiture en disant : « Au revoir, jeune homme. » Elle savait que Jacky ne pouvait pas sortir de la voiture et en tirait parti.

Arrivée dans sa suite, elle m'a averti : « C'est fini, je ne veux plus voir des gens comme ça. J'ai fréquenté toutes sortes de gens à Bruxelles, quand je vivais avec un homme là-bas. Mais jamais personne n'a voulu m'étrangler parce que je ne voulais pas chanter à table. Enfin, l'incident est clos, mais c'est fini. » Je l'écoutais, bien emmerdé.

Quand j'ai regagné ma chambre, le téléphone a sonné. « Allô, c'est Jacques de Juilly. » Jacky m'appelait pour s'excuser et m'a annoncé qu'il apporterait le lendemain un cadeau à Barbara pour se faire pardonner. J'ai tenté par tous les moyens de le dissuader de revenir. Je savais que Barbara ne le recevrait pas, ne lui pardonnerait rien. « Tu sais, nous allons être très pris ; il faut que je travaille, j'ai deux chansons à finir avec elle. C'était le dernier soir où on pouvait se voir. » Je ne savais plus quoi lui dire. Mais il insistait : « Si, si, tu verras demain, j'ai une belle surprise pour elle. » Le lendemain était notre dernier soir à la Place des Arts. Ensuite, nous partions en tournée dans les provinces du Canada avant de retourner à Paris.

Mais on ne persuadait pas Jacky si facilement, je le savais bien. Et le lendemain, le concierge du théâtre est venu me dire qu'un monsieur me demandait. « Il dit qu'il est votre cousin.

— Bien sûr, ai-je répondu, faites monter mon cousin ! »

Mon « cousin » est arrivé vêtu d'un perfecto avec des étoiles sur des épaulettes en cuir noir, un pantalon en cuir noir, comme Brando dans *L'Équipée sauvage*, des lunettes noires et une casquette en cuir noire. Il tenait sous le bras une boîte plate mais assez large. « Bon, me dit Jacky, ce soir, on peut retourner au restaurant où on était. J'ai retenu une table. Ce sera notre dernier repas ensemble. Je ne suis pas sûr que tu me reverras ensuite parce qu'il peut m'arriver n'importe quoi. Alors, je serais content que nous dînions ensemble encore une fois tous les trois. » J'ai senti alors chez lui une profonde tristesse qui m'a fait beaucoup de peine. Dans le même temps, je me demandais comment présenter cela à Barbara.

Je suis allé la trouver dans sa loge. Elle aussi était un peu triste pour notre dernière soirée au grand théâtre ; elle appréhendait d'entamer la tournée. Quand je lui ai parlé de Jacky, qui espérait la voir encore et avoir l'occasion de lui présenter ses excuses, elle a soupiré. « Va dîner avec lui si tu veux, mais moi, je rentre avec Roland [Roland Romanelli, son chef d'orchestre et accordéoniste]. Demain, on a de la route à faire. » J'ai argumenté en disait que Jacky était très triste et qu'il lui avait apporté un cadeau. Et j'ai fini par obtenir, en me faisant copieusement engueuler, que Barbara vienne un quart d'heure voir Jacky. « Oui, tu ne te rends pas compte, tu me fais faire des choses ! Serge n'aurait jamais osé, etc. »

Ce soir-là, dans sa loge, à la fin du spectacle, il y avait dix fois plus de photographes que les autres soirs, puisque c'était la dernière du spectacle. Félix Leclerc et Robert Charlebois étaient venus la féliciter et l'embrasser. On lui avait apporté un disque d'or canadien pour ses disques vendus au Canada... Tout cela avait mis Barbara dans de bonnes dispositions. Dans la loge, Jacky se tenait un peu à l'écart. Nous sommes partis avec la Lincoln et nous sommes retournés au même restaurant, à la même table. Il y avait toujours de la viande à la broche dans la cheminée.

On nous a servi un très bon vin. Barbara, elle, ne buvait que de l'eau. Ce soir-là, elle a eu envie de manger une pizza. Par égard pour elle, le patron du restaurant a expliqué à Jacky qu'il ne faisait pas de pizzas mais qu'il pouvait très bien en commander une et la faire venir. C'est ce qu'il a fait. Le temps que la pizza arrive, Jacky a fait amende honorable devant Barbara : « Voilà, je sais que je ne me suis pas bien conduit avec vous. Alors, pour m'excuser, permettez-moi de vous donner ça. » Il lui a tendu la boîte qu'il avait apportée.

Barbara a pris la boîte en disant : « Merci, ça me gêne beaucoup. Je ne sais pas ce que c'est, mais je l'ouvrirai dans ma chambre d'hôtel. Je n'ouvre jamais un cadeau devant les gens qui me l'offrent. Jean-Jacques saura sûrement où vous joindre à ce moment-là. Je vous appellerai quand je serai rentrée à l'hôtel. » Le cadeau est donc resté emballé. Barbara a mangé seulement le fromage qui se trouvait sur le dessus de la pizza. Elle le raclait avec une petite cuiller, en laissant toute la pâte. Puis elle m'a demandé de prendre le cadeau et nous sommes rentrés à l'hôtel. Nous n'étions pas restés une demi-heure. Jacky était très triste. Il comptait nous emmener en discothèque, mais il n'en a pas été question. « D'abord, je ne danse pas, a dit Barbara. Je ne sais pas danser. Ensuite, dans les discothèques, la musique est tellement forte que ça me rend sourde. Si j'y allais, je ne pourrais pas entendre l'orchestre demain, ça me ferait dérailler. » Malgré sa déception, Jacky nous a raccompagnés à l'hôtel. Nous nous sommes dit au revoir avec regret. Je savais au moins désormais où il se trouvait et comment le joindre. Il suffisait de lui écrire chez un avocat de Montréal, qui faisait suivre son courrier. Puis je suis monté avec le cadeau d'excuse dans la suite de Barbara. Je suis allé chercher des ciseaux dans sa salle de bains. Elle a coupé le ruban, ouvert la boîte, et nous avons tous les deux poussé un cri de stupeur. Elle contenait une rivière de diamants ornée de pierres précieuses de toutes les couleurs. C'était une véritable splendeur.

Après avoir contemplé la parure, Barbara a refermé la boîte et me l'a tendue. « Ce n'est pas possible, je ne peux pas accepter un cadeau comme ça. Jean-Jacques, je suis désolée, mais Jacky n'est ni mon mari ni mon fiancé. Tu dois lui rendre cette rivière. Ou alors tu la gardes, et tu l'offriras à Chantal en rentrant. » J'ai protesté : Jacky n'avait pas offert la rivière à Chantal, mais à elle. Nous étions en train de nous demander quoi faire quand le téléphone a sonné. C'était Jacky, qui me demandait. Il voulait savoir si son cadeau avait plu à Barbara. Je marchais sur des œufs en lui expliquant qu'elle ne pouvait pas l'accepter, que c'était beaucoup trop... « Ça, non, j'ai eu assez de mal pour le trouver, j'espère qu'elle a compris ce que ça représente ! » Jacky commençait à s'énerver. Il avait dû faire un casse dans une bijouterie importante pour l'occasion et trouvait que son intention n'était pas récompensée. J'ai dit que j'allais encore discuter avec Barbara et que je le rappellerais.

Je suis revenu à la charge auprès d'elle, qui ne voulait rien entendre : « Les bijoux ne me vont absolument pas ! Une rivière de diamants, ce n'est pas mon style... De temps en temps, je pourrais mettre un petit collier fait avec des coquillages, mais... » Je regardais cette rivière avec l'impression d'être dans la caverne d'Ali Baba. Je lui vantais la beauté du collier, qui resplendissait sur sa peau très blanche. « Non, mais ça ne va pas ! Est-ce que j'ai une tête à jouer dans *Ali Baba et les quarante voleurs* ! » Et j'ai enfin trouvé l'argument qui portait : je lui ai rappelé que l'un de ses proches avait toujours besoin d'argent. « Même si ce n'est pas pour la mettre, tu vas quand même l'apporter à Paris. Là, tu la donneras à cette personne qui ira la fourguer aux puces. » Le lendemain, quand Jacky a téléphoné, j'ai ainsi pu lui annoncer que Barbara avait finalement décidé d'accepter le collier. « Ce n'est pas une chose qu'elle peut porter tous les jours, mais s'il y a une soirée exceptionnelle, elle le mettra. Elle te remercie mille fois, elle ne sait même pas comment te remercier... Elle laissera pour toi un mot au concierge de l'hôtel.

— Embrasse-la de ma part, m'a dit Jacky. Maintenant, je mets son disque partout : dans la voiture, dans ma chambre... J'en ai racheté dix pour être sûr d'en avoir toujours un sous la main, dis-le-lui. Dis-lui aussi que si jamais quelqu'un l'embête un jour, si jamais elle a besoin de moi, j'arriverai tout de suite. Je trouverai toujours un avion qui m'amènera à Paris. Et crois-moi, tu verras comment ça se passe. Je t'embrasse, embrasse ta maman de ma part, je t'écrirai. »

J'avais un peu d'angoisse à la pensée de la douane et d'une fouille possible. On nous demanderait sûrement un certificat de propriété pour ce bijou, si on le trouvait. J'ai donc dissimulé le collier dans mes affaires, et nous avons passé la douane sans problème.

De temps à autre, Barbara et moi, nous reparlions de Jacky, au gré de son actualité judiciaire. Et un jour, elle m'a fait écouter les chansons de sa comédie musicale, *Lili Passion*, qu'elle a jouée au Zénith avec Depardieu. *Lili Passion* racontait l'histoire d'une femme poursuivie par un homme qui était une sorte de maître chanteur, et qui voulait l'étrangler.

« Dis-moi, c'est la rencontre avec mon copain Jacky qui t'a inspiré cette histoire, n'est-ce pas ? » ai-je voulu savoir. Elle m'a regardé avec un petit sourire en coin et m'a répondu : « Peut-être. »

23

Avec la chanson *Redeviens Virginie*, j'étais dans les trois meilleures ventes de disques en France. C'est ce succès qui a fait que Bruno Coquatrix m'a contacté une nouvelle fois. « Écoutez, Jean-Jacques, je vous propose de passer en vedette à l'Olympia pendant quinze jours. Je ne vais pas vous mentir, j'avais engagé Sammy Davis Jr. Mais il a un problème : il doit tourner dans *Golden Boy*. Je me retrouve donc avec quinze jours inoccupés. Cela vous intéresserait-il ? »

C'était profondément émouvant, pour moi qui avais vu passer tant de grands artistes dans cette salle, d'imaginer mon nom au frontispice de l'Olympia. J'ai bien entendu accepté immédiatement. Cependant, je dois avouer que pendant toute la période qui a précédé mon passage, j'ai été dans un état d'anxiété terrible. Je n'en dormais plus la nuit ; or, quand on ne se repose pas, la voix accuse le coup très rapidement. Mon anxiété augmentait d'autant plus, ce qui veut dire que je dormais encore plus mal, etc.

À la maison, j'engueulais les enfants pour un rien, je n'étais pas aimable avec Chantal. Je n'avais pourtant rien contre eux ; mais j'étais extrêmement irritable. Je ne supportais plus aucun bruit. Des pleurs d'enfant, un bruit d'aspirateur suffisaient à me rendre irascible. Chantal se disait : « Il est en train de devenir fou ! Si c'est la récompense pour faire l'Olympia, c'est affreux ! » La vérité est très simple à comprendre : il est presque impossible de mener une vie de famille et de faire l'Olympia, ça ne va pas ensemble.

Ma mère m'a toujours raconté qu'elle avait eu très peur pendant les bombardements, alors qu'elle était enceinte de moi. Elle sursautait chaque fois qu'elle entendait un bruit. Elle m'en a beaucoup parlé parce que j'ai toujours eu un caractère craintif, des réactions souvent disproportionnées, très émotives. Il m'arrive d'avoir de grands accès de désespoir ou alors de faire preuve d'un optimisme excessif. Il paraît que je n'ai pas des réactions normales ; même mon père s'en rendait compte. Ma mère a toujours attribué cela aux bombardements et à la peur qu'elle a éprouvée à ce moment-là. Selon elle, cela a eu des répercussions sur mon caractère. Cela a généré en moi une anxiété irrépressible : la peur de mal faire, celle de ne pas être à la hauteur. À l'idée de devoir affronter le public de l'Olympia, j'étais tout simplement malade de trac.

Bruno Coquatrix s'était rendu compte que j'étais un peu déboussolé et, voyant mon appréhension, il a essayé de m'aider : « Jean-Jacques, calme-toi, le public viendra t'écouter chanter. Et s'il le fait, c'est parce qu'il t'aime. Il ne sert donc à rien de te mettre dans ces états-là. Tu pourrais t'inquiéter si tu n'avais pas de succès, mais, puisque tu en as, ne pense qu'à une chose : bien chanter. Ne te fais pas de souci comme ça, ne te tourne pas les sangs inutilement. » Mais c'était plus fort que moi. Quand Bruno m'a fait cette proposition, je ne croyais plus trop à la possibilité de chanter. Je me voyais continuer dans la chanson, écrire pour d'autres, composer des émissions de télé... Mais je ne m'imaginais pas monter de nouveau sur une scène. Mon sentiment d'angoisse en a été démultiplié. C'était une grande chance pour moi : j'avais donc aussi le sentiment de risquer gros.

Au bout d'un moment, je me suis résolu à agir et je suis allé m'installer dans un hôtel non loin de la place des Vosges. Mais là non plus, je ne me sentais pas bien. J'ai déménagé assez rapidement pour l'hôtel de Beaujolais. Mais à mon arrivée là-bas, on m'a averti : « Vous savez, c'est la dernière semaine où l'hôtel est ouvert. Après, on le casse et on vend tout en appartements. Il y a déjà des déménageurs qui retirent les meubles... » En réalité, c'était infernal. Finalement, je suis donc parti à la campagne : je suis allé dormir dans notre maison dont la toiture n'était pas encore tout à fait finie, où le vent s'engouffrait. Il y avait une petite pièce habitable et c'est là que j'ai réussi à me calmer et à préparer un tant soit peu mon tour de chant.

À la fin des répétitions, je me suis mis à avoir également une petite inquiétude du côté de Bruno Coquatrix. J'avais choisi Alain Souchon pour ma première partie. J'aimais ce jeune chanteur qui écrivait des chansons intéressantes et belles. Or Bruno a assisté dans la salle à l'avant-première. Comme moi, Alain a répété son tour de chant sur la scène. Coquatrix n'a pas fait de commentaires sur place, mais à l'entracte, on a frappé à la porte de ma loge. « C'est Bruno », ai-je entendu. J'ai ouvert la porte. Il s'est assis en face de moi, son cigare à la main. Et il a déclaré très calmement : « Jean-Jacques, je ne veux pas être un empêcheur de tourner en rond, mais si demain soir, à la première, ton ami M. Souchon vient chanter comme je viens de le voir, avec ces pantalons d'ouvrier qu'on appelle blue-jeans, je ferai baisser le rideau sur lui pendant qu'il chantera, dès la première chanson. Je voudrais que tu le pries d'avoir l'élégance de respecter mon lieu. Quand j'engage

Sammy Davis Jr, il a la décence de mettre un smoking pour venir chanter. Ici, M. Sinatra, Nat King Cole, Louis Armstrong chantent en smoking ! Marlène Dietrich met ce qu'elle a de mieux ! Alors, je ne vois pas pourquoi M. Souchon se permettrait de venir habillé avec une culotte de charpentier. Il ne lui manque plus que le mètre qui dépasse de la poche, une perceuse dans une main et un marteau-piqueur dans l'autre ! Je ne veux pas de chanteurs avec des habits qui ne respectent pas le public. Qu'ils mettent ça dans la rue si ça les amuse, mais pas à l'Olympia, tu m'entends ? Pas sur la scène de l'Olympia ! » C'est là que j'ai compris à quel point l'Olympia était quelque chose de sacré pour Bruno. Naturellement, j'étais très embêté. Je suis allé trouver Alain, que j'aimais beaucoup, puisque je l'avais choisi pour faire ma première partie, et je lui ai dit que nous avions un petit problème avec sa tenue, avec laquelle Coquatrix n'était pas d'accord. Souchon me dit : « Écoute, Jean-Jacques, je suis désolé mais je suis habitué à m'habiller comme ça. Je ne peux pas changer mes habitudes. Ce sera ça ou je ne viendrai pas.

— Ne le prends pas comme ça, c'est trop bête. Tu gâcherais une chance formidable. Tes chansons sont magnifiques, ce n'est pas pour une stupide histoire de vêtement que tu vas renoncer à faire entendre tes textes ! Tu dois t'acheter un autre pantalon, sinon Coquatrix veut faire baisser le rideau sur toi. Surtout quand tu chantes "J'irai m'asseoir sur le trottoir d'à côté", tu imagines ! »

Alain m'a promis d'y réfléchir, mais avec une certaine réserve. « Puisque c'est ainsi, il n'est pas dit que je chante demain soir. » J'étais consterné. Mais finalement, le lendemain, Alain est arrivé en me disant qu'il s'était acheté un pantalon en velours côtelé noir, rue Caumartin. « Tu crois que ça ira ? » m'a-t-il demandé.

Je suis allé trouver Coquatrix. « Il a trouvé un pantalon sombre. Il n'arrivera pas en smoking, ce n'est pas son genre... Mais il a fait un effort... » Coquatrix a hoché la tête. « S'il a un pantalon foncé, ça va. Je ne ferai pas baisser le rideau. Mais si jamais il arrive avec son pantalon d'ouvrier bleu ciel, il n'y aura pas de compromis ! »

Je me tourmentais aussi en me demandant si mes amis allaient venir. J'avais envoyé une invitation à tous ceux que je connaissais, mais j'étais persuadé que la moitié d'entre eux ne viendraient pas parce qu'ils auraient mieux à faire. À Paris, il peut y avoir dix concerts programmés le même soir.

Le soir de la première, j'ai demandé qui était là. Jean-Michel Boris, le neveu de Coquatrix, m'a annoncé : « Écoute, Jean-Jacques, je vais te dire la vérité : il n'y a que six invitations qui sont revenues avec un mot d'excuse. C'est du jamais vu ! Tous les autres sont là[1]. »

Naturellement, la perspective de chanter devant un parterre d'amis m'a redonné confiance en moi. Pour Alain Souchon, tout s'est très bien passé, il a même fait ce qu'on appelle un tabac. Bruno Coquatrix s'est rendu compte que ses craintes étaient infondées. Le pantalon en velours côtelé noir était parfait. De mon côté, au moment de l'entracte, dans ma loge, je tremblais de tous

1. Il y avait Pierre Cardin, Alain Delon, Jean Marais, les Compagnons de la Chanson, Gilbert Bécaud, Marlène, qui était venue avec, à son bras, Jean-Claude Brialy, Maritie et Gilbert Carpentier, Sylvie, qui était venue avec Johnny, Thierry Le Luron, qui accompagnait Chantal, j'avais vraiment un parterre d'amis. Il y avait aussi beaucoup de vedettes de la chanson, forcément, toute l'écurie de chez RCA, également Monique Lemarcy, à qui je devais un peu cet Olympia, et puis tous les imprésarios et tous les producteurs de music-hall français. Il y avait Joe Dassin qui était venu avec sa femme, Jean Poiret, Caroline Cellier, Gilles Dreyfus, Eddie Barclay, Yves Mourousi, Francis Blanche, Pierre Dac, Mireille, du Petit Conservatoire, Charles Trenet qui était venu avec sa mère et avec la marquise, Yann Sablon, Jacques Martin, Louis Aragon, Gilbert Bécaud, Danièle Gilbert, Mouloudji, Jacqueline François, Luc Fournol, Jean-Marie Rivière, Manouche, Mireille Darc... et j'en oublie sans doute.

mes membres quand j'ai entendu frapper à la porte. Je n'ai pas ouvert car je ne voulais voir personne avant d'entrer en scène. Mais j'ai entendu : « C'est Marlène, je viens vous maquiller ! J'ai amené tout ce qu'il faut, parce que sinon vous allez avoir l'air d'un Pierrot lunaire ! Vous allez ressembler à ces noyés qu'on vient de sauver *in extremis.* » J'ai ouvert la porte, bien entendu, et elle a commencé à me maquiller tout en plaisantant pour me détendre. « Ça doit vous rappeler ma première ! Jean Marais est là, ainsi que Jean-Pierre Aumont... Il y a aussi Brialy... »

Malgré mon trac, une fois maquillé, je suis monté sur scène et j'ai chanté de mon mieux. Et pour finir, toute la salle s'est levée ; le public m'a fait ce qu'on appelle une *standing ovation.* Naturellement, je n'avais pas le sentiment de la mériter, mais je l'ai eue néanmoins.

Je dois dire ici quelques mots au sujet de ce sentiment de ne pas mériter le succès : pour chanter, pour croire en soi, il faut d'abord s'aimer un peu. Or, en ce qui me concerne, cela n'est jamais allé de soi. Aussi étrange que cela puisse paraître, je ne suis pas mon type d'homme. C'est ce qui explique que je me suis souvent intéressé à d'autres artistes, que j'ai écrit pour eux et que j'ai travaillé à les mettre en lumière. La vérité, c'est que je ne suis pas tellement intéressé par Jean-Jacques Debout. Pour un artiste, c'est un tort. Je ne dis pas qu'il faut être fou de soi : ce n'est pas beau, un artiste en adoration devant lui-même. J'en vois certains qui sont ainsi. Cela se repère notamment à la télévision : ce média photographie l'âme des gens à trois centimètres. À cette distance-là, on repère très vite quelqu'un de nombriliste, qui s'aime trop ou qui est enchanté de tout ce qui lui arrive... Mais entre cet excès et le manque total de confiance en soi, il faut trouver un équilibre. Pour ma part, je crois n'y être jamais arrivé. Aujourd'hui encore, je doute de moi comme au temps de mon adolescence... Et je ne pense pas qu'à mon âge, je puisse me refaire.

C'est pour cette raison que j'ai toujours été bon dans l'écriture pour d'autres artistes que pour moi. C'est Jacqueline Cartier qui en a eu l'intuition au moment de mon Olympia. Elle l'a écrit et son titre a fait la manchette de *France Soir* : « Jean-Jacques Debout, c'est la chance des autres ».

Le lendemain de la première, j'ai reçu une carte de la veuve de Marcel Achard, dans laquelle elle m'écrivait ces mots très touchants : « J'avais cessé d'aller voir des gens chanter depuis la mort de mon mari, mais vous m'avez réconciliée avec la chanson. Je reviendrai vous voir. » Et elle est revenue tous les soirs, pendant les quinze jours.

Après être venue m'écouter à l'Olympia, Édith Piaf m'a invité à dîner en tête à tête dans son appartement, boulevard Lannes. Je la revois dans sa petite robe de chambre bordeaux, accoudée sur la table de bridge qu'elle avait fait installer dans sa chambre pour ce dîner. Elle avait aimé mon tour de chant, mais tenait à me mettre en garde dans le choix de mes chansons. Je l'entends encore me dire : « Vous savez, Jean-Jacques, vous ferez sans doute une bonne carrière. Mais faites-moi plaisir : il y a dans votre répertoire une chanson qu'il faut retirer d'urgence. Il s'agit de celle où vous dites que vous avez la voix qui change et où vous imitez Chevalier, Montand, Mouloudji, Bécaud, Aznavour, Sacha Distel et Trenet. Il faut vous en séparer dans les plus brefs délais, car vous valez mieux qu'un simple imitateur. Vous avez la chance de savoir écrire une chanson et vous avez de surcroît la chance de pouvoir l'interpréter. Alors soyez gentil : arrêtez dès ce soir de jouer les imitateurs. Soyez vous-même ! » Je n'en croyais pas mes oreilles d'entendre cette immense artiste, ce génie, me sermonner de cette manière. Le soir même, j'ai retiré cette chanson de mon tour de chant. Et avec le temps, je me suis aperçu que le conseil de la Môme était d'une grande justesse.

J'étais donc content que tout se soit bien passé ; mais le succès m'inquiétait aussi. Je me disais : si jamais je dois continuer à cette allure-là, je ne vais pas retrouver de vie à moi. J'avais peur d'être piégé par la réussite comme dans une prison dorée. Après l'Olympia, tout ce dont je rêvais était de retrouver une vie comme celle que j'aimais, c'est-à-dire un peu désordonnée. Je n'ai jamais planifié mon temps ; si on me demande ce que je compte faire dans trois jours, je suis incapable de répondre. Je ne jette pas la pierre aux gens qui font des projets, loin de là, mais je sais qu'en ce qui me concerne, je ne me sens bien qu'en laissant la part belle à l'improvisation, à mon envie du moment. Si mon emploi du temps est trop rigide, je suis capable de péter un plomb ou même tout le tableau de bord.

Quand j'ai envie d'écrire une chanson, il peut être 4 heures du matin ou 6 heures du soir. Peu importe. L'essentiel est d'avoir la possibilité de m'asseoir à mon piano. S'il fait nuit, je mets mes écouteurs pour ne réveiller personne et j'écris ma chanson. Je ne dors pas avant qu'elle soit finie, paroles et musique. Je fais toujours les choses à chaud, au moment où l'envie m'en prend. Je ne sais pas travailler autrement.

On m'a parfois reproché de n'être pas plus rigoureux dans l'utilisation de mon talent. J'ai entendu à plusieurs reprises ce discours de la part de gens qui auraient trouvé normal que j'exploite davantage mes facilités pour la scène : « À La Closerie des Lilas, tu te mets au piano, et tout à coup, la salle est captivée par ce que tu leur chantes. Alors pourquoi ne pas faire ça sur scène ? » La réponse est à la fois simple et incompréhensible : parce que je m'en sens incapable. Le climat n'est pas le même.

Je me souviens que le chef barman du Ritz m'a dit un jour : « C'est fou : vous arrivez à capter toute la salle quand vous jouez ! Les gens s'arrêtent de parler, ils vous écoutent, ils vous regardent, vous hypnotisez complètement le bar. » Et il avait ajouté : « Quand M. Gainsbourg vient jouer, les gens s'arrêtent de parler, ils le regardent ; ils remarquent bien que c'est Serge Gainsbourg, ils l'écoutent. Mais il y a toujours un moment où ils recommencent à parler entre eux. Quand c'est vous, ils ne parlent plus jusqu'à ce que vous ayez terminé. » Si j'ose en parler, il ne faut pas en conclure que je m'estime supérieur à Serge. Mais je sais que j'ai dans l'improvisation une fougue, un élan communicatif, que je ne retrouverais pas si j'étais dans un cadre programmé et organisé.

Lors de la dernière tournée que j'ai faite, j'ai chanté dans toute la France en parcourant six cents kilomètres par jour. Et à la fin de la tournée, comme ça avait très bien marché, on m'en a proposé une deuxième. J'ai décliné cette offre. Je n'aurais pas eu la santé pour cela, car on ne peut pas continuellement chanter en matinée puis en soirée et faire en sus six cents kilomètres par jour. Plus exactement, certains y arrivent, mais pas moi. Je ne m'endormais jamais avant 3 h 30 ou 4 heures du matin : de là, partir à 6 heures, être prêt à midi pour les photos du journal local qui vous attend et assumer la matinée du Zénith ; se reposer deux heures et aller attaquer la soirée, ça m'était impossible. Voilà pourquoi je n'ai pas fait la seconde tournée. Voilà pourquoi certains sont déçus. Il m'est arrivé de me faire engueuler dans la rue par des gens. Dans ces cas-là, je dis : « Vous savez, il ne faut pas m'en vouloir... Si je n'ai pas refait cette tournée, c'est que je ne m'en sentais pas capable... » Pour moi, le spectacle ne doit pas devenir un système.

Je n'aurais sans doute pas été heureux si j'avais été comédien ; je n'aurais pas pu me plier à tout ce qu'un metteur en scène m'aurait demandé. Il y aurait inévitablement eu des moments où j'aurais eu besoin d'indépendance, où j'aurais voulu jouer le rôle à ma façon. Je n'aurais pas non plus pu me plier aux contraintes que ce métier impose. Sans parler de la routine qui y est attachée : aller tous les soirs, à la même heure, jouer la même réplique. À 23 heures, dire le même mot, faire semblant d'embrasser la même fille... Cela m'aurait amusé pendant un mois. Mais certaines pièces se jouent pendant un ou deux ans. Ensuite, les acteurs enchaînent sur une tournée... Les gens ne se rendent pas compte que les comédiens n'ont pas une vie si rose qu'on pourrait le croire. Il leur arrive de trouver que le comédien qu'ils ont croisé après le spectacle n'avait pas l'air très aimable, qu'il était un peu bougon... Les acteurs ont un métier magnifique, qui est d'ailleurs pour eux comparable à une drogue puisque la plupart disent être malheureux quand ils ne jouent pas. Néanmoins, ils sont prisonniers dans une prison dont les barreaux sont en or. Ils n'ont pas ou peu de liberté.

C'est pour cette raison que certains se sont mis à faire du *one-man show*, comme Raymond Devos, par exemple. Celui-ci m'a raconté ses débuts avec une compagnie de théâtre qui s'appelait Les Pinsons, dans laquelle il chantait, jouait des pièces et des sketches. « Au fond, j'ai compris très vite que ce n'était pas fait pour moi, m'a-t-il confié. Moi, ce que je voulais c'était écrire des sketches, les jouer, chanter en même temps, jongler avec des ballons. Je me sentais prisonnier par rapport aux autres. » Voilà la raison pour laquelle il a quitté cette compagnie, ayant décidé de faire du cabaret. C'est ainsi qu'il est devenu le grand Raymond Devos, génial, magnifique, jamais égalé.

Or, ce besoin de liberté qu'il ressentait, personne ne peut le comprendre mieux que moi. Je n'ai jamais su calculer. Tout comme je n'ai jamais su prévoir. J'ai toujours vécu au jour le jour, dans mes rêveries, tout en sachant quand même un peu où j'allais.

24

« Je pense qu'il sera difficile de trouver quelqu'un qui accepte de produire Chantal », m'a dit Mme Breton. En effet, les directeurs de maisons de disques ne croyaient pas en elle. Ils savaient qu'elle venait du cinéma ; elle avait tourné *Masculin féminin* avec Jean-Luc Godard (dont j'avais écrit la bande-son), *L'amour c'est gai, l'amour c'est triste* avec Jean-Daniel Pollet, *Les Gaspards* avec Pierre Tchernia... En tout, elle avait une dizaine de films à son actif. Malgré cela ou peut-être à cause de ces débuts cinématographiques, les maisons de disques étaient sceptiques. À l'époque, dans ce domaine, on misait surtout sur des gens qui chantaient du rock, du disco ou encore des textes un peu passe-partout. On recherchait soit des chanteuses sexy, soit à faire un coup avec un air à la mode. Rien à voir avec Chantal, ni avec ce que je souhaitais écrire pour elle. Imprégné comme je l'étais de l'univers de Trenet, Brassens, Prévert... j'avais envie pour elle de chansons qui fassent rêver les gens.

De son côté, Chantal avait des envies bien définies : elle adorait chanter des comptines à nos deux enfants, qui étaient alors en bas âge. Elle ne se voyait pas interpréter des romances ni des histoires tristes. « Tu m'as quittée, pourquoi..., etc. » Elle avait tout simplement envie de raconter des histoires aux enfants en chantant. Je lui ai donc écrit quelques chansons, sans savoir bien où cela pouvait mener.

Adieu les jolis foulards était inspiré de l'histoire de sa grand-mère, qui avait vécu quelque temps en Martinique. Aux Antilles, au début du siècle, on faisait venir de métropole des maîtresses d'école qui devaient enseigner le français et les maths aux petits élèves. Puis, un jour, ces jeunes institutrices repartaient dans leur pays. La chanson racontait cet instant où une jeune maîtresse doit rentrer en France, quitter la Martinique avec le cœur serré parce qu'elle s'est prise d'affection pour tous les enfants qu'elle a connus là-bas. C'était exactement ce qu'avait vécu la grand-mère de Chantal.

À cette époque-là, j'avais acheté une maison à Saint-Ouen-Marchefroy, près de Houdan, là où s'étaient mariés Vadim et Jane Fonda. Leur terrain touchait celui de notre maison. Celle-ci était tout en longueur et, pour qu'elle ne ressemble pas à un wagon de marchandises, je lui avais ajouté deux tours de chaque côté, de façon à en faire une sorte de ferme fortifiée. Or, un week-end, alors que les enfants s'amusaient devant chez nous, des chasseurs du coin qui visaient des lapins ont tiré si près de notre maison et si mal que nos volets ont été criblés de plombs. Plus grave, notre fils Jean-Paul en a reçu dans les jambes. Ces gens étaient totalement irresponsables ; ils auraient pu causer un drame. J'ai donc appelé les gendarmes auxquels je me suis plaint. Ce faisant, je me suis mis tous les chasseurs à dos. Il y a eu une rencontre organisée par les gendarmes avec ceux qui avaient causé l'incident. C'est au cours de cette réunion houleuse que Jean-Paul, indigné du traitement qu'on faisait subir aux lapins, a dit aux chasseurs : « Si tous les petits lapins avaient des fusils pour vous tirer dessus... » Cette réflexion m'a inspiré *Ce matin, un lapin a tué un chasseur,* que j'ai écrite avec Roger Dumas, qui était chez nous à ce moment-là.

J'ai parlé de ces deux chansons à CBS et Pathé Marconi, deux maisons de disques qui ne s'y sont pas intéressées du tout. Chez l'une, on m'a dit : « C'est mignon, mais enfin, on ne voit pas trop ce qu'on pourrait en faire. » Chez l'autre, on a carrément dénigré Chantal : « Il ne faut pas exagérer, ce n'est quand même pas Barbra Streisand !... »

Personne ne voulant d'*Adieu les jolis foulards* ni de *Ce matin, un lapin*, Chantal, qui avait hérité de vingt mille francs à la mort de son père, s'est décidée à financer elle-même leur enregistrement.

Quelque temps plus tard, un soir où nous étions allés voir José Feliciano au Rex Club, j'ai croisé un homme que je connaissais et qui m'a salué cordialement. « Jean-Jacques, comment allez-vous ? » Il s'agissait de François Dacla, que j'avais connu quand il était représentant pour les disques Vogue, à l'époque où je chantais moi-même dans cette maison. Depuis, il avait fait du chemin : « Je prends la direction des disques RCA, on vient de me nommer président », m'a-t-il appris. RCA était la maison de disques autrefois dirigée par Daniel Filipacchi, celle qui avait produit Sylvie. Daniel venait de racheter *Paris Match* ; il n'avait plus de temps à consacrer aux disques. C'était donc désormais François Dacla qui dirigeait RCA. Et, de ce fait, il cherchait de nouveaux artistes à produire.

« Je vous présente Chantal : je viens de lui écrire deux chansons. Elle n'a plus de maison de disques. » Chantal avait été chez RCA pour *Une écharpe, une rose*, du temps où Daniel dirigeait l'entreprise, mais, depuis, tout était reparti de zéro. « Venez me faire écouter vos chansons demain matin à 9 heures, lui a proposé François

Dacla. Ça m'intéresse de vous entendre. » Le lendemain, Chantal s'est donc rendue à son bureau, qui se trouvait dans les grands immeubles en face de l'Élysée-Matignon. Elle lui a fait écouter sa bande. La réaction de François Dacla a tout de suite été très positive : « OK pour ces deux chansons, mais il faut que Jean-Jacques vous en écrive d'autres, parce que deux titres, ce n'est pas assez. » Désormais, la tendance consistait à sortir des albums avec douze chansons. Quoi qu'il en soit, on commençait par un 45 tours chez RCA comportant *Adieu les jolis foulards* et *Ce matin, un lapin*.

Le hasard a fait qu'en même temps, Maritie Carpentier m'a demandé d'écrire un *Numéro 1* destiné aux enfants. Pour chanter en vedette dans cette émission, j'ai choisi Carlos. Avec Roger Dumas, j'ai écrit un scénario intitulé « Professeur Carlos » et les chansons qui l'accompagnaient. Pilotant un petit avion jaune que j'avais dessiné, ce voyageur se posait dans tous les pays du monde, ce qui donnait l'occasion d'entendre des chansons de styles variés. Puis il revenait en France, où l'attendait son épouse, que devait incarner Brigitte Bardot. Il s'est trouvé que le samedi matin, le jour même où nous devions tourner, Maritie m'a appelé, catastrophée. Brigitte était au fond de son lit avec une mauvaise grippe. Il nous fallait d'urgence une remplaçante. J'ai suggéré qu'on fasse appel à Chantal. Maritie a trouvé que c'était une bonne idée. Le soir venu, Chantal et Carlos ont chanté ensemble : leur duo a fonctionné à la perfection. Chantal a également chanté en solo *Adieu les jolis foulards*. Et dans la semaine qui a suivi, nous avons été confrontés à un raz de marée postal. Il y avait tant de lettres qui demandaient qu'on repasse cette chanson que Maritie me disait : « On est obligés de mettre les lettres dans des sacs-poubelles ; pas pour les jeter, mais parce que sinon, on ne peut plus entrer dans notre bureau. »

En parallèle, je m'étais remis au travail pour elle, comme me l'avait demandé François Dacla, et j'avais écrit un album complet dans lequel figuraient des chansons comme *Bécassine, c'est ma cousine*, *Allons chanter avec Mickey*, *Riri Fifi Loulou*, etc. Chantal est passée ensuite dans une émission présentée par Eve Ruggieri et produite par Michel Drucker, qui s'appelait *Les Rendez-vous du dimanche.* Michel m'a proposé de faire chanter Chantal entourée d'enfants. Cela m'avait semblé une bonne idée, facile à réaliser de surcroît. « On prendra les enfants de l'école de Saint-Ouen-Marchefroy », avais-je répondu. On était en 1976 ; et pour Chantal, tout s'est enflammé à ce moment-là. À partir de ce numéro des *Rendez-vous du dimanche*, dans toutes les écoles de France, on s'est mis à faire apprendre aux enfants *Ce matin, un lapin.* L'album s'est vendu à plus de deux millions d'exemplaires.

À la suite de cela, nous sommes partis avec les enfants pour l'île Maurice ; mais à peine arrivés sur place, on m'a dit à l'hôtel : « Il faut vite rappeler Mme Carpentier. » Celle-ci m'a annoncé que Claude François voulait absolument Chantal pour son *Numéro 1* qui devait se tourner trois jours plus tard. J'étais embêté : « Écoute, ai-je dit à Maritie, on vient d'arriver ; Chantal est assez fatiguée... Tu peux peut-être prendre quelqu'un d'autre ? » Le vol avait duré seize heures avec une escale à Djibouti... À cette époque, on n'arrivait pas en claquant des doigts à l'île Maurice. « Ce n'est pas possible, m'a répondu Maritie. Claude tient absolument à ce qu'elle soit là et il veut qu'elle chante cette chanson extraite de son album qui vient de sortir, *Voulez-vous danser grand-mère.* Il tient à ce qu'elle crée cette chanson dans son *Numéro 1.* »

J'avais eu l'idée de faire reprendre à Chantal cette ritournelle qui datait de la Libération, que ma sœur

Claudie chantait toujours quand je vivais chez mes parents. Elle m'avait d'autant plus marqué que ma grand-mère pleurait chaque fois qu'elle l'entendait; je trouvais la mélodie très jolie et la chanson allait bien avec le style de Chantal. J'avais fait faire pour elle un arrangement musical adapté à notre époque par Jean-Daniel Mercier.

Devant l'insistance de Maritie et celle de Claude, nous avons cédé. À peine arrivée, Chantal a dû ôter son maillot de bain, se sécher, se rhabiller et aller à l'aéroport reprendre l'avion qui nous avait amenés de Paris.

Elle n'a pas eu à regretter cet aller-retour il s'est vendu plus de trois millions d'albums à la suite du *Numéro 1* de Claude François. Chantal s'est alors retrouvée en tête de toutes les ventes en France. Elle arrivait même avant Johnny, qui était beau joueur et qui en riait.

Mais tout le monde ne réagissait pas comme lui. Pour ceux qui, un an auparavant, avaient refusé Chantal en disant : « C'est une petite comédienne, elle n'ira pas loin. Aucune raison pour qu'on l'engage pour chanter », le succès représentait évidemment un démenti flagrant. Ce genre de choses est parfois difficile à accepter. Voilà l'une des raisons pour lesquelles Chantal a agacé beaucoup de gens. Sa réussite était à la fois énorme et totalement imprévue. « Ce n'est pas possible qu'elle soit en tête de toutes les ventes de disques comme ça. » Beaucoup de gens ont alors prédit que tout cela ne serait qu'un feu de paille. Chantal Goya, c'était un coup, ça n'allait pas durer.

À l'heure qu'il est, trente ans plus tard, Chantal a vendu quarante-trois millions d'albums. Elle détient le record absolu du nombre de spectateurs au Palais des Congrès. Personne n'a jamais fait plus qu'elle. Personnellement, j'en conclus qu'elle doit bien avoir un talent, un charme particulier, ce petit quelque chose qui a aimanté tout un public, et ce, pour plusieurs générations. On ne fabrique pas un succès comme celui-là, même avec de la publicité et des émissions de télévision. Chantal a véritablement été élue par le public. Certains ne le lui ont pas pardonné.

Aujourd'hui encore, les parents accompagnent leurs enfants aux spectacles de Chantal pour réentendre *Voulez-vous danser grand-mère,* qu'ils chantent avec eux. Cette chanson notamment a marqué trois générations. Voilà ce qui explique aussi pourquoi Chantal, sans avoir une publicité énorme, sans être soutenue par des émissions importantes de télévision, a gardé un public qui la suit beaucoup et qui continue à l'aimer. Elle leur rappelle la petite enfance de leurs enfants. Et ces enfants, lorsqu'ils deviennent parents à leur tour, ont à cœur de faire découvrir à leurs enfants qui est Chantal Goya.

Entre le *Numéro 1* que j'avais écrit pour Carlos et l'émission de Michel Drucker, Chantal s'est donc retrouvée disque d'or en deux mois. C'est Claude François qui, au cours d'un *Rendez-vous du dimanche,* l'émission de Michel Drucker, lui a remis son premier trophée. Le document d'archives repasse de temps à autre à la télévision : on voit Chantal, entourée de nos enfants et des fils de Claude François, qui sont tout petits eux aussi et qu'il avait fait jouer ce jour-là au piano. Il y a des jours où je me dis que ça a dû porter chance à Chantal.

Voyant que ce succès se développait, Maritie m'a chargé d'écrire un *Numéro 1* qui serait exclusivement consacré à Chantal. J'ai donc créé *Je reviendrai, Marie-Rose.* Dans tous les spectacles que j'ai écrits pour elle, elle portait ce prénom qui a d'ailleurs fini par lui coller à la peau. Aujourd'hui encore, beaucoup d'enfants l'appellent ainsi.

Le scénario était situé dans un pensionnat de jeunes filles, pendant la guerre de 1914-1918. Dans ce pensionnat, des religieuses soignaient des militaires. C'est la vie de ma grand-mère paternelle qui m'avait inspiré cette histoire. Jacques Chazot et Jean-Claude Brialy jouaient des soldats blessés. Chantal, elle, s'occupait de donner des spectacles pour distraire les militaires. Jean-Marc Thibault, Marie-Paule Belle, Plastic Bertrand, Carlos, Sylvie, Mireille Mathieu, Alain Souchon et moi intervenions dans l'histoire pour chanter ou jouer la comédie. J'avais eu l'idée de donner à Thierry Le Luron, qui démarrait à l'époque, un rôle de comique troupier chantant avec Chantal. Ce fut le début d'un tandem qui devait durer dix ans. Dès que les gens les voyaient réunis, l'émission bénéficiait de records d'audience. Mais dans l'ensemble, l'histoire de l'hôpital a beaucoup touché les téléspectateurs. À partir de là, on a commencé à demander Chantal dans les salles de spectacle.

25

Peu après, Bruno Coquatrix m'a appelé et m'a proposé de dîner avec lui. Nous nous sommes rencontrés dans un lieu qui me rappelait de nombreux souvenirs : au coin de la rue du Croissant, non loin de la maison de ma grand-mère maternelle, chez Gérard Pango qui avait installé là un tout petit restaurant.

« Voilà, m'a annoncé Bruno, je vous offre l'Olympia en matinée, pendant toutes les vacances de Pâques. Vous avez deux mois devant vous : montez-moi un spectacle. » Il voulait une comédie musicale jouée par Chantal et destinée à un public d'enfants. Chantal était bien sûr heureusement surprise de cette offre ; pour ma part, j'étais plus conscient des difficultés, du défi que cela représentait. Nous en avons discuté à maintes reprises, sans que cela entame son optimisme. « Mais tu n'y penses pas ! Dans cette salle se sont produits Édith Piaf, Jacques Brel, Gilbert Bécaud, Charles Trenet, Léo Ferré, tous les plus grands du monde, Nat King Cole, Duke Ellington, Louis Armstrong... Comment vas-tu faire ? ! » Pour être franc, je dois dire que j'avais très peur. L'Olympia n'était pas un petit cabaret, mais une énorme salle de deux mille places, avec un balcon très haut et très grand... Pour l'avoir pratiquée, je savais qu'il fallait faire preuve d'un certain métier et d'un certain talent pour intéresser le public. Là réside toute la différence entre un petit cabaret où on se trouve à quelques mètres des spectateurs et un music-hall, où il faut qu'un artiste ait en lui de quoi passer la rampe. Pour un bon spectacle de music-hall, il faut avoir une présence, savoir danser, savoir parler au public... Il ne suffit pas d'être derrière un micro et de chanter des chansons comme on peut le faire en studio d'enregistrement. Ce sont deux démarches très différentes. Moi, je le savais ; c'est pourquoi j'étais inquiet.

Je me suis ouvert de mes doutes à Bruno Coquatrix. « Jean-Jacques, si je vous fais confiance, il doit bien y avoir une raison. Il faut m'écouter, je ne vous ai jamais fait faire de bêtises. » Je ne l'avais pas oublié. J'ai même surenchéri. « Oui, Bruno, c'est vrai, vous avez conseillé magnifiquement tous les artistes.

— Dans ce cas, mettez-vous tout de suite au travail. Je veux vous voir dans trois jours à mon bureau. Vous me lirez l'argument du spectacle et je vous dirai tout de suite là où il faut placer les chansons. »

On pourrait croire que je n'avais pas confiance dans le talent de Chantal. Pourtant, personne ne croyait plus en elle que moi. Seulement, son succès était si récent, tout cela me paraissait encore tellement incertain... J'en ai parlé à Maritie et Gilbert, chez qui je me rendais tous les soirs. Je travaillais chez eux, dans leur duplex qui donnait sur le jardin du Luxembourg, rue Guynemer. Maritie aussi trouvait cela prématuré et un peu dangereux. « Chantal est fragile, ce n'est pas une armoire à glace. » Comme moi, elle appréhendait son inexpérience. Chantal n'avait pas le métier d'une Liza Minnelli, qui avait débuté toute petite, parce que sa mère la traînait sur scène à l'âge de quatorze ans. J'ai expliqué à Maritie que j'avais déjà fait part de cette réserve à Bruno Coquatrix et qu'il ne voulait rien entendre. « Il veut Chantal et personne d'autre. Il me demande de venir, dans trois jours, lui raconter tout le spectacle dans son bureau ; que je lui fasse entendre les chansons sur mon petit magnétophone. Et entre les chansons, il faut que je lui raconte l'histoire et que je lui dise tout ce que Chantal va faire. Il est prêt à nous offrir un décor pour la première partie du spectacle, un autre pour la seconde. Et il me charge de tout en tant que metteur en scène et concepteur du spectacle. » Bruno Coquatrix savait bien que j'étais compositeur, mais aussi que je travaillais sur certains *Numéro 1* et que ce travail me passionnait. Il m'avait souvent dit : « Je sais qu'il y a en toi quelqu'un qui pourrait aller très loin dans le domaine du spectacle. Tu es fait pour ça. »

Il m'avait déjà porté chance avec Marlène. Quand elle lui avait dit qu'elle me prenait pour faire sa première partie, il aurait pu s'y opposer et répondre : « Êtes-vous devenue folle ? Prenons plutôt un Américain qui a déjà un nom un peu connu. »

Malgré mon inquiétude, je me suis donc mis à écrire le spectacle demandé par Bruno. Tout me venait en même temps. Je me mettais à mon piano, je commençais à composer une chanson. J'avais deux carnets devant moi. Je jouais quelques accords, je commençais à noter les paroles, puis, sur l'autre carnet, j'esquissais des croquis pour les décors qui devaient accompagner la chanson. J'ai toujours mené ces différents versants de la création simultanément, parce que l'inspiration m'arrivait ainsi.

J'étais à mon piano comme un grand chef est à sa cuisine : tout comptait, tout était au même niveau d'importance. Un chef cuisinier soigne autant la viande que la sauce, ou les légumes servis en accompagnement. Tout à coup, le spectacle m'apparaissait, autant dans sa dimension musicale que visuelle, et je travaillais simultanément à composer ses différents ingrédients, avec le même souci pour tout. Je dois préciser aussi que pour certains textes, je bénéficiais de l'aide de mon ami de toujours, Roger Dumas.

Je me suis ensuite rendu au rendez-vous proposé par Bruno Coquatrix, avec un scénario et mon petit magnétophone sur lequel j'avais enregistré les chansons que je voulais que Chantal chante. « Tout se passe dans une petite pension, où une jeune fille arrive avec sa valise, pour s'occuper des enfants. Ceux-ci sont déjà dans leur lit. Au moment où elle entre en scène, la lumière s'allume, ils se redressent tous dans leur lit et elle leur explique qu'elle vient pour s'occuper d'eux. C'est là que tout commence avec "Good night, bonne nuit, la journée est finie". Marie-Rose leur raconte des histoires pour les endormir et, au fur et à mesure, les histoires prennent forme et vie devant la scène. Voilà comment est née la forêt magique.

« C'est formidable, m'a répondu Bruno. La seule question qui se pose est celle des costumes. Je ne peux pas les financer parce que je n'ai pas un budget très important. Le spectacle passera en matinée, pas en soirée. Je pense que ça va marcher, mais je ne peux pas investir trop : mon banquier risquerait de me sonner les cloches. »

J'ai alors pensé à la SFP (la Société française de production), qui était propriétaire de tous les costumes conçus et utilisés pour des émissions de télé. Pour le *Numéro 1* dédié à Chantal et à l'hôpital militaire, par exemple, c'est auprès de cette société que nous nous étions procuré des costumes de militaires. J'ai demandé à Maritie de m'aider à obtenir cette faveur : normalement, c'était interdit, puisqu'il s'agissait d'un spectacle et non d'une émission de télé, mais nous nous sommes débrouillés ainsi. À l'image des costumes, tout le spec-

Dès notre première rencontre je suis sous le charme de Sylvie Vartan. Daniel Filipacchi me demande d'écrire une chanson pour elle. Quand *Tous mes copains* sort, en une semaine elle prend la tête du hit-parade de *Salut les copains*. Presque au même moment Johnny triomphe avec *Pour moi la vie va commencer* que je lui ai écrite. J'ai l'impression de vivre un rêve. C'est le début d'une longue série…

Avec Johnny, à la mer de Sable d'Ermenonville. J'étais très ami avec Johnny, amoureux sans espoir de Sylvie. Leur coup de foudre lors du dîner où je les ai réunis à Marseille a été pour moi un choc. Je leur en ai voulu et j'ai tenté de m'éloigner d'eux, mais il n'est pas possible de résister longtemps à Johnny quand il vous parle d'amitié.

Devant le sourire hilare d'Eddie Barclay, Charles Aznavour me remet le collier de la Rose d'or de la chanson française, que j'ai gagné avec *Nos doigts se sont croisés*. J'ai pourtant failli ne pas participer à ce concours prestigieux : une jeune fille aux yeux noirs appelée Chantal m'a fait la surprise de me rejoindre, et j'ai voulu tout lâcher pour l'emmener à Saint-Tropez. C'est finalement Chantal elle-même qui m'a convaincu de rester.

J'ai rencontré Olivier Despax à l'île de Ré. Il jouait de la guitare comme un dieu et j'ai formé avec lui un petit orchestre dans lequel je jouais de la clarinette avec l'instrument que Jacky Mesrine avait volé pour moi. Nous faisions danser toute la jeunesse de l'île.

J'ai connu Léo Ferré par les éditions Breton où j'ai commencé comme coursier. Il se promenait partout avec deux guenons infernales. Elles cassaient tout, mangeaient les chapeaux des dames au restaurant, embêtaient le monde. « Tu comprends, disait-il, je ne peux pas les gronder, elles sont très susceptibles… » Mais c'était un génie…

Dès que j'ai vu celle qui s'appelait alors Chantal de Guerre, j'ai eu une intuition très forte. « J'ai l'impression qu'on va se marier un jour, lui ai-je confié aussitôt, et que nous aurons deux enfants. Vous serez célèbre vers trente ans et vous chanterez à l'Opéra de Paris. » Bien entendu, elle ne m'a pas cru. Nous nous sommes mariés deux ans après, nous avons eu deux enfants, à trente ans elle a triomphé dans les spectacles que je lui écrivais. Quant à l'Opéra de Paris, Bernadette Chirac lui a demandé d'y chanter pour le Noël des enfants de Matignon !

La photo de mon copain Jean-Marie Périer est légendaire, bien sûr. Je suis à côté de Johnny, derrière Gainsbourg. En tant que chanteur, j'étais lancé bien avant l'époque de *Salut les copains*, mais ma carrière d'auteur a vraiment démarré avec eux.

OPAINS

Nous étions très copains avec Serge Gainsbourg, qui aimait beaucoup Chantal. Nous déconnions ensemble sans fin. Un soir à la Coupole, où une jolie barmaid lui résistait, il a sorti de sa poche une lame de rasoir, et a fait mine de se trancher la gorge en répétant : « Regarde, ma petite poupée, tu auras ma mort sur la conscience ! » La pauvre fille s'est évanouie derrière son bar.

Joséphine Baker est la première étoile qui a croisé ma vie : j'avais 5 ans quand j'ai assisté à l'un de ses spectacles. Je l'adorais. J'ai écrit pour elle *Au revoir mais pas adieu* ; elle est morte douze jours après l'avoir chantée pour la première fois.

J'ai chanté un mois à Bobino en première partie de Dalida. Après le spectacle nous allions boire un verre avec son mari Lucien Morisse, Orlando son frère et souvent Jacques Brel. Jacques refaisait le monde tout en tentant de me convertir à la bière !

Avec Françoise Hardy, nous étions amis dans la vie mais n'avions pas chanté ensemble jusqu'à cette année où nous sommes partis tous les deux pour une grande tournée en Afrique noire, un souvenir inoubliable.

Mon maître et ami Charles Trenet. Quand j'ai gagné le concours des Poulbots de Montmartre avec une de ses chansons, à 14 ans, il était dans l'assistance. Il est venu me voir à la fin, avec Mme Breton, qui dirigeait la maison où Charles publiait ses chansons. Tous deux m'ont pris en affection et beaucoup aidé. Charles m'emmenait dîner tous les soirs, me présentait aux plus grands de la chanson que j'admirais tellement. Notre relation d'amitié et de connivence s'est poursuivie pendant près de cinquante ans.

Les débuts de notre famille : j'ai épousé Chantal et nous menons une vie très heureuse avec notre fils Jean-Paul, plongés dans la musique et toujours entourés d'amis, dans notre petit pavillon de Nogent-sur-Marne.

1968, une soirée animée au Don Camilo. Johnny et Sylvie sont venus m'écouter. Alain Delon aussi, mais au moment où je vais entrer en scène, Chantal me fait prévenir qu'elle est sur le point d'accoucher… Je la conduis à la clinique à toute allure, je reviens chanter encore plus vite, et on m'annonce la naissance de notre fille Clarisse à la fin du spectacle !

1970. Je participe à la grande aventure de la revue créée par Roland Petit pour Zizi Jeanmaire, qui sera jouée pendant deux ans et demi au Casino de Paris. J'en ai composé les chansons, de l'ouverture au final, en collaboration pour les paroles avec Roger Dumas.

Sur cette photo, on voit Noureev, venu nous saluer, Yves Saint Laurent qui avait fait les costumes, Zizi Jeanmaire, bien sûr, Sylvie, Johnny qui avait entraîné Zizi pour le tableau rock'n'roll, Roland Petit, Chantal et moi. L'affiche prévue ne nous satisfaisant pas, j'avais demandé son aide en catastrophe à Jean-Paul Goude, qui venait de prendre la direction artistique d'*Esquire* à New York. Trois jours après, nous recevions cette image représentant un grand Z, avec la tête de Zizi Jeanmaire et un minuscule Roland Petit qui tenait Zizi par le bout du pied. Elle est devenue mythique, comme beaucoup d'œuvres de Jean-Paul.

Lors de mon premier passage en vedette à l'Olympia, je fais chanter à Johnny *Pour moi la vie va commencer…* Que de souvenirs déjà !

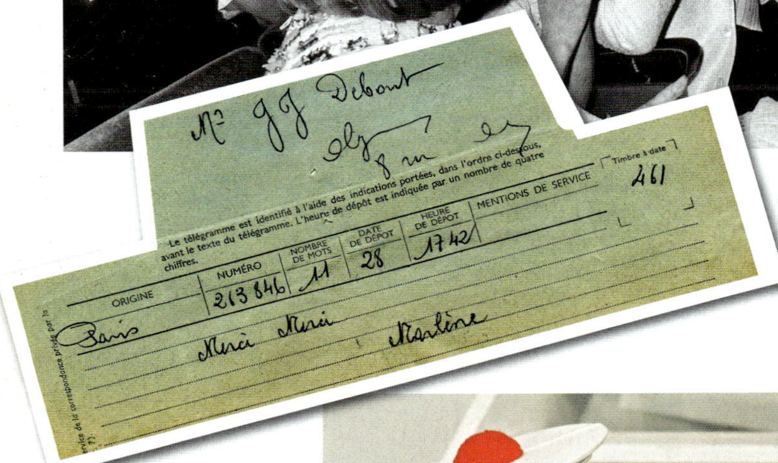

Mr JJ Debout
Olympia
8 rue …

Le télégramme est identifié à l'aide des indications portées, dans l'ordre ci-dessous, avant le texte du télégramme. L'heure de dépôt est indiquée par un nombre de quatre chiffres.

Timbre à date 461

ORIGINE	NUMÉRO	NOMBRE DE MOTS	DATE DE DÉPÔT	HEURE DE DÉPÔT	MENTIONS DE SERVICE
Paris	213 846	11	28	17 42	

Merci Merci Marlène

Après ce premier passage en vedette à l'Olympia, un télégramme de ma grande amie Marlène Dietrich.

J'ai rencontré Jean-Claude Brialy en 1959. Je l'aimais beaucoup, il avait la faculté rare dans notre métier de savoir écouter les autres. Nous avons fait de nombreux *Numéro 1* ensemble : ici je chantais pour lui « Si on allait tous les deux au cinéma… »

Les enfants grandissent… Jean-Paul et Clarisse font notre joie.

Mon fils Jean-Paul avec David Hallyday. Que font les enfants d'artistes quand leurs parents se réunissent ? Ils jouent de la guitare !

Une maison dans le Sud. J'ai toujours aimé l'architecture, la décoration, les maisons anciennes qui me paraissent avoir une âme et mériter d'être sauvées. J'ai d'ailleurs un joli palmarès à mon actif : à ce jour, j'ai restauré vingt-quatre maisons et deux châteaux… que je n'ai pas gardés !

Pour Carlos, Maritie Carpentier (à droite, entre Chantal et moi) m'avait demandé d'écrire un *Numéro 1* spécial enfants. C'était l'histoire du professeur Carlos qui se promenait de pays en pays. Au dernier moment, nous avons dû trouver une jeune femme pour jouer son épouse : ce fut le premier passage de Chantal. Le succès a été phénoménal, dès le lendemain le standard de la chaîne croulait sous les appels. À l'heure qu'il est, trente ans plus tard, Chantal a vendu quarante-trois millions d'albums.

Jean-Claude Brialy tourne *Les Malheurs de Sophie* dont il me confie la musique et les chansons. Pour le lancement, Madame Rostopchine, l'héritière de la Comtesse de Ségur, nous reçoit chez elle.

Pour Chantal, je crée des spectacles qui plongent les enfants dans le merveilleux et l'insouciance. *La Forêt Magique, Le Soulier qui Vole, La Planète Merveilleuse, Le Mystérieux Voyage, L'Étrange Histoire du Château Hanté* sont des succès immenses, dans toute la France, l'Europe, mais aussi aux États-Unis, au Canada…

Thierry Le Luron était un de nos amis les plus proches, et a formé professionnellement avec Chantal un tandem qui a duré dix ans. Ici avec mon ami Jean Sablon et Fabrice Emaer, le propriétaire du Palace.

Sur scène pour mes trente ans de chanson. C'est la première fois que le grand Charles Trenet accepte de chanter en duo *La Mer*. Je suis bouleversé…

Mireille est là ce soir-là aussi, ma chère Mireille. En plus de son Petit Conservatoire, j'ai eu la chance qu'elle me donne quelques cours particuliers dans son domicile du Palais Royal. Là, j'ai appris à chanter et aussi à faire les courses : comme elle habitait au 5e étage, ses élèves étaient priés d'aller à l'épicerie pour elle, ainsi que pour Jean Cocteau qui habitait le 4e !

Un Noël avec mon fils, son épouse et leurs enfants. Je suis quatre fois grand-père, avec Samantha *(ci-dessous)*, Sanjay, Alexandre et Noé.

Ces dernières années je me suis lancé dans les collages, que j'exposerai bientôt à Paris. Ici, celui que j'ai réalisé pour la vente aux enchères d'une association caritative, La Mie de Pain.

Quelques-unes des 1 200 chansons que j'ai écrites… à ce jour, car je n'ai pas dit mon dernier mot !

tacle a été bâti avec peu d'argent : François Conté a conçu et fabriqué pour nous deux décors magnifiques, avec des toiles, des tulles... Une merveille de transparence. Et il nous les a faits, pour ainsi dire, au prix coûtant. Monique Jolivot et Michel Freysnet ont adapté les costumes de la SFP pour qu'ils soient parfaitement en harmonie avec les décors. Toute l'équipe engagée dans le spectacle a travaillé avec des bouts de ficelle, mais en y croyant. Chacun voulait que ça marche et tout le monde y a mis du sien.

Huit jours avant la mise en vente des billets, j'ai dîné avec Roger Crescher, le directeur des programmes à RTL, et il m'a encouragé, comme l'a fait Monique Lemarcy qui avait un goût fantastique et un jugement d'une sûreté incroyable : elle pouvait entendre cent chansons dans une journée et savoir tout de suite quelle était celle que le public allait aimer. Elle avait pour cela un flair extraordinaire. J'ai connu beaucoup de gens qui s'acharnaient à vendre des chansons qui ne marchaient pas et passaient à côté de futurs succès sans les remarquer ; qui se trompaient sur les chansons, sur les artistes, qui pariaient sur des gens prétendument « dans le coup ». Roger Crescher ne se trompait jamais. Lors de notre dîner en tête à tête, je lui ai fait écouter la bande du spectacle, puis je lui ai demandé un avis sans complaisance : « Le rideau va prochainement se lever sur le spectacle que j'ai mis au point pour Chantal à l'Olympia. Tu vas être franc et me dire ce que tu penses des chansons et de l'ensemble. » Il m'a d'abord rassuré sur la qualité du spectacle ; il a aussi émis quelques critiques qui étaient fondées. Sur leur base, j'ai changé l'ordre de trois chansons : « Il faut une chanson plus forte pour débuter, m'a-t-il fait observer, celle-là est mieux au début, celle-là sera mieux après. » C'est lui qui a choisi la chanson du final.

Puis la mise en vente des places a été annoncée sur RTL. Il y avait une petite bande-annonce qui durait quelques secondes. Le spectacle étant destiné aux enfants, le message était plus bref que s'il s'était agi d'un concert de Michel Sardou ou de Johnny. La première annonce a dû avoir lieu à peu près à 7 heures du matin, l'heure où les enfants sont devant la radio avant d'aller à l'école. Dès ce premier jour, les standards de RTL ont été pris d'assaut. On ne pouvait plus les joindre tant il y avait d'appels pour acheter des places pour le spectacle de Chantal Goya.

Le même jour, j'ai eu un message de Jean-Michel Boris me disant : « Jean-Jacques, il y a la queue devant l'Olympia. Les gens se battent pour acheter des places. On va être obligés de prolonger, mais on ne sait pas comment faire : on ne peut pas rallonger les vacances de Pâques ! »

La première du spectacle était au bénéfice de l'organisation caritative Variety Club, qui avait besoin d'argent pour acheter des cars. Il s'agissait de permettre aux enfants handicapés de se déplacer. Avec les bénéfices réalisés sur cette vente, nous avons pu leur offrir trois cars Volkswagen, les premiers à avoir des portes coulissantes, ce qui permettait un accès plus facile pour les enfants en fauteuil roulant. C'est André Torrent qui présentait le spectacle.

Le jour où le rideau s'est ouvert, la salle de l'Olympia était pleine à craquer ; avant même que Chantal entre en scène, tous les enfants s'étaient levés. Il y a eu une ovation, des hurlements invraisemblables. Moi, je courais des coulisses à la salle, vérifiant que tout était au point, comme je l'avais fait autrefois pour Marlène. Et j'assistais à un phénomène incroyable. Tous les enfants chantaient les chansons avec Chantal : *le Lapin, Allons chanter avec Mickey, Bécassine* étaient déjà des airs commercialisés, mais il y avait près d'une dizaine de chansons nouvelles, qui n'étaient jamais passées nulle part ! Or les enfants écoutaient le début d'une nouvelle chanson et en reprenaient tout de suite le refrain, comme s'ils l'avaient toujours connue !

À un moment où je passais dans les coulisses, Bruno Coquatrix m'a pris par le bras et m'a dit : « C'est au-delà de mes espérances. Vous allez voir : Chantal va faire une grande carrière, elle ne va pas s'arrêter à l'Olympia. Ce n'est pas seulement en tant que chanteuse qu'elle est formidable. C'est d'abord et surtout une femme faite pour le mime. Elle aurait eu sa place chez Marcel Marceau ! Elle installe une présence très touchante sur scène, qui rappelle l'enfance évidemment, mais une enfance qui n'est pas niaise, une enfance que tous les adultes regrettent. Physiquement, elle a quelque chose qui est très proche des enfants, et ça, personne ne pourra le lui retirer. Vous venez d'ouvrir les portes du music-hall aux enfants ! »

Quand le spectacle a été terminé, après des hurlements, des rappels à n'en plus finir, les enfants sont montés sur la scène avec des bouquets. Chantal croulait sous les fleurs ; en même temps, les petits pleuraient parce qu'ils ne voulaient pas s'en aller, ils la tenaient par sa robe qu'ils déchiraient en s'y accrochant, ils griffaient Chantal pour la retenir... Nous avons assisté à une scène de folie ! Bruno a pris Chantal dans ses bras pour la faire sortir de scène. Les enfants s'agrippaient au rideau rouge de l'Olympia, ils en avaient d'ailleurs décroché tout un pan... Le soir, Gilbert Bécaud chantait, et il commençait son récital avec : « Qu'il se lève, le rideau rouge... » Si un pan de rideau avait manqué, de quoi aurait-il eu l'air ? Nous avons dû apprendre à faire face au déchaînement émotionnel que Chantal provoquait.

Naturellement, ce triomphe n'a pas plu à tout le monde. Certaines vedettes n'ont pas vu le succès de

Chantal d'un très bon œil, il faut le dire. D'autres, en revanche, s'en sont réjouis avec nous. La marquise, Gilbert Bécaud, Charles Aznavour, Charles Trenet nous ont félicités sincèrement.

« Alors, m'a demandé Marlène sur un ton aigre-doux, j'espère que vous êtes content pour votre petite Lolita ?

— Oui, Marlène, ai-je répondu. Mais vous savez, je n'oublie pas que je vous dois beaucoup. C'est à votre contact, que j'ai appris tout ça. Tout ce que vous voyez, c'est un spectacle dont j'ai rêvé pour Chantal, certes, mais c'est vous qui m'avez appris à me mettre dans la peau d'un artiste pour savoir ce qu'il doit faire et ne pas faire. Vous qui m'avez tout appris concernant l'éclairage, qui m'avez enseigné qu'on n'entre pas sur scène n'importe comment...

— De toute façon, a-t-elle repris, vos chansons ont la grâce. Sitôt qu'on les entend, on a envie de les chanter et on a l'impression de les avoir toujours entendues. On les connaît déjà. »

Malgré ses petites phrases acerbes, Marlène était contente pour moi comme pour Chantal. Mais celle dont l'engouement était inattendu, qui s'est littéralement déchaînée pour Chantal, qui est devenue sa plus grande fan, ce fut Barbara. Elle venait à chaque nouveau spectacle et à chaque reprise des spectacles qu'elle avait déjà vus. Elle louait un car à Précy-sur-Marne, le village où elle avait acheté une maison, pas très loin de chez Jean-Claude Brialy, et venait voir Chantal en offrant une place à tous les enfants de Précy. Elle ne voulait jamais qu'on l'invite, ni qu'on invite les enfants, elle voulait leur offrir Chantal Goya. « Non, non, je sais trop ce que ça représente de monter un spectacle. Cela me fait plaisir de payer ces places, d'inviter les enfants et de louer le car pour les amener », disait-elle. Bruno voulait la rembourser : peu de temps auparavant, elle avait fait l'Olympia où elle avait connu un triomphe pendant un mois. Bruno Coquatrix n'était pas du genre à lui faire payer des places après cela. Si quelqu'un avait le cœur sur la main avec les artistes qu'il aimait, c'était bien Bruno. Que ce soit pour Sinatra, Sammy Davis Jr, Judy Garland que j'allais voir à tous les concerts, jamais il n'a voulu que je règle ne serait-ce qu'un strapontin. Mais Barbara était inébranlable. Elle achetait les places par téléphone, sans dire son nom. Il était impossible de transiger avec elle là-dessus.

Je me souviens d'un jour où elle est montée sur scène embrasser Chantal à la fin du spectacle, et elle lui a dit : « Ma petite Chantal, tu es devenue une institution ! Et tu verras, un jour, tu les retrouveras, tous ces enfants, ils reviendront tous te voir. » Elle avait raison : c'est exactement ce qui arrive à Chantal en ce moment.

26

« Je change d'appartement », m'a un jour annoncé mon ami Armel Issartel, avec qui j'étais allé à l'école communale, puis au Cours Simon. Il emménageait place de la République-Dominicaine, dans le 8e arrondissement, et s'est mis à organiser là des soirées mémorables. Pour ma part, c'est ainsi que je me représente celles de Marie-Laure de Noailles : des moments privilégiés où se rencontrent les personnalités d'une époque, où elles échangent leurs points de vue... Les musiciens jouent du piano, les poètes y déclament leurs œuvres, les hommes politiques y annoncent leurs réformes...

Après les années 1960, ce genre de soirées a eu tendance à disparaître, notamment par manque de place. Tout le monde n'a pas un hôtel particulier où organiser des fêtes. Seuls persistaient les Rothschild à l'hôtel Lambert, Francine et Carole Weisweiller et Armel Issartel.

Armel a un jour organisé ainsi un grand dîner auquel étaient conviés Rudolf Noureev, Simone Veil, le metteur en scène François Reichenbach et Arthur Rubinstein. J'étais impatient de faire la connaissance de ce dernier : j'avais un grand nombre de ses disques. J'étais allé le voir jouer plusieurs fois au Théâtre des Champs-Élysées, à la salle Pleyel, à la salle Gaveau. Le talent de cet homme m'avait toujours impressionné : j'admirais sa façon de jouer, cette sonorité si particulière qu'il avait. Je savais aussi, pour avoir parlé de lui avec Jean Cocteau, qu'il était un homme intéressant sur le plan personnel. Cocteau m'avait dit : « Ce n'est pas seulement un grand pianiste ; c'est quelqu'un avec qui on peut parler et qui a beaucoup d'humour. »

Pendant la soirée, Armel m'a entraîné vers lui. « Arthur, je vous présente mon copain Jean-Jacques, avec qui j'allais à l'école à Nogent-sur-Marne ; quand il n'y avait plus d'autobus, quand il était trop tard, il me ramenait chez moi sur son Vélosolex. » Rubinstein m'a salué poliment. Puis Armel a ajouté : « Du reste, Jean-Jacques est un très grand pianiste. » J'ai commencé à trembler de tous mes membres. Je joue du piano pour écrire ma musique, mais je suis loin de prétendre être un bon interprète au piano. Il y a bien des façons d'être musicien : moi, j'ai toujours joué d'oreille. Je suis ce qu'on appelle un musicien autodidacte ; Charles Trenet et Charles Aznavour l'étaient aussi. Paul McCartney ne connaît pas la musique : il joue et compose d'oreille, ce qui ne l'a pas empêché de devenir qui il est. Léo Ferré jouait aussi comme ça. George Gershwin avait appris la musique, lui ; mais Cole Porter, qui a composé tant de succès aux États-Unis, a écrit d'oreille. Il n'avait pas de bases musicales, il jouait ce qu'il entendait. Tous les musiciens que je viens de citer sont ce qu'on appelle des mélodistes. Naturellement, il vaut mieux être un bon mélodiste qu'un technicien de la musique ne sachant pas composer une mélodie. On a vu des arrangeurs et des orchestrateurs de génie qui se trouvaient incapables d'écrire un air mémorisable. Il faut le savoir.

Quoi qu'il en soit, être traité de « grand pianiste » devant Arthur Rubinstein avait de quoi me donner des sueurs froides, parce que je connaissais mes limites et surtout le génie de cet homme. « Jouez-moi le morceau qu'il vous plaira », m'a dit Rubinstein, comme je le redoutais. Il avait un cigare dans une main, un verre de vodka dans l'autre, et un accent russe prononcé.

J'étais alors en train d'écrire le deuxième spectacle de Chantal ; j'ai donc joué l'air du *Mystérieux Voyage de Marie-Rose*. Après m'avoir écouté, il a dit : « Oh là là, c'est bien ! Votre main gauche n'est pas à la hauteur de votre main droite, mais vous êtes un grand musicien. En tout cas, vous êtes un grand mélodiste, car vous ressentez la musique. » De sa part, c'était évidemment un immense compliment. Et là-dessus, il m'a demandé : « Qu'est-ce que vous faites demain ? » Je n'en avais aucune idée. Armel a répondu à ma place : « Demain, j'organise une soirée ici même en l'honneur de Jean-Jacques.

— Eh bien, j'espère que je serai invité ! a répondu Rubinstein en riant.

— Arthur, la question ne se pose pas, vous pouvez venir dîner chez moi tous les soirs... Et vous verrez : il y a du nouveau ici chaque jour ! »

Rubinstein m'a entraîné en direction d'un canapé, non loin de l'endroit où Armel dressait la grande table du dîner, qu'il faisait démonter aussitôt après pour que les gens soient plus à l'aise pour fumer leur cigare, assis auprès des bouddhas birmans. Et il m'a parlé de musique, de la vie qu'il menait, du fait que, en raison de son âge, il lui devenait difficile de voyager... Il avait alors quatre-vingt-dix ans. Dans la conversation, il a glissé : « Si vous pouviez inviter deux ou trois jolies filles demain soir, ça me ferait plaisir. » Je n'y voyais aucun inconvénient. « J'ai trois amies que j'amènerai demain. Et vous verrez, elles sont toutes très jolies, chacune dans son style », ai-je promis.

À l'époque j'allais me faire couper les cheveux chez Carita ; je m'entendais très bien avec les sœurs Carita, Rosie et Maria. J'y rencontrais souvent Pierre Berger et Yves Saint Laurent, qui se faisaient coiffer là eux aussi. Et j'y bavardais agréablement avec de jeunes coiffeuses aussi gentilles que jolies. Le lendemain de la première soirée, je suis allé au salon; là, il y avait une shampouineuse, une jeune fille qui s'occupait de faire les barbes et une manucure rousse aux yeux verts qui ressemblait à Shirley McLaine.

« Qu'est-ce que vous faites ce soir? » leur ai-je demandé; et je leur ai proposé la soirée d'Armel. Vers 20 heures, je suis passé les chercher en taxi et je les ai accompagnées place de la République-Dominicaine. Arthur Rubinstein venait tout juste d'arriver; Armel était assis à côté de lui et lui versait de la vodka. « Je vous présente mes amies », ai-je dit. L'une s'appelait Andrea, l'autre Claudine et la troisième Virginie. Il s'est exclamé : « Oh! comme elles sont belles! Et elles sont habillées avec un goût!

— C'est normal, ai-je répondu. Elles travaillent rue du Faubourg-Saint-Honoré, à côté des plus grands couturiers... »

Ce soir-là, comme nous étions peu nombreux, Armel avait prévu de nous faire dîner dans la cuisine. C'est là qu'il a installé les deux coiffeuses qui avaient l'air de plaire le plus à Rubinstein, assises de part et d'autre du grand homme. La rousse aux yeux verts étincelants n'arrêtait pas de parler. J'étais frappé du fait qu'elle s'adressait à lui comme si elle l'avait toujours connu. Et sans rien penser de péjoratif au sujet des employées de salon, je me disais en moi-même : « Il n'y a bien qu'une coiffeuse pour parler si aisément à Arthur Rubinstein. »

Celui-ci était en train de lui dire qu'elle avait le type russe et qu'il la trouvait vraiment très jolie. Elle l'a remercié avant d'ajouter : « Vous savez, ça fait onze ans que je mets vos crèmes. Onze ans que je n'utilise que vos produits de beauté. Vous êtes un génie, monsieur Rubinstein. »

Il y a eu un petit moment de silence. Armel a dit : « Vous avez beaucoup d'humour, mademoiselle. » Les deux autres ne comprenaient pas bien ce qui se passait. Elles aussi, sans doute, devaient considérer Arthur Rubinstein comme le veuf d'Helena Rubinstein.

Au bout d'un moment, celui-ci a pris son verre, s'est levé et est allé au piano, un grand Steinway noir. Il a joué quelques notes de la *Petite musique de nuit.* Puis il a demandé à Armel de lui appeler un taxi et il est parti. Cette soirée qui avait si bien commencé s'est terminée en queue de poisson.

C'est aussi chez Armel, lors d'une autre soirée, que j'ai fait la connaissance de Salvador Dali et de Gala. Nous avions un ami en commun, Charles Trenet, qui s'apprêtait justement à faire ses premiers adieux à l'Olympia. Comme moi, pour rien au monde, Dali n'aurait voulu manquer cela. « Nous sommes catalans tous les deux, m'a-t-il appris. Son œuvre et mes tableaux sont primordiaux. On ne pourra jamais remplacer une chanson de Trenet et on ne pourra jamais remplacer un de mes tableaux. Alors, nous sommes un peu comme deux frères jumeaux, Charles et moi. »

Il m'a montré un petit carnet qu'il a sorti de sa poche, sur lequel il avait commencé à dessiner avec un crayon noir semblable à un fusain. « Que pensez-vous de ma nouvelle idée ? » m'a-t-il demandé. Le dessin représentait une cuvette de W-C à qui il avait fait des yeux et une moustache. Il s'était servi de la forme du tuyau et de la chasse d'eau pour esquisser son propre portrait. « C'est mon projet pour un prochain tableau. » Je trouvais cela assez surprenant. Puis il m'a demandé un renseignement : « Connaissez-vous ce chanteur pour lequel on voit en ce moment de grandes affiches partout dans Paris ? Des affiches énormes, plus grandes que le salon d'Armel ! » Il s'agissait des panneaux annonçant le premier Bercy de Michel Sardou. Dali était très intéressé : « Pourriez-vous lui dire que je serais très content de le rencontrer à l'hôtel Meurice, dans ma suite, demain soir ? Je voudrais faire une photo avec lui. » J'ai promis d'en parler à Michel.

Le lendemain, quand Michel est arrivé dans le hall de l'hôtel Meurice, il était accompagné de Carlos. À l'époque, ils ne se quittaient pas d'une semelle. Nous avons fait avertir Dali que nous étions là et son secrétaire nous a introduits dans son appartement.

Dali était là avec sa canne, son costume bleu marine, une chemise rose et une très jolie cravate maintenue par une épingle. Je lui ai présenté Michel et Carlos. En plein milieu du salon se trouvait une Harley-Davidson rutilante que Dali s'était fait livrer dans sa suite. Il a commencé à nous expliquer son projet, ainsi qu'au photographe. Il voulait faire deux photos. L'une où il serait assis à l'avant de la Harley, avec Sardou sur le porte-bagages ; l'autre avec Michel tenant le guidon et lui à l'arrière de la Harley. Il avait vu sur les affiches que Sardou portait un blouson de cuir noir, qu'il était un jeune dans le coup. Il avait dû se dire : « Moi aussi, je vais être dans le coup et chevaucher une Harley. »

Au moment où Michel montait sur la moto, la porte de la chambre s'est ouverte et Gala en est sortie comme une furie. Elle a foncé droit sur Carlos qui, comme moi, ne se mêlait de rien et l'a attrapé par sa chemise à fleurs.

« Qui êtes-vous, vous, le gros, avec cette barbe ! Qu'est-ce que vous faites là ?! Je ne vous connais pas ! » Nous étions tous interloqués. J'ai pensé qu'elle avait bu un verre de trop. Carlos disait : « Mais enfin, lâchez-moi !

— Ah, vous croyez que je vais vous lâcher comme ça ! » s'est-elle exclamée en lui donnant un grand coup de genou dans les parties.

Carlos est tombé à la renverse en hurlant. Il se tordait de douleur par terre. Dali restait la bouche ouverte, ne sachant plus quoi dire, lui qui avait pourtant la parole facile. Sardou est descendu de la moto en demandant : « Mais qu'est-ce que c'est que cette vieille conne ?! » Nous avons relevé Carlos, puis Michel m'a entraîné vers la sortie en disant : « Bon, Jean-Jacques, on se tire. Viens, Carlos, de toute façon, ici, ça sent la merde ! » Nous sommes sortis tous les trois ; Carlos toujours sonné, Michel, furieux, et moi, désemparé. Le photographe n'avait pas eu le temps de prendre une seule photo.

Par la suite, j'ai appris par Armel que Dali présentait ses excuses à Michel et à Carlos. Qu'il ne fallait pas en vouloir à Gala parce qu'elle prenait beaucoup de médicaments. Étant en dépression, elle avait parfois des sautes d'humeur imprévisibles.

Mais à partir de ce moment, alors que j'étais auparavant très ami avec Michel, que nous sortions souvent ensemble, nous ne nous sommes plus vus de la même façon. Je me suis demandé s'il ne m'en voulait pas, s'il ne pensait pas que je l'avais attiré dans un mauvais coup. Je n'avais pourtant fait que lui transmettre l'invitation. Carlos, en revanche, avait compris que je n'y étais pour rien.

J'en ai parlé avec lui, par la suite ; chaque fois que j'évoquais cette malheureuse entrevue et mon impression que Michel me boudait, il ne me répondait pratiquement rien, sinon : « Je lui en parlerai. » Cependant, le temps passait sans que rien change. Un jour, j'ai croisé Michel : il garait sa voiture devant le Palais des Congrès. Nous nous sommes serré la main, mais j'ai senti que nous n'étions plus copains comme nous l'avions été.

27

Pour me remercier de lui avoir écrit *Le soulier qui vole*, d'en avoir assuré la mise en scène et de m'être occupé de tous les décors, Chantal a décidé de me faire une surprise. J'avais vu une Rolls-Royce d'occasion dans une vitrine près des Champs-Élysées. Dans mon dos, elle a dit au vendeur : « Si mon mari veut cette voiture, dites-lui qu'elle est déjà vendue. Je repasserai vous voir dans une heure. » Le soir même, elle m'a offert cette Rolls que j'avais admirée dans la vitrine.

Le lendemain, au volant de ma Rolls, je suis parti en retard de Paris. Je devais aller au casino de Biarritz où j'étais attendu pour donner un concert avec mon orchestre. Après avoir chargé le coffre de la voiture, j'ai pris la direction du boulevard Raspail pour aller vers la porte d'Orléans et prendre la sortie en direction de Bordeaux. À l'intersection du boulevard Raspail et de la rue de Rennes, deux motards m'ont fait signe de m'arrêter. « Papiers du véhicule, s'il vous plaît, monsieur. » Comme les papiers de la voiture n'étaient pas encore mis à mon nom, ils m'ont demandé de les suivre, pensant peut-être que je l'avais volée. Je les ai donc accompagnés jusqu'au commissariat le plus proche, près de la rue d'Assas. Le commissaire du quartier, qui me connaissait de vue, a demandé ce qui se passait. Les deux motards ont dit qu'ils trouvaient mes papiers incohérents ; par ailleurs, ils avaient le signalement d'une Rolls-Royce noire qui avait été volée la veille devant le restaurant chez Maxim's. Je leur ai assuré que ce n'était pas la bonne voiture puisqu'elle avait été vendue à Chantal Goya par la société de la Franco-Britannique, à Levallois-Perret. « Alors, dit le commissaire, nous allons appeler le directeur des ventes du garage de Levallois. » C'est ce qu'il a fait et le directeur du garage a bien entendu confirmé mes dires. Mais le temps qui passait me rendait nerveux. Après leur avoir expliqué que j'étais attendu au casino de Biarritz, où je devais répéter avec toute la technique et l'orchestre, je leur ai promis que je reviendrais leur présenter la nouvelle carte grise la semaine suivante. J'ai repris mon chemin ; la chance a fait qu'il n'y avait pas grand-monde sur la route.

La traversée des Landes a été dure : la route n'en finissait pas. Lorsque le voyant d'essence s'est allumé, un panneau indiquait un poste à essence à douze kilomètres. J'ai repris courage. Mais arrivé à la hauteur de la déviation Bayonne-Biarritz, un barrage de police arrêtait toutes les voitures. Quand j'ai sorti les papiers provisoires de la limousine, un policier m'a demandé de me garer sur la droite et de venir avec lui dans le fourgon de police. Dans le fourgon, un autre policier disait au téléphone : « Je crois que nous avons arrêté le voleur de la Rolls dérobée à Paris ! » Je me suis mis à rire et lui ai expliqué que j'avais déjà été arrêté. Après vérification auprès du commissariat, j'ai pu reprendre ma route et je suis enfin parvenu à Biarritz.

Là, je me suis dirigé vers le hall d'entrée de l'hôtel du Palais. J'ai fait prévenir mes musiciens et la technique : ils répéteraient sans moi. J'ai sorti mon maillot de ma valise et suis allé directement à la piscine afin de me détendre un peu avant la soirée. Il était à peine 19 heures ; le régisseur devait venir me chercher pour le concert à 22 heures.

Lorsque je suis descendu à la piscine, il n'y avait plus personne au bord du bassin. Le ciel était gris et devenait même menaçant, ce qui avait sans doute fait fuir tous les baigneurs. Mais pour moi, cela n'avait pas d'importance : il fallait que je me remette en forme coûte que coûte et seule la nage pouvait le faire. Je me suis d'abord allongé sur une chaise longue. Je commençais à somnoler quand j'ai vu de l'autre côté de la piscine un homme âgé, assez mince, aux cheveux blancs, s'avancer sur les marches qui conduisaient au petit bain. Il portait un maillot de bain écossais et, de loin, sa silhouette me rappelait un peu celle de mon père. Du coin de l'œil, je l'ai vu descendre petit à petit dans l'eau et commencer à nager. Tout à coup, quelque chose m'a sorti de ma torpeur. Je me suis dit qu'il fallait que j'en fasse autant, que je ne devais plus tarder à me mettre à l'eau. J'ai marché le long de la piscine et, en arrivant vers l'endroit où j'avais vu l'homme descendre, je l'ai aperçu au fond de l'eau, allongé sur le ventre, immobile. Il ne bougeait plus. J'ai plongé immédiatement et je l'ai tiré tant bien que mal jusque sur le rebord de la piscine. Là, j'ai cassé la vitre et appuyé sur le signal de secours. Puis je suis retourné vers lui : je lui ai secoué la tête et le torse pour essayer de lui faire recracher l'eau qu'il avait avalée. Quand les garçons du bar de l'hôtel du Palais sont arrivés en courant, ils l'ont pendu par les chevilles et, pendant que l'un d'eux lui faisait un massage cardiaque, l'autre s'est exclamé : « Oh là là ! C'est le duc de Windsor ! Vite ! Sa femme n'arrête pas d'appeler pour savoir où il se trouve ! » Le SAMU est arrivé. Une équipe de jeunes médecins lui a fait cracher l'eau qu'il avait bue, puis ils l'ont transporté à l'hôpital pour un lavage d'estomac et un check-up complet.

Le responsable de l'hôtel m'a demandé de garder le secret, après m'avoir confié que le duc avait bu plusieurs verres de champagne avec des Anglais avant d'aller nager, ce qui expliquait peut-être son malaise.

Ayant promis d'être discret, je suis parti au théâtre du Casino pour mon concert. Le lendemain, lorsque je suis passé à la caisse de l'hôtel pour payer ma note, la réceptionniste m'a dit que mon séjour était déjà réglé et qu'une petite boîte en carton avait été déposée à mon intention. Je l'ai prise et, une fois mes bagages chargés dans le coffre de la voiture, j'ai ouvert la mystérieuse boîte rectangulaire. À l'intérieur se trouvaient une cravate club aux couleurs des Windsor, dessinée par le duc lui-même, et une petite carte sur laquelle il était écrit : « Merci, cher monsieur, de m'avoir sauvé la vie. Duc de Windsor. »

28

Je n'ai pas cessé de croiser Brassens au cours de ma vie. Mes premières rencontres avec lui datent de mon adolescence, lorsque je prenais des cours particuliers chez Mme Roudmanovitch, à Montrouge. C'est elle qui, la première, m'a amené chez lui. Brassens aimait beaucoup cette femme ; il s'est donc montré très gentil avec moi. À cette époque-là, on commençait à parler de lui, mais il n'était pas encore le monument qu'il est devenu par la suite. Il en était au début de ses succès ; il chantait *La Mauvaise Réputation*, *Auprès de mon arbre*, *J'ai rendez-vous avec vous*. Mme Roudmanovitch l'aimait beaucoup, elle parlait philosophie avec lui. Je les écoutais avec révérence. J'étais bien entendu fasciné de connaître Georges Brassens, à une période de ma vie où je rêvais de chanter.

Alors qu'il m'avait connu tout jeune, Brassens m'a revu ensuite chez Patachou, chez qui il avait lui-même débuté. Quand je le voyais, j'avais toujours envie de le faire parler. Je le questionnais ou je lui faisais raconter des souvenirs de ses passages dans des cabarets, à ses débuts, quand ça ne marchait pas encore pour lui. C'est ainsi qu'il m'a raconté comment sa logeuse, la fameuse Jeanne de *La Cane de Jeanne*, le logeait alors qu'il n'avait pas un sou. Il lui ramenait les modestes cachets qu'il gagnait, à ses débuts, dans de petits cabarets. Puis le succès est venu relativement vite.

Quand il est arrivé à Paris, il a appelé Roger Thérond et lui a demandé : « Connaîtrais-tu quelqu'un qui accepterait d'écouter mes chansons ? » Thérond a eu l'idée de l'emmener chez Patachou et de le lui présenter. Celle-ci alors découvert les chansons de Brassens et en a chanté certaines, comme *Les Bancs publics*, ou encore *Brave Margot*. À l'époque, on se disait que jamais elle ne voudrait chanter un texte aussi osé. Or elle l'a chanté magnifiquement et c'est ce qui a lancé Brassens. Elle a été sa bonne fée.

Dès que Patachou l'a fait passer chez elle, Jacques Canetti lui a fait enregistrer son premier disque chez Philips. Ils ont sorti *Le Gorille*. Et ça a démarré très fort à partir de ce moment-là. Pour Georges, le public s'est enflammé comme une allumette.

Après Patachou, Canetti l'a fait chanter aux Trois Baudets. Brassens n'avait alors qu'une guitare en mauvais état, celle avec laquelle il était arrivé de Sète. Pour faire de la scène, il lui en fallait une plus présentable. C'est Jacques Grello, le chansonnier, qui lui en a offert une pour ses débuts aux Trois Baudets. Georges parlait souvent de ce cadeau. Des années après, il lui en était toujours reconnaissant. D'une manière générale, il est resté très proche des gens qui ont contribué à le faire connaître.

En raison de sa timidité maladive, il avait toujours peur de mal faire, peur de déranger. Du coup, l'apprentissage de la scène a été très dur pour lui. À l'origine, en effet, il ne comptait pas chanter lui-même ; il pensait écrire des chansons pour les autres, pour Patachou, les Frères Jacques, Mouloudji, Montand, Gréco... Il ne pensait pas pouvoir jamais être interprète ; il ne se trouvait pas assez beau. De plus, quelqu'un lui avait dit : « Il faut raser votre moustache parce que ça ne plaira pas au public. » Sa réponse avait été très nette : « Si j'ai à choisir entre les deux, je préfère garder ma moustache plutôt que de faire une carrière de chanteur ! »

Sur scène, on voyait bien qu'il avait le trac. Il transpirait beaucoup ; des gouttes de sueur lui dégoulinaient du front et s'écrasaient sur les cordes de sa guitare. Malgré cela, les gens lui redemandaient des chansons et ne le laissaient pas partir. On en entendait une, on en voulait une autre et encore une autre... Un récital de Brassens était un vrai feu d'artifice d'originalité et de poésie.

Brassens a donc démarré chez Patachou ; et Patachou avait été la secrétaire de Raoul Breton. Il aurait donc été logique que les Éditions Bretons publient les chansons de Brassens : or, ça n'a pas été le cas. Quelque chose ne marchait pas entre M. Breton et Brassens, sans que j'aie jamais su ce que c'était exactement. Les Éditions Breton avaient la plus grande écurie d'auteurs-compositeurs, de Mireille à Jean Nohain en passant par Félix Leclerc, Édith Piaf, Charles Trenet, Gilbert Bécaud, Charles Aznavour, Henri Salvador, ainsi que des vedettes étrangères à qui ils faisaient chanter des chansons de leurs poulains français. Il n'était pas logique que Brassens manque à leur catalogue. Pourtant, c'était ainsi. J'ai un jour questionné M. Breton à ce sujet, et j'ai senti des réticences de sa part. Voici ce qu'il m'a dit : « Cet homme transpirait tellement qu'il me faisait peur. J'ai dîné deux ou trois fois avec lui et, au moment de nous séparer, nous nous sommes serré la main. Or la sienne était tellement moite que ça m'a déplu. Je ne pouvais pas travailler avec un auteur que j'allais voir tous les jours et à qui j'aurais dû serrer une main aussi moite quotidiennement. »

J'aime autant dire que je n'ai pas trouvé cette raison très convaincante. J'avais serré la main de Brassens à maintes reprises sans jamais rien remarquer de particulier. Je me suis dit que les mains moites de Brassens étaient peut-être un prétexte pour expliquer le fait que le courant n'était tout simplement pas passé entre eux. Peut-être Raoul Breton n'a-t-il pas cru en Brassens au moment où Patachou les a présentés. Il se peut enfin que Brassens se soit fait mettre la main dessus par Jacques Canetti, le patron de Philips. Il faut savoir qu'entre Jacques Canetti et Raoul Breton, il y avait une rivalité importante. Les auteurs-compositeurs de cette époque-là étaient édités et lancés ou par Jacques Canetti ou par Raoul Breton. À mon avis, le plus plausible serait que Jacques Canetti a réussi à mettre Brassens sous contrat avant Raoul Breton. Pour ne pas perdre la face, celui-ci se serait mis à raconter l'histoire des mains moites. Mais je suis certain que M. Breton, qui était très exclusif, très sensible, en plus d'être un amoureux de la chanson, regrettait beaucoup d'avoir manqué cet immense artiste.

Je me souviens de ce fameux Palais des Mirages au-dessus du musée Grévin, qui est le rendez-vous de tous les magiciens et de tous les illusionnistes. C'est à cet univers changeant, immatériel et imprévisible, que me fait penser le milieu de la variété.

En ce qui concerne la chanson, les succès, les effets de mode sont innombrables, et paraissent souvent incompréhensibles en raison des rapports de force souterrains existant entre producteurs, éditeurs, médias rivaux. Pourquoi Untel sort-il un disque et pas un autre ? Pourquoi Untel est-il invité par les médias plus souvent que les autres ? Pourquoi trouve-t-on du talent à quelqu'un qui en est manifestement dépourvu ?

Heureusement, en définitive, seul le public décide à qui il va accorder ses faveurs. Quels que soient les effets d'annonce dont on accompagne la sortie d'un disque, l'apparition d'un nouvel artiste, il n'y a que le public qui choisira de soutenir ou non cet artiste, d'écouter ou non ce disque.

Le public ne s'y trompait pas et aimait Brassens. J'ai continué de le voir au tout début de ma carrière, avec Brel, qui chantait alors dans la petite salle des Trois Baudets. Brel et moi, nous allions dîner avec Georges rue Lepic, dans un restaurant qui s'appelait La Taverne du jour et de la nuit. Tous deux s'appréciaient énormément. Par la suite, ils ont même acheté deux appartements voisins près de Montparnasse, en se disant qu'ils pourraient habiter côte à côte. Mais ce projet n'a pas abouti, en définitive. Brassens était malade et n'a pas emménagé du côté de Montparnasse ; Jacques, lui, est parti aux Marquises.

Après la période des cabarets, j'ai perdu Brassens de vue pendant plusieurs années et je ne l'ai retrouvé qu'au moment où j'ai commencé à travailler pour Maritie et Gilbert Carpentier. Maritie a consacré un *Numéro 1* à Georges. Dans cette émission, il a souhaité que Chantal vienne interpréter une chanson. À ce moment-là, nous nous sommes revus. Nous avons dîné tous les trois, avec Chantal, dans le petit café en bas des Buttes-Chaumont, Chez Yvette. Georges appréciait beaucoup Chantal et il aimait aussi les chansons que je lui avais écrites. À ma grande surprise, il les connaissait toutes. Or, c'était une période où j'étais très critiqué dans la presse. On y écrivait que ce que je faisais ne valait rien. Je me faisais esquinter dans *Le Masque et la plume*, sur France Inter, où on me traînait plus bas que terre. Et, en parallèle, j'ai entendu Brassens me dire : « Jean-Jacques, ne change rien. Tes chansons me touchent. Elles ne sont pas prétentieuses, ni pontifiantes. Elles mettent du soleil dans le cœur des enfants. » Naturellement, ça m'a beaucoup réconforté. Je préférais être soutenu par un artiste comme lui que par des critiques, même si les avis des critiques me faisaient malgré tout de la peine.

Nous parlions de tout avec Georges, pas seulement de Chantal et des chansons que j'écrivais pour elle. Il s'intéressait à tout. Il avait été ami avec Giacometti ; il connaissait la sculpture, la peinture... Il était artiste jusqu'au bout des ongles. Par ailleurs, il avait tout lu ; il connaissait toute la littérature. Un jour, il m'a proposé de l'accompagner à la bibliothèque municipale de son quartier, où nous sommes allés à pied. À la bibliothèque, l'hôtesse d'accueil le connaissait. Il était déjà célèbre et, pourtant, cela ne le gênait pas du tout d'aller dans un lieu public. Il a choisi deux ou trois livres, qu'on a enregistrés à son nom, sur une petite fiche. Il a remercié la dame et nous sommes partis. Il a mis les livres dans une musette qu'il portait en bandoulière, et nous sommes rentrés tranquillement chez lui. « Vous ne préférez pas acheter les livres ? » lui ai-je demandé sur le chemin du retour. Il m'a alors expliqué que certains des livres qu'il cherchait étaient épuisés, ou difficiles à se procurer. « À la bibliothèque municipale, ils ont tout. Et puis tu sais, en une nuit, je lis le livre. Le lendemain, je le rapporte et je le rends. Je ne peux pas garder tout ce que je lis, sinon je ne pourrais même plus rentrer chez moi. Tu te rends compte, je croulerais sous les bouquins ! Il vaut donc mieux les prendre à la bibliothèque et les rapporter ensuite. De plus, dans ces bibliothèques municipales, on trouve tout. Alors que les libraires ont surtout les livres du jour. Sauf exception, les best-sellers du moment ne m'intéressent pas ; je cherche certains livres bien précis. » Il aimait Céline, il avait tout lu de lui. Mais il appréciait aussi des auteurs classiques comme Victor Hugo, Lamartine. L'écrivain contemporain qui l'avait le plus marqué était sans doute Paul Valéry, pour qui il avait une véritable passion. Du reste, s'il a écrit la *Supplique pour être enterré sur la plage de Sète*, c'est en référence au *Cimetière marin* de Valéry et en hommage à ce poète. Mais d'après ce que j'ai constaté, il lisait de tout : il connaissait l'intégralité des romans de Boris Vian ; il lisait aussi énormément de polars. Et il aimait beaucoup Sartre. Ils se connaissaient, d'ailleurs, mais ne se fréquentaient pas. Sartre était un timide et Brassens était encore plus intimidé par Sartre. Ils s'étaient rencontrés aux Deux Magots et s'étaient assis côte à côte. Mais ils n'avaient pas réussi à dialoguer à cause de leur timidité commune. Tous les deux avaient pris un café ; ils étaient contents d'être ensemble, de se rencontrer, mais les mots avaient du mal à venir.

À cause de cette timidité, Georges redoutait par-dessus tout les mondanités. C'était un homme qu'on ne pouvait pas emmener dans un cocktail. Il y allait pour accompagner un ami, si ça lui faisait plaisir, mais de lui-même, il ne sortait pas volontiers de chez lui. Il ne se serait jamais montré dans la presse *people*, au contraire ! Dans ses grandes années de succès, Bruno Coquatrix voulait qu'il soit à la première de telle ou telle vedette ; avoir Georges Brassens assis au premier rang, cela aurait eu de l'allure ! Mais Georges refusait systématiquement ; si on insistait, il quittait Paris pour se réfugier à Paimpol, où il possédait une maison sur le port.

Il m'est arrivé d'aller le voir là-bas. Il vivait comme un marin. Il portait une casquette de marin bleu foncé, un pull avec les boutons sur le côté, un caban, un pantalon en velours, le tout avec de grosses bottes de marin... Il allait ramasser lui-même quelques huîtres. Chez la femme d'un marin, il achetait de la soupe de poisson, puis il me disait : « Viens ce soir casser la croûte avec moi. » Après le dîner, il prenait sa guitare et me chantait une nouvelle chanson qu'il était en train d'écrire. Pendant ce temps-là, des gens l'attendaient au premier rang d'un concert, ou dans des cocktails mondains à Paris. Ils pouvaient l'attendre longtemps : ce n'était pas sa façon de vivre. Du reste, s'il a écrit tant de chansons, s'il était si productif, c'est parce qu'il travaillait énormément. Il passait sa vie à cela.

De temps à autre, il retournait à Sète où il allait voir sa mère et César, son vieux copain, qui était pizzaïolo. Je me souviens d'un soir où j'étais en tournée dans le Sud, non loin de Sète. Il m'a invité deux soirs de suite, avec Johnny, à manger avec lui chez César, qui nous a fait des pâtes et des pizzas. Là aussi, après le dîner, Georges a pris sa guitare et a chanté. Johnny m'a dit : « Tu te rends compte de la chance qu'on a ! Tu imagines le nombre de gens qui aimeraient voir Brassens prendre sa guitare dans l'intimité comme ça ! »

Ce soir-là, à la pizzeria de César, Brassens m'a aussi fait une confidence que j'ai trouvée très émouvante : « Quand je t'entends chanter *Les Boutons dorés*, m'a-t-il dit, ça me fait quelque chose. Moi, j'aurais préféré être orphelin. J'ai eu tant de peine de voir ma mère malade et de la perdre, que j'aurais parfois préféré ne l'avoir jamais connue. Voilà pourquoi j'ai toujours aimé les orphelins ; j'aurais voulu être à leur place. »

Il vouait une véritable passion à Charles Trenet, qu'il avait vu chanter quand il était enfant. Trenet était venu donner un récital à Sète, et se souvenait parfaitement d'un jeune garçon timide mais enthousiaste, qui lui avait dit : « J'ai tous vos disques, je connais toutes vos chansons par cœur. »

Trenet m'a confié à plusieurs reprises qu'il appréciait énormément Brassens. Georges était celui à qui Trenet reconnaissait le plus de talent, et ce, alors qu'il l'avait connu en culottes courtes ! Il n'a jamais manqué un concert de Brassens : à Bobino, à l'Olympia, à l'Alhambra, partout où Brassens a chanté, si Trenet n'était pas loin, il nous emmenait le voir.

C'est en raison de cette estime et de cette affection réciproques que les rencontres Trenet-Brassens ont toujours très bien fonctionné. Brassens connaissant toutes les chansons de Charles par cœur, il les jouait à la guitare, tandis que Trenet s'asseyait au piano. Et ils chantaient ensemble les chansons de l'un et de l'autre. Il y a eu une soirée de ce genre qui a eu lieu à l'ABC, au début de l'année 1970. C'était juste avant la fermeture de ce music-hall. Le directeur de cette salle, pour se faire plaisir et finir en beauté, avait demandé à Trenet et à Brassens de venir faire une soirée exceptionnelle en chantant ensemble. Ce soir-là, j'étais dans la salle. Les gens avaient fait la queue devant l'ABC ; certains voulaient même casser le rideau de fer parce qu'il n'y avait pas assez de places. C'était unique.

Du temps où je fréquentais Marlène, j'ai essayé de les mettre en présence. Marlène aimait beaucoup Brassens, elle avait des disques de lui ; elle voulait même chanter sa chanson *Je vous salue Marie* : « Par le petit garçon, qui meurt près de sa mère, tandis que les enfants... » J'ai donc appelé Georges pour lui proposer de venir manger un pot-au-feu chez elle. Il était tout à fait content à l'idée de la rencontrer ; nous avons pris une date. Quelques jours avant le rendez-vous, il a été pris de calculs rénaux. On l'a emmené d'urgence dans un grand hôpital du 14e arrondissement, où il a subi une opération. Il a envoyé une lettre d'excuses à Marlène, dans laquelle il lui annonçait qu'il allait quitter Paris pour aller se reposer à Sète. Il promettait de la rappeler lorsqu'il irait mieux. Mais il n'a jamais recouvré la santé. Il a commencé à maigrir, à être continuellement souffrant. Il était de moins en moins souvent à Paris et voyait très peu de monde. En dehors de son médecin et de son fidèle secrétaire Gibraltar, il décommandait tous les rendez-vous. Il devait aussi venir chez moi, et j'ai moi aussi reçu une lettre dans laquelle il expliquait être trop faible physiquement. Ce sont les dernières nouvelles directes que j'ai eues de lui. Par la suite, on a su qu'il restait à Sète avec son médecin qui ne le quittait pas. Puis il est mort. À son enterrement, il y avait quelques amis et ses proches. Du monde du spectacle, étaient présents seulement Patachou et Roger Thérond. Brassens a été enterré comme il le voulait, à Sète, non loin de la tombe de Paul Valéry.

J'ai parfois entendu dire que les cimetières sont pleins de gens qui se croyaient irremplaçables. Je trouve cet adage éminemment contestable. Un véritable artiste manque nécessairement à ceux qui l'ont aimé. Et plus les années passent, plus il leur manque. Pour ma part, il y a des disparitions auxquelles je ne me suis jamais fait. Je n'ai jamais pu penser une seconde que Georges Brassens était mort. Certains artistes me paraissent absolument irremplaçables. Charles Trenet, Édith Piaf, Jacques Brel, Georges Brassens, Michel Serrault, Raymond Devos, Louis de Funès, Marlène Dietrich, Barbara... le sont.

Je connais un bar à Pigalle, Le Caprice viennois, où il y a un juke-box Wurlitzer formidable dans lequel j'aime écouter les chansons de Brassens, parce que je trouve que sa voix y est formidablement mise en valeur. Le Wurlitzer est un instrument inventé pour passer du rock ; or, c'est Brassens qui rend le mieux dans ces appareils. Cela s'explique sans doute en raison des six haut-parleurs qui s'y trouvent. Ce sont eux qui donnent aux disques de Georges leur plus beau son. Pour Brassens, qui a cette voix si particulière, très mélodieuse, avec ses graves, le Wurlitzer est l'outil idéal. Là, sa voix n'est pas couverte par les guitares, l'ensemble est très équilibré. Je trouve qu'on l'entend alors mieux que quand on l'écoute sur une chaîne peut-être plus performante...

Voilà pourquoi j'allais autrefois régulièrement au Caprice viennois, écouter Brassens en parlant avec une ou deux hôtesses mignonnes ; il ne s'agissait pas pour moi de draguer, mais de passer un bon moment. Puis, récemment, la patronne m'a dit que les disques de Brassens étaient rayés, qu'ils n'étaient plus audibles. Ce n'était évidemment pas la vérité. Mais comme j'arrivais d'ordinaire vers 1 heure du matin et que je leur faisais mettre des disques de Brassens parfois jusqu'à 7 heures, elle en a eu assez. Elle trouvait que ça faisait fuir une certaine clientèle. Du coup, j'ai cessé d'aller dans ce bar. Un jour, la patronne a rencontré Chantal, à qui elle a demandé pourquoi je ne venais plus. Chantal lui a expliqué que c'était à cause des disques de Brassens. Et la patronne m'a envoyé une lettre, dans laquelle elle m'écrivait : « Ça y est, j'ai racheté tous les albums de Georges Brassens. Vous pouvez revenir. »

À cette anecdote, on comprend sans doute à quel point je suis profondément attaché au travail de certains artistes. Et je suis persuadé de ne pas être le seul. Tous les gens sensibles et intelligents, qui aiment la chanson, fonctionnent ainsi, à mon avis. Une belle chanson – qu'elle soit française ou étrangère, peu importe, du moment qu'elle est réussie – est vraiment indispensable au monde.

29

Même si nous ne chantions plus ensemble, je continuais de fréquenter Marlène très régulièrement. « Emmenez-moi dîner dans un bistrot, me disait-elle chaque semaine, ou presque. Mais pas dans un endroit où on sera obligé d'embrasser tout le monde. » Marlène aimait bien sortir et aller dans des lieux où se trouvaient tous les gens qu'elle connaissait, mais il y avait aussi des moments où elle avait envie d'être tranquille. « On ne peut pas aller tous les soirs dans des restaurants où il faut embrasser tout le monde. »

En dépit de l'absence de Gabin à l'Olympia, de son complet silence, Marlène continuait de penser à lui et de m'en parler. Je lui ai demandé un jour pourquoi Gabin avait rompu avec elle. Elle m'a expliqué qu'ils avaient tourné ensemble un film en Amérique, et que cela s'était très mal passé. Il ne s'était pas entendu avec le metteur en scène ; il était rentré à Paris avant la fin du film et lui avait alors juré : « Tu vois, Marlène, avec ces connards, plus jamais je ne mettrai les pieds en Amérique. Je n'ai plus envie de voir des gens de cette sorte. » Elle, de son côté, avait un contrat de trois films signé avec la MGM, qui avait été retardé par la guerre. Après l'armistice, il a donc fallu qu'elle parte à Hollywood pour tourner : « Vous savez, en Amérique, on ne rigole pas avec les engagements. Si vous signez un contrat et que vous n'êtes pas sérieux, c'est fini. Vous êtes grillé à vie. Ce ne sont pas des gens qui s'amusent avec les affaires. » Apparemment, Gabin n'avait pas supporté ce côté rigide des Américains. Ni le fait que Marlène continue à travailler pour eux.

À la différence de tous les autres hommes qu'elle avait connus dans sa vie, Gabin ne lui avait jamais fait de compliments. Marlène me le racontait souvent. Mais un jour, pendant la guerre, tandis qu'ils habitaient une petite chambre d'hôtel au Plaza Athénée, où ils n'avaient pas le droit de cuisiner, Gabin lui a demandé de préparer un pot-au-feu. Il le lui demandait régulièrement car il aimait boire le bouillon qui accompagnait les légumes et disait toujours que c'était le plus reconstituant. Il ne lui avait jamais dit si c'était bon ou mauvais, mais ce jour-là, il lui a lancé une phrase qu'elle n'avait pas pu oublier : « Tu sais, Marlène, ton pot-au-feu, tu le fais mieux que ma tante Marie. » « Voilà, concluait Marlène, le seul compliment qu'il m'ait fait dans sa vie. »

Le temps passait, les années se succédaient, mais chaque jour, à chaque instant, elle attendait un appel de Gabin. Et Gabin n'appelait jamais. Elle me faisait souvent répondre au téléphone, pour filtrer les appels. Elle ne pouvait pas répondre à tout le monde : il y avait tant de gens qui voulaient lui parler ! Or, régulièrement, elle avait des appels de la nièce de Gabin. Je le lui signalais : « Je la prends tout de suite ! » me répondait-elle. Un jour, elle a fini par m'expliquer ce qu'elle avait mis au point avec cette femme. « Je voudrais être enterrée près de Gabin. Je sais exactement où est sa tombe, qui se trouve dans le cimetière non loin de sa ferme, à Moulins-la-Marche. Et j'ai racheté la tombe située à côté de la sienne à sa nièce. Pour sa nièce, j'ai acheté la concession qui est en face de celle de Jean. Il y a une allée qui les sépare ; sa nièce sera en face et moi, je serai à côté de lui. Pour toujours. » Elle m'a raconté cette histoire au moins vingt fois. Elle était très fière de son stratagème. C'était pour elle un réconfort d'y penser, de se représenter allongée à côté de Gabin pour l'éternité. Cela l'aidait à supporter son absence, le fait qu'il ne répondait ni à ses lettres ni à ses appels. « Je sais que je vais être enterrée à côté de lui, me disait-elle. Donc, plus vite ça arrivera, mieux ce sera. » J'étais démoralisé quand je l'entendais dire cela. Moi, je n'avais pas du tout envie de la voir mourir. J'adorais cette femme. Mais elle se consolait ainsi, en s'imaginant enterrée à côté de son grand amour. Or, à la mort de Gabin, quelques années plus tard, j'ai été stupéfait d'apprendre quelles dispositions il avait finalement prises concernant ses funérailles. Pendant la guerre, il avait été fusilier marin. Et pour sépulture, il a choisi celle des marins. Il a voulu être jeté à la mer, dans un cercueil en plomb enveloppé dans le drapeau français. Et c'est ce qui a été fait : on l'a jeté à l'eau à Saint-Malo, d'un porte-avions. J'ai donc téléphoné à Marlène, imaginant son chagrin et sa déception : « Vous avez entendu la triste nouvelle ? lui ai-je demandé avec précaution.

— Je n'arrive pas à le croire, m'a-t-elle répondu d'une voix découragée. Vous voyez, Jean-Jacques, même dans la mort, il a fini par m'échapper. »

À ce moment-là, Marlène vivait dans un appartement que je lui avais trouvé, avenue Montaigne. Elle avait toujours rêvé d'habiter là, parce que de sa fenêtre elle voyait le Plaza Athénée, l'hôtel où elle avait vécu pendant la guerre avec Gabin ; l'hôtel où il lui avait fait son seul et unique compliment. De chez elle, donc, Marlène voyait le Plaza et la petite lucarne de la chambre où elle avait été heureuse avec son grand amour.

Elle m'a prié de venir la voir le lendemain, et m'a expliqué qu'elle avait pris rendez-vous avec le directeur de l'hôtel. Le jour suivant, je l'ai donc accompagnée au Plaza, où le directeur l'attendait en se demandant ce qu'elle lui voulait. « J'ai quelque chose d'important à vous demander, monsieur le directeur », a-t-elle dit. Elle l'a d'abord remercié pour les services qu'il lui rendait : il prenait son courrier, le lui postait. Puis elle est entrée dans le vif du sujet : « J'ai une autorisation à vous demander : je voudrais installer un géranium sur le balcon de la petite chambre sous les toits. » Le directeur de l'hôtel a eu l'air embêté. « Madame Dietrich, s'il n'y avait que moi, vous pensez bien que vous pourriez mettre tous les géraniums que vous voulez. Mais il se trouve que c'est défendu. » Il lui a expliqué qu'une loi interdisait la présence de pots de fleurs sur les balcons, pour des raisons de sécurité. « Mais, a-t-il ajouté, pour vous, je ferai une exception. Je ferai attacher votre géranium avec du fil de fer ; il y aura même un câble, au cas où il se décroche, qui le rattrapera. Mais promettez-moi de ne pas en parler, parce que je pourrais perdre ma place. » Marlène a promis tout ce qu'il a voulu. Et nous sommes partis chez la fleuriste, à l'angle de la rue François-Ier. Marlène aimait beaucoup la marchande : elle m'a expliqué que les fleuristes avaient un métier très difficile, pour lequel elle avait du respect. « Parfois, quand les fleurs ne se vendent pas, ils ont beau les mettre au frigidaire, elles finissent par mourir. Et les fleuristes perdent tout leur argent, sans avoir même profité de leurs fleurs. »

Ce jour-là, montre en main, Marlène a mis une heure pour choisir son pot de géranium. Elle les essayait tous en les posant sur le trottoir d'en face pour voir avec le recul ce que ça donnait. Elle disait : « Celui-là est trop petit, ça ne va pas, on ne le verra pas. Vous pouvez m'en donner un autre ? Je vais prendre celui-là. » Alors la fleuriste lui disait : « Vous savez, madame Dietrich, je dois en avoir une dizaine, mais pas plus.

— Alors on va tous les mettre. Et quand ils seront l'un à côté de l'autre, je verrai celui qu'il faut pour Jean. »

Elle en parlait comme si elle allait fleurir sa tombe. Dans son esprit, c'était d'ailleurs ce qu'elle s'apprêtait à faire. Pour finir, elle a choisi son géranium. Il y en avait un qui était un peu plus fourni. « C'est celui-là que je prends, parce qu'il est plus joufflu que les autres. » Après coup, la fleuriste m'a dit : « Je suis fleuriste depuis une cinquantaine d'années, et je n'avais jamais vu quelqu'un rester une heure pour choisir un pot de géranium. » Marlène m'avait expliqué entre-temps que c'était Gabin qui lui avait appris à aimer les géraniums. Il savait que c'était une des fleurs les plus résistantes qui soient. C'est pour cette raison qu'on en plante sur les tombes des soldats, de manière qu'elles soient toujours fleuries, même quand personne ne vient plus les voir. Marlène a donc choisi une fleur de soldat pour honorer les lieux de son bonheur d'autrefois.

Nous sommes arrivés dans le hall du Plaza Athénée et elle a demandé le directeur, qui était en réunion avec l'ensemble du personnel. « Dites-lui que c'est très important, qu'il vienne avec les fils, la pince et le câble. Dites-lui que Mme Dietrich est là avec un géranium. » Le pauvre directeur est arrivé au bout de quelques minutes. Il s'est excusé auprès de Marlène : « Je suis un peu embêté parce qu'on a loué la chambre, mais enfin j'ai prévenu la personne qui est au courant de ce qu'on va faire, il n'y a aucun problème. » Marlène s'en moquait complètement. Elle est entrée dans la chambre, où il y avait un homme avec une petite moustache. Elle l'a salué froidement, sans un mot de plus, et s'est mise à installer le géranium. Je la revois, penchée sur le balcon, avec ses gants blancs en peau qui lui arrivaient jusqu'au coude... « Il faut que le pot soit au ras de la rambarde, pour ne pas gêner la tige, sinon la tige va disparaître. Je veux qu'il soit élégant, et de l'intérieur et de l'extérieur », disait-elle d'un ton énergique. Ensuite, un employé de l'hôtel a installé le fil de fer et le câble destinés à sécuriser le pot de géranium. Puis nous sommes rentrés chez elle afin de voir de sa fenêtre l'effet produit par la fleur. Et, quelque temps plus tard, Marlène a sorti un nouveau disque en français, qui comportait *Cette nuit-là*, que j'avais écrite et composée pour elle. Sur la pochette du disque, on ne voyait pas Marlène. Son nom était écrit, mais la couverture de l'album représentait un gros géranium rouge. C'est ainsi qu'elle a porté le deuil de son grand amour.

Marlène arborait sa Légion d'honneur sur tous ses vêtements, y compris sur le tablier de cuisine bleu marine dans lequel elle recevait les amis qui venaient dîner chez elle. De ce fait, très fréquemment, elle la perdait. Elle aimait beaucoup les robes de Schiaparelli, qui les taillait sur mesure pour elle. Mais, bien souvent, ces robes étaient en soie, et la Légion d'honneur glissait inéluctablement sur cette matière fluide. De ce fait, elle m'envoyait en racheter. « Vous allez m'en prendre une vingtaine d'un coup, Jean-Jacques. Comme ça, j'en aurai d'avance ! » J'allais dans la boutique du Palais-Royal, là où ils vendent les décorations, et je demandais : « Je voudrais vingt Légions d'honneur. » Le vendeur me regardait de travers et me répondait : « Je suis désolé, monsieur, mais on ne vend pas des Légions d'honneur comme ça. C'est pour qui ? » Les fournisseurs de décorations ont en effet le droit et peut-être le devoir de se renseigner avant de fournir des Légions d'honneur, sinon les gens en achèteraient pour se déguiser. J'expliquais donc que c'était pour Marlène, je précisais qu'elle avait été décorée par de Gaulle. Et je concluais en disant : « Si vous ne me croyez pas, appelez donc l'Élysée. » En général, le vendeur était convaincu. Mais on me demandait quand même : « Pourquoi vous en faut-il vingt ?

— Parce qu'elle les coud sur toutes ses robes. »

Et je revenais victorieux chez Marlène, mes vingt rubans rouges en poche.

J'avais l'habitude d'aller la retrouver à La Lorraine vers 5 heures de l'après-midi. À cette heure-là, elle avait toujours envie de boire un peu de champagne et de manger quelques huîtres. Ce n'était pas son dîner qu'elle prenait ainsi, plutôt un petit apéritif qu'elle s'offrait lorsqu'elle ne sortait pas le soir. Et un jour, attablée devant sa coupe de champagne, elle m'a parlé de Michel Simon. Elle avait rendez-vous à 18 heures avec lui, et m'a montré la lettre qu'il lui avait envoyée. Il y écrivait que toute sa vie, il n'avait rêvé que d'elle et qu'il sentait le moment venu de le lui avouer. Ils se connaissaient depuis très longtemps, du temps où elle était avec Gabin. Il avait longtemps tu cet amour, mais, désormais, il se sentait autorisé à lui révéler son rêve, qui était de finir sa vie marié avec elle. Et il promettait enfin : « Marlène, je mettrai mon pavillon de Noisy-le-Grand à votre nom. À l'intérieur, il y a une tapisserie qui vaut beaucoup d'argent, que je mettrai aussi à votre nom ». Il lui expliquait aussi qu'il souffrait énormément car on lui avait fait une teinture qui lui avait empoisonné le cuir chevelu et le sang. « Vous me verriez maintenant, vous ne me reconnaîtriez plus. J'ai les cheveux bleus. » Et la lettre se terminait sur des mots d'amour et une demande en mariage. C'était à la fois très triste et tellement incongru que je n'ai pu m'empêcher de rire. « Vous allez hériter de tout, alors », ai-je fait observer à Marlène.

Mais Marlène était terriblement embêtée. Pour elle, Michel Simon était un immense artiste, et elle l'aimait en tant que tel, mais elle ne savait comment répondre à ses déclarations d'amour, et encore moins à sa demande en mariage ou à ses promesses testamentaires.

Chez elle, il n'y avait que des murs blancs. Son intérieur était très dépouillé, très zen. Ses seuls meubles étaient deux Steinway noirs disposés l'un contre l'autre, un canapé de cuir blanc et des rideaux blancs. Elle avait aussi arrangé trois jolies lampes, très simples, qui donnaient une belle lumière. Elle n'était pas impressionnée d'aller chez quelqu'un qui avait des Picasso au mur ou des toiles de maître. « Moi, je ne peux pas vivre dans une galerie d'art », disait-elle. Il n'y avait pas de tableaux chez elle ; tout ce qu'on voyait aux murs, c'étaient des articles de journaux qu'elle découpait ou des photos de ses amis qu'elle accrochait avec des punaises. Son bureau se composait d'une planche avec deux tréteaux. Voyant cela, un jour, je lui avais dit : « Je vais vous offrir un beau bureau. – Jamais de la vie ! » m'avait-elle répondu. Elle tenait à sa planche et à ses tréteaux, au-dessus desquels elle punaisait des articles et des photos de ceux qu'elle aimait. Elle découpait Gabin dès qu'il était en photo dans un journal, et il y était souvent, ou John Kennedy du temps où elle était avec lui, et aussi les photos du drame, où on le voyait dans la voiture avec sa femme... Puis venait toujours un jour où elle sortait un sac-poubelle et me demandait : « Soyez gentil, si vous pouvez me jeter tous ces journaux parce que au bout d'un moment je ne sais plus où les mettre. » Le moindre bibelot, le moindre objet superflu l'étouffait.

« Je ne supporte pas les tapisseries, je trouve ça affreux, la poussière se met là-dedans... » m'a-t-elle confié à la brasserie. Le même soir, alors que nous dînions au Plaza, elle m'a raconté que l'entrevue avait été terrible.

Elle en était revenue bouleversée. « Que lui avez-vous répondu ? » ai-je demandé. Elle n'avait pas osé repousser franchement sa proposition. Comme elle était très intelligente, qu'elle connaissait la sensibilité et l'entêtement de Michel Simon, elle avait préféré biaiser. « Il faut d'abord que j'en parle à ma fille, avait-elle répondu prudemment. J'ai quand même des petits-enfants » ; et pour finir, elle lui a rappelé qu'elle n'était pas divorcée de son mari. Celui-ci vivait en Californie, dans une ferme où il faisait de l'élevage de poulets. Il était paralysé et se déplaçait dans une petite voiture. Marlène avait eu beaucoup d'aventures (Orson Welles, Gary Cooper, Ernest Hemingway, Erich Maria Remarque... avaient été ses amants), mais elle n'avait jamais divorcé du père de sa fille. Elle allait d'ailleurs le voir une fois par an et lui parlait souvent au téléphone. Elle a donc prétexté cet empêchement. « Je ne me vois pas demander le divorce pour épouser quelqu'un, alors que mon mari est paralysé, dans une chaise roulante... » Habile comme elle l'était, elle a réussi à refuser sans trop le blesser.

Sa vie sentimentale ne s'est pas arrêtée pour autant. Un jour où elle revenait d'Espagne, quelques mois plus tard, elle m'a demandé de venir la chercher à l'aéroport. Quand je l'ai vue arriver à Orly, avec ses lunettes noires, les lèvres serrées, j'ai senti que quelque chose n'allait pas. Elle m'a prié d'aller récupérer ses bagages sur le tapis roulant, puis nous avons pris un taxi pour rentrer avenue Montaigne.

Dans le taxi, elle m'a parlé. « Je viens de vivre quelque chose qui n'a pas dû arriver souvent à une femme. Vous savez que j'étais très proche de Pablo [il s'agissait d'un journaliste espagnol]. Il m'a escortée durant tout mon séjour à Valencia, puis il a voulu m'accompagner jusqu'au moment où je suis montée dans l'avion. Il devait me rejoindre à Paris la semaine prochaine. Il était sur le tarmac pour me dire au revoir. Il regardait l'avion dans lequel je me trouvais, le hublot derrière lequel je me tenais. À un moment donné, un hélicoptère a démarré sur le tarmac. Le pilote ne l'a sans doute pas vu. Lui-même n'a pas fait attention et, devant moi, il a eu la tête tranchée par une pale de l'hélicoptère. Il a été décapité sous mes yeux, j'ai vu sa tête partir. Je n'ai rien pu faire car l'avion dans lequel j'étais commençait à prendre son envol. Vous comprendrez pourquoi je suis au plus mal. Et donc ce soir, mon cher Jean-Jacques, nous devions dîner ensemble, mais vous comprendrez que je n'en ai pas le cœur. »

Il y a eu un grand moment de silence. Je l'ai raccompagnée jusqu'à chez elle. Elle m'a offert de boire un verre avec elle, puis elle s'est ravisée. « Au fond, non, j'ai envie d'être seule. » Elle m'a pris par le bras et a ajouté : « Vous et moi, nous avons vécu *Le Blé en herbe.* Mais maintenant, je pense qu'il est temps d'aller retrouver votre petite Lolita. » Elle m'a poussé vers la porte et me l'a fermée au nez. J'ai compris que c'était fini.

Par la suite, je l'ai revue aux Buttes-Chaumont, quand elle a tourné *Gigolo*, mais ce n'était plus la même chose. Elle était très contente de me voir, elle me tenait le bras, elle voulait qu'on aille dîner ensemble, mais ensuite elle était trop fatiguée pour le faire.

Puis, au début des années 1970, Marlène a eu un accident. Lors d'une représentation à Copenhague, au moment du salut, alors que les lumières étaient éteintes, la foule l'appelait et l'applaudissait tellement qu'elle a avancé vers les gens dans le noir. Elle n'a pas vu le bord de la scène et est tombée dans la fosse d'orchestre. Quand on l'a relevée, elle s'était cassé le col du fémur. Elle a été opérée ; on lui a fait faire de la rééducation et elle s'est remise de cette fracture, mais pas totalement. À partir de ce moment-là, elle a cessé de sortir et de voir les gens qu'elle aimait. Elle ne voulait pas qu'on la voie changée.

Après sa chute, je suis allé lui rendre visite une dizaine de fois chez elle, avec Eddy Marouani, son agent. Je lui apportais toujours un bouquet de fleurs. Elle ne sortait plus de son lit : allongée, elle me demandait des nouvelles de Chantal et de mes enfants. Elle parlait de ses projets. Elle disait qu'elle allait écrire ses mémoires, sans concessions, en disant tout.

Nous continuions de nous parler au téléphone, et parfois elle me disait de venir la voir. Puis, au dernier moment, alors que j'étais arrivé chez elle, elle se ravisait. Elle me passait des mots sous la porte d'entrée, dans lesquels elle m'expliquait qu'elle n'était pas très en forme, qu'il valait mieux reporter notre rendez-vous. Et ça a été comme ça jusqu'à la fin.

Enfin, un matin de mai 1992, Eddy Marouani m'a téléphoné et m'a dit : « Marlène est morte. »

On m'a laissé entendre qu'elle avait pris plus de médicaments que d'habitude. Je n'en suis pas surpris. Elle était arrivée au bout du rouleau et le savait. Je pense qu'elle n'a rien fait pour continuer à vivre.

Le lendemain de sa mort s'ouvrait le Festival de Cannes. Cette année-là, le Festival avait choisi le visage de Marlène comme emblème pour ses affiches. On n'aurait pas pu rêver plus bel hommage de la France pour cette immense actrice. Le pays tout entier était pavoisé de son effigie le lendemain de sa mort.

Deux jours plus tard, ses obsèques ont eu lieu à la Madeleine. J'ai vu là tous ses vieux amis, tous les gens qu'elle aimait, ses petits-enfants, sa fille. Son cercueil était recouvert d'un drapeau français, orné de toutes les médailles qu'elle avait eues : la Légion d'honneur remise par le général de Gaulle, la grande croix de guerre avec la Croix-Rouge. Après la messe, un fourgon l'a emmenée directement jusqu'au petit cimetière de Berlin où elle voulait être enterrée près de sa mère et de sa sœur, et où elle repose aujourd'hui.

30

Bruno Coquatrix n'aimait que le talent. Et il avait le don de reconnaître les artistes qui en étaient dotés, quelle que soit la discipline dans laquelle ils exerçaient.

Ce faisant, il a aidé beaucoup de gens à démarrer, et pas seulement des chanteurs. Il a ainsi contribué à installer les ballets de Georges Rech, ainsi que ceux d'Arthur Plasschaert, qui a été le chorégraphe de mes spectacles par la suite... Il a découvert des numéros qui sont ensuite partis à Las Vegas et dans le monde entier. Il a fait venir des musiciens de jazz complètement inconnus. Quand il a confié la tête d'affiche à l'Olympia à Liza Minnelli, la première fois qu'elle est venue, il faut savoir que c'était un pari risqué. En Amérique, elle était connue en tant que fille de Judy Garland, mais personne ne lui aurait confié un spectacle. Elle chantait quand sa mère la faisait monter sur scène, à côté d'elle, mais aucun producteur ne croyait en son étoile personnelle. Le premier qui y a cru, qui l'a fait venir à Paris et lui a confié l'Olympia en vedette pendant quinze jours, était Bruno Coquatrix. Cela explique que Liza l'aimait beaucoup : quand elle parlait de lui et de ce qu'il avait fait pour elle, elle avait toujours les larmes aux yeux. Il était le premier à avoir eu confiance en elle, à avoir repéré son potentiel. C'est d'ailleurs en la voyant chez Bruno Coquatrix que Bob Fosse a eu l'idée de lui confier le rôle principal de son film *Cabaret*. Ce film a été le chef-d'œuvre que l'on sait et a fait le tour du monde. À partir de ce moment-là, plus personne ne pouvait ignorer l'immense talent de Liza. Mais le premier à l'avoir découverte, c'était Bruno Coquatrix.

D'après lui, un artiste devait savoir tout faire : jouer, chanter, danser... Il ne concevait pas de séparation entre les différentes pratiques artistiques : « S'il est bon dans un théâtre, il peut être bon à l'Olympia », considérait-il. C'est ainsi qu'il a amené sur scène Michel Simon, Jacqueline Maillan, que régulièrement il faisait passer Robert Lamoureux. Son rêve aurait été que de Funès accepte de faire l'Olympia; il m'en parlait avec des sanglots dans la voix. De Funès n'avait rien contre : il avait d'ailleurs débuté au music-hall avec Robert Dhéry, dans *Les Belles Bacchantes*, mais les dimensions de l'Olympia lui faisaient peur. Coquatrix aurait également rêvé de faire passer Chaplin à l'Olympia. Mais celui-ci était déjà âgé; il a dû renoncer à ce rêve-là.

De même, il souhaitait faire venir Jean-Louis Barrault : « S'il acceptait de remettre son costume de mime, celui qu'il portait dans *Les Enfants du paradis*, s'il acceptait de rejouer le personnage de Baptiste, je lui confierais l'Olympia pendant quinze jours ou même un mois s'il le veut ! » Naturellement, cela pouvait sembler étrange : quinze jours avant, on avait vu Adamo à l'Olympia, puis Bruno Coquatrix programmait Barrault. Mais Bruno aimait cette diversité. Et en première partie de Barrault, il aurait été capable d'engager un montreur d'éléphanteaux dansant avec des oiseaux qui se seraient posés sur leurs défenses.

Grâce à ses goûts éclectiques, Bruno Coquatrix a fait passer à l'Olympia les plus grands artistes du monde entier, connus ou inconnus. Bien sûr, il appréciait ceux dont la notoriété était déjà acquise, mais je l'ai vu avoir le coup de foudre pour des artistes inconnus et les programmer nonobstant leur anonymat. Il ne supportait pas qu'un artiste dont il estimait le talent lui échappe : si une vedette avait l'habitude de passer à l'Alhambra ou au Théâtre de l'Étoile, il y avait toujours un moment où Bruno réussissait à la récupérer. Il allait la chercher et la persuadait qu'elle devait tout de même faire l'Olympia, que c'était une consécration. Que cela n'avait rien à voir avec le fait de passer au Théâtre de l'Étoile, à l'Alhambra ou ailleurs. Pour lui, passer à l'Olympia, c'était un peu comme recevoir un César.

Il n'était d'ailleurs pas qu'un directeur de music-hall. Il avait par le passé écrit de grandes chansons, des airs qui ont eu un succès international ! « Mon ange, qui veillez sur moi, oh mon ange, ayez pitié de moi », qu'a chanté Lucienne Boyer, était une chanson de Bruno Coquatrix, de même que *Clopin-Clopant*, qu'il avait écrite avec Pierre Dudan. On aura compris que j'avais une grande estime pour son jugement artistique. Mais humainement aussi, je l'appréciais beaucoup. Cet homme aimait le bon vin, il se plaisait à cuisiner et à recevoir dans l'appartement qu'il occupait au-dessus de sa salle de spectacle. Avec sa femme Paulette, ils vivaient littéralement dans les plafonds de l'Olympia. De chez lui, il pouvait brancher un système de sono et entendre tout ce qui se passait sur scène et dans la salle. Comme il ne pouvait tout de même pas assister aux concerts tous les soirs, par moments, il écoutait les artistes de chez lui, quand il avait un dîner. Même sans être dans la salle, il suivait ce qui s'y déroulait, la façon dont le public réagissait.

À propos d'Alain Souchon et de cette histoire de bluejean, si j'avais voulu argumenter avec lui, j'aurais pu objecter à Bruno que Bob Dylan avait chanté dans cette tenue chez lui. Mais dans ce cas-là, Bruno n'était pas le producteur du spectacle. Il avait loué la salle : c'était donc différent de ce spectacle pour lequel il m'avait engagé, et engagé Souchon sur ma demande. En outre, il n'avait pas assisté au tour de chant de Dylan. Il avait regardé le début de son spectacle. Dylan, je m'en souviens, était entré en scène en jean, mais avec une chemise blanche, une jolie ceinture noire. Il était très élégant. Et tout de suite après l'entrée en scène de Dylan, Bruno Coquatrix avait dit à Lucien Morisse, le producteur du spectacle : « Il joue très bien de la guitare ; il a des chansons contestataires qui plaisent à la jeunesse... Je sens que c'est un chanteur engagé qui connaît le prix des bons engagements. Mais au bout de deux chansons, j'ai tout entendu. » Puis il a tapé sur l'épaule de Lucien Morisse en disant : « Et si on allait au restaurant ? »

Si Bruno était avant tout un homme qui aimait les artistes, dans sa générosité, il appréciait aussi le fait que les artistes s'estiment entre eux, soient ouverts sur les autres et le monde. Il avait du mal avec ceux qui restaient centrés sur eux-mêmes, à l'abri d'un petit cocon. « Un artiste ne peut pas être grand quand il ne voit les choses qu'à partir de son nombril », m'a-t-il dit plusieurs fois. Il se méfiait de ceux qui fonctionnent ainsi.

Pour lui, les véritables artistes étaient aussi ceux qui avaient toujours à cœur de conquérir le public. Or il faut bien le dire : bon nombre d'artistes, une fois qu'ils ont atteint le succès, s'endorment un peu sur leurs lauriers en pensant : « Puisque j'ai déjà un public qui remplit les salles, inutile de me donner trop de mal. » Bruno n'appréciait pas ceux qui se laissaient aller à cette facilité. « J'ai connu des artistes qui étaient magnifiques quand ils avaient faim et qui, une fois le succès venu, ont perdu tout élan, sont devenus des enfants gâtés. Le public était content de les voir, eux étaient également contents de revoir leur public, mais tout cela ronronnait.. Ils ne se donnaient plus la peine de chercher à conquérir un nouveau public. » Bruno savait que, pendant ce temps-là, un autre artiste arrivait qui allait les pousser vers la sortie.

Bruno Coquatrix est mort en 1979. En 1997, on a reconstruit l'Olympia. Le nouveau n'est hélas qu'une pâle copie du premier. Seules les couleurs y sont semblables. Il faut bien savoir que le premier Olympia avait des ondes et les transmettait à la salle, ce que le nouveau ne fera jamais. Voilà pourquoi des artistes très sensibles se sont sentis mal dans le nouvel Olympia, alors qu'ils se sentaient formidablement bien dans l'ancien. Moi qui ai chanté dans les deux, j'ai cherché à comprendre ce qui se passait. Je crois avoir trouvé quelque chose.

Le premier Olympia était fait de plâtre ; il y avait certes un peu de ciment, mais surtout des madriers en bois, qui tenaient les murs et le plafond, ce qui fait que quand on tapait avec le talon sur la scène, des ondes sonores se propageaient par le bois, par le plâtre, dans toute cette salle construite avec des matériaux vivants.

Ainsi, quand Gilbert Bécaud frappait sur son piano en chantant : « Et maintenant, pa pa pa, que vais-je faire, pa pa pa, de tout ce temps », tout en tapant du pied pour marquer la mesure, le public prenait toutes les vibrations dans l'estomac, dans les membres, dans le cœur. Les spectateurs vivaient en direct ces pulsations du rythme et de la musique que transmettait Bécaud, avec ses nerfs à vif.

Et un jour, cet interprète hors pair a fait l'ouverture du nouvel Olympia. Je suis allé le voir bien sûr, puisque je le connaissais depuis mes premiers pas. À cette époque-là, Gilbert commençait à être malade, mais son enthousiasme l'emportait encore sur la maladie. Il avait une telle rage de vivre que la maladie était derrière lui comme un wagon que tirerait une locomotive pleine d'énergie. Gilbert savait que son cancer de la mâchoire allait peut-être l'emporter, mais il avait encore la force de se battre.

Au moment où il s'est mis à chanter *Et maintenant*, il tapait sur la scène avec son pied et je l'ai vu pâlir, comme s'il était à la limite, comme si ses nerfs n'allaient pas tarder à lâcher. Gilbert était un grand nerveux depuis ses débuts. Ce n'était pas un artiste nonchalant, il livrait sa nervosité, il livrait son cœur, il livrait tout.

Et sur scène, je l'ai vu qui se débattait en tapant sur le piano, en tapant du pied par terre, et, à ma profonde stupeur, j'ai remarqué, comme lui sans doute, que la salle ne répondait plus comme auparavant. Il n'y avait plus de vibrations, cette salle ne retransmettait plus l'énergie du chanteur qui se trouvait sur la scène. Gilbert a senti lui aussi que quelque chose avait changé. Pris dans l'action, il ne savait sans doute pas comment l'expliquer.

Ayant suivi de loin en loin les travaux, entre la démolition de l'ancienne salle et la construction de la nouvelle, j'avais remarqué que les matériaux n'avaient rien à voir. J'avais vu arriver des poutres en acier, du béton armé : rien que des matériaux froids. C'est comme si on donnait à Catherine Lara un violon en béton armé blanc, parce qu'elle joue avec un violon en bois peint en blanc. « Rassurez-vous, cette salle sera refaite à l'identique », avait-on dit au moment des travaux. En apparence, c'était peut-être le cas. La nouvelle salle était peut-être plus pratique sous certains angles ; on accédait sûrement plus facilement aux coulisses, sans doute y avait-il des ascenseurs qui n'existaient pas dans l'ancienne. Il ne me viendrait pas à l'idée de cracher sur une salle qui peut offrir de bons spectacles au public, mais, pour moi, on n'aurait jamais dû démolir le premier Olympia.

Dans le premier Olympia, il y avait un écho naturel né de ces matériaux nobles qu'on avait employés. Aucun artiste ne peut faire passer la même énergie à travers du béton armé. J'ai vu Gilbert lutter et s'user en vain dans le nouvel Olympia. Je l'ai vu qui souffrait. Il ne me l'a pas dit, mais j'ai bien senti que ses chansons, qu'il chantait toujours aussi bien, n'arrivaient pas de la même manière aux oreilles des spectateurs. Je ne voulais pas en parler à Gilbert ; je l'aimais trop pour vouloir le démoraliser ou même semer le doute dans son esprit.

Cette perte acoustique de l'Olympia, personne n'en a parlé. Il n'y a même pas eu un entrefilet dans un magazine. Gilbert y a laissé ses dernières forces. J'en suis arrivé à me dire que seul un artiste ayant aimé l'ancienne salle pouvait y être sensible, et personne d'autre. Quoi qu'il en soit, pour moi aujourd'hui, l'Olympia est plutôt la salle d'un Coquatriste que celle de Coquatrix.

Je préfère me rappeler l'Olympia d'avant, celui des adieux de Jacques Brel. Dans cet Olympia magique, où il avait été invraisemblable de génie. Il me faisait penser à Rimbaud qui était venu de Charleville à Paris pour crier tout ce qu'il avait sur le cœur : Brel était parti de Bruxelles pour nous chanter tout ce qui lui passait dans les veines. Je crois que ce qu'il l'a fait courir c'est Rimbaud, et si Rimbaud était revenu à ce moment-là il aurait aimé ressembler à Jacques Brel. Ils avaient beaucoup de points communs. J'ai assisté aux vrais adieux de Jacques lorsqu'il a fait son vrai dernier tour de chant au casino de Deauville. Il était arrivé dans l'après-midi avec son petit avion dans un brouillard à couper au couteau. Il était accompagné de Jojo Pasquier, son fidèle secrétaire et ami, et sa femme était venue de Bruxelles pour le voir chanter une dernière fois. Son tour de chant terminé, nous avons, Jacques, Jojo et moi, bu un verre au bar de l'hôtel Normandy. Jacques venait de prendre conscience qu'il ne reverrait plus ses musiciens dont Marcel Azzola, son accordéoniste de génie, ni ses compagnons de scène, car ce soir-là il savait qu'il était arrivé dans le dernier port. Et Jojo était comme d'habitude souriant, mais je le sentais un peu perdu en buvant une dernière bière avec lui, tandis que Jacques était monté dans sa chambre retrouver sa femme. Cette soirée fut un triste moment de nostalgie.

31

Après les deux années durant lesquelles *La Forêt magique* a rempli l'Olympia, il s'est trouvé que ce music-hall devenait presque trop petit, non pas du point de vue de la capacité d'accueil des spectateurs, mais du point de vue des dimensions de la scène. J'écrivais des spectacles dans lesquels le décor prenait de plus en plus d'espace, dans tous les sens du terme. Or, l'Olympia pouvait recevoir deux décors, mais pas davantage. Et, en raison de leur taille, les décors de notre spectacle de matinée gênaient la vedette qui passait le soir. Il y a eu Charles Aznavour, puis Gilbert Bécaud, puis les adieux de Charles Trenet, la grande rentrée de Georges Brassens, le retour de Mouloudji et Yves Montand.

Voyant cela, le producteur Roland Hubert, avec qui j'avais réalisé mes premières armes dans la chanson, et qui m'avait fait faire une dizaine de tournées en première partie de Dalida, de Marcel Amont, de Jacques Brel, de Richard Anthony, m'a proposé un jour de sauter le pas. « Jean-Jacques, il faut maintenant écrire un nouveau spectacle, et avoir le courage de le faire passer dans une grande salle. Que dirais-tu de créer le prochain spectacle de Chantal au Palais des Congrès ? »

Dans un premier temps, j'ai eu peur : ce n'est pas que je n'aimais pas le Palais des Congrès, mais je trouvais ça un peu disproportionné... Une salle de quatre mille places, cela avait de quoi m'effrayer. Mais Roland Hubert a su se montrer persuasif : voilà comment j'ai préparé pour Chantal *Le soulier qui vole*, qui est passé dans cette salle en 1981 et l'année suivante.

À l'époque, on nous a beaucoup critiqués, le producteur et moi. Je me souviens que des gens tenaient à Roland Hubert des discours du genre : « Vous allez vous ruiner ! Vous êtes fou ! Jean-Jacques Debout n'est pas metteur en scène, ce n'est pas son métier ! Si encore il y avait Robert Hossein... Mais Jean-Jacques Debout !? » Dans mon entourage aussi, les gens ne se privaient pas d'émettre des pronostics défavorables, y compris ceux pour qui je travaillais, qui me connaissaient, qui étaient prétendument proches de moi, et qui pourtant disaient dans mon dos : « Ça ne marchera jamais ! Il n'arrivera jamais à mettre en scène un spectacle de deux heures dans une salle aussi grande... » À ce moment-là, ce n'était pas Chantal qu'on attaquait, c'était moi. Tout le monde pensait que j'avais attrapé cette maladie très courante dans le milieu : la grosse tête. Et chacun était surtout persuadé que je n'avais pas les capacités pour monter un spectacle pareil. On me connaissait comme un petit chanteur ; on pensait donc qu'en dehors du tour de chant, je n'y entendais rien. Mais ce que ces gens-là ignoraient, c'est que j'avais été à bonne école.

C'est avec Marlène, comme je l'ai dit, que j'avais tout appris. Je n'avais certes jamais réglé son spectacle ; elle faisait cela elle-même. Mais elle m'avait montré tout ce à quoi il fallait être attentif, en termes d'éclairage et de son ; elle m'avait appris à composer un récital, à soigner les entrées et les sorties de scène. Elle travaillait avec des danseuses ; je savais donc ce que cela signifiait de gérer un corps de ballet. Aux États-Unis, où nous avons voyagé ensemble, elle m'avait emmené voir toutes les comédies musicales qui passaient à Broadway; ensuite, nous les commentions ensemble. C'est alors qu'elle me faisait toucher du doigt les petits secrets de la mise en scène : « Ceci, je ne l'aurais pas fait... Ils ont laissé cela un peu au hasard, c'est dommage. » Elle remarquait tout. J'avais donc été à bonne école avec elle, et, qui plus est, une école internationale. Le spectacle de Marlène était conçu pour le monde entier, pas seulement pour la France. En outre, grâce à elle, j'avais aussi fréquenté un grand metteur en scène. Marlène adorait Peter Brook ; elle m'avait emmené voir *Le Roi Lear*, au Théâtre Sarah-Bernhardt, avec le Shakespeare Theatre. Cette pièce était un monument de beauté. Et deux, trois jours après la représentation, Peter Brook avait invité Marlène à dîner. C'est comme ça que je l'ai rencontré. Par la suite, j'ai suivi quelques-uns de ses cours de mise en scène : là encore, j'ai appris beaucoup. Donc, entre Peter Brook, Marlène qui connaissait le music-hall à fond, Charles Trenet qui était un grand de la scène, et Jean-Louis Barrault que j'ai connu de près, je peux dire que j'avais eu les meilleurs professeurs qui soient.

C'est pour cette raison que je me sentais la capacité à mettre en scène; et je trouvais un peu indigne de la part de certaines personnes de me fusiller avant même d'avoir vu ce que je pouvais faire.

Mon envie de mettre en scène remontait à loin. Je me souviens que, dans mon adolescence, j'étais tombé amoureux du charme de Leslie Caron, non pas dans son film le plus célèbre, *Un Américain à Paris*, qui était magnifique et où elle a dansé d'une façon extraordinaire, mais dans une œuvre dont on ne parle plus aujourd'hui, qui s'intitulait *Lili*. Dans ce film, elle jouait avec Mel Ferrer qui tenait le rôle d'un montreur de marionnettes.

Ce personnage était un véritable magicien, qui faisait agir non seulement ses marionnettes, mais aussi tous les protagonistes de la fête foraine. J'avais adoré ce film qui m'a, je crois, profondément influencé. Si j'ai eu envie d'écrire des spectacles, c'est à cause de ce film et du personnage de montreur de marionnettes qui est, bien entendu, une image du metteur en scène.

On a cru que j'écrivais des divertissements pour les enfants ; en réalité, ces spectacles que je composais étaient pour moi des comédies musicales qui leur étaient destinées. Et comme j'écrivais pour les enfants, rien ne me semblait jamais trop beau, ni trop cher, pour leur faire plaisir. *Le soulier qui vole* a été le succès que l'on sait. Je ne reviens pas sur le triomphe de Chantal auprès des enfants, ni sur les records absolus de remplissage du Palais des Congrès qu'elle détient.

Parmi les anecdotes qui me reviennent en mémoire au sujet de ce spectacle, je retiens celle-ci. Quelqu'un avait amené Marcel Dassault à l'un des premiers spectacles de Chantal, en matinée. Il est arrivé une heure avant tout le monde ; il s'est installé dans la salle encore déserte et m'a dit : « Vous savez, j'ai beaucoup de travail, mais enfin, je peux bien m'accorder une petite récréation. Vivement que ça commence ! Je suis très impatient de voir ce que vous avez fait et de juger de la présence de votre petite femme.

— Monsieur Dassault, ai-je dit, bien embêté, on ne peut pas commencer avant l'heure.

— Puisque nous sommes en avance, emmenez-moi dans la loge. Je vais aller voir la petite Chantal Goya. »

Je les ai donc amenés, sa femme et lui, saluer Chantal qui se préparait. Ils sont entrés dans l'antichambre de la loge, qui était littéralement tapissée de bouquets de fleurs de toutes les couleurs. Puis Chantal est arrivée.

« Ma petite Chantal, a dit Marcel Dassault, je ne veux pas vous ennuyer, je sais que vous allez monter sur scène dans peu de temps. Je suis simplement venu pour vous dire que mon rêve serait que toutes les petites Françaises vous ressemblent. Voilà pourquoi, la semaine dernière, je vous ai fait mettre en couverture de mon journal, *Jour de France*. Je tenais à ce que vous le sachiez car c'est mon cœur qui m'a dicté ça, et personne d'autre. »

Chantal les a remerciés d'être venus et, après avoir échangé quelques mots, elle est partie se préparer. Je les ai raccompagnés à leurs places. Entre-temps, la salle s'était remplie et tous les enfants commençaient à taper dans leurs mains en criant « Chantal ! Chantal ! ». Marcel Dassault prenait la mesure du succès du spectacle avant même son commencement.

À la fin de la représentation, je suis allé le retrouver. C'est alors que Marcel Dassault m'a fait une proposition : « Écoutez, il me vient une idée. Il va y avoir prochainement des élections à Beauvais. Accepteriez-vous que Chantal vienne y donner son spectacle ? Je voudrais l'offrir à tous les habitants de la ville, non pas pour gagner les élections, puisque je suis déjà élu [il était alors député de Beauvais], mais pour leur faire un cadeau... Je voudrais leur montrer que la poésie est toujours sur terre et qu'il y a encore de jolies choses qui existent. » J'ai promis de voir avec Chantal comment nous pourrions organiser cela. Il a alors ajouté : « Vous savez, Jean-Jacques, il y a longtemps que je n'ai pas vu un spectacle aussi homogène, où tout va avec tout, où il n'y a pas une chanson qui détonne par rapport aux autres... De la première chanson à la dernière, des danseuses jusqu'aux éléments des décors, tout a été pensé pour contribuer au plaisir du spectateur. Les enfants qui ont la chance de voir votre spectacle n'ont sans doute pas vu cela souvent dans leur vie. Voilà pourquoi je vous engage à Beauvais. »

Deux jours plus tard, je me suis donc rendu en bas des Champs-Élysées, là où il avait son bureau qu'on appelait le bureau de *Jour de France*, alors qu'en réalité, c'était le sien. Il y traitait beaucoup d'affaires qui n'avaient rien à voir avec *Jour de France*. Il s'y trouvait toujours de très bonne heure : après s'être levé à 5 heures du matin, il arrivait là à 6 h 30 et, dès 7 heures, il donnait ses premiers rendez-vous. Il m'a accueilli très cordialement : « Je m'excuse de vous avoir fait lever aussi tôt, mais on ne pouvait voir ça que de bonne heure. Plus tard dans la journée, vous êtes occupé par vos enregistrements, et moi je le suis avec tous mes rendez-vous. C'est bien d'être matinal, de toute manière ; les questions importantes, il faut toujours les traiter très tôt le matin. Après, ce n'est plus pareil, on est pris par cent mille problèmes. Alors, que pense notre petite Chantal Goya de venir chanter à Beauvais ? » Il ne faisait pas encore tout à fait jour, et, tout en me parlant, avec son cache-col et ses petites lunettes rondes, il appuyait sur tous les boutons parce qu'il ne voyait pas clair. Il éteignait les lumières en pensant qu'il allait les allumer, puis il s'énerva et il appela sa secrétaire : « Madame Carré ! Venez ! Tout est en train de s'éteindre, j'ai l'impression qu'on est en panne de courant ! » Sa secrétaire arriva, elle appuya sur le bon bouton et, tout à coup, dans le bureau, tout s'éclaira.

Je lui ai dit que Chantal le remerciait de s'être déplacé pour voir son spectacle. « Non, qu'elle ne me remercie pas, elle m'a fait passer un après-midi comme il y a longtemps que je n'en avais pas passé. Alors ? Est-ce qu'elle est d'accord pour venir chanter à Beauvais ? » À ce moment-là, j'ai compris que cet homme était monstrueusement décidé : il avait en tête cette idée de Beauvais et ne pensait plus qu'à cela. Je lui ai donc expliqué que pour le décor, il fallait une dizaine de mètres de haut, vingt-cinq mètres de dégagement pour la scène, et par conséquent une salle de spectacle assez grande. Marcel Dassault m'a dit qu'il se renseignerait auprès du maire de Beauvais pour savoir quelle était la plus grande salle de la ville. Nous avons repris rendez-vous pour la semaine suivante.

Le lundi suivant, à 6 h 45, j'étais de retour. Marcel Dassault m'a dit : « Alors, j'ai un petit problème ; surtout n'en parlez pas à Chantal. J'ai annoncé sa venue au maire de Beauvais et il s'y oppose complètement. Il m'a dit qu'il n'aimait pas Chantal Goya et qu'il n'était pas question qu'il l'accueille au théâtre municipal de Beauvais, alors que je voulais offrir la représentation à tous les administrés. Ce n'est pas grave ; c'est un maire de gauche, je ne critique pas la gauche, il faut de tout pour faire un pays. Mais ce n'est pas la gauche non plus qui m'empêchera de faire venir une artiste sous prétexte que le maire ne l'aime pas ou qu'elle n'est pas de son bord politique. » J'ai alors spécifié que Chantal ne faisait pas de politique, qu'elle avait répondu à l'invitation de Georges Marchais comme à celle de Valéry Giscard d'Estaing pour le Noël des employés de l'Élysée. Mais Marcel Dassault continuait dans son raisonnement : « Alors, j'ai dit au maire que je ne voulais pas en faire une épreuve de force, que ce n'était pas mon genre. J'ai acheté deux hectares à un cultivateur de betterave à exactement un kilomètre et demi de Beauvais. Je vais les faire bétonner ; puis je ferai venir le plus grand cirque d'Italie, qui appartient à des gens que je connais. Ils ont un très grand chapiteau, beaucoup plus grand que le théâtre municipal de Beauvais. Dans le fond, ce maire nous rend service, car votre spectacle n'aurait pas pu rentrer dans le théâtre municipal. » J'écoutais sans mot dire, je le laissais continuer à résoudre les difficultés une par une pour réaliser ce qu'il désirait.

« Mais j'ai un problème, a-t-il continué, parce que avant que le spectacle commence, je voudrais offrir des mirlitons à tous les enfants qui vont venir. Et je vais offrir une petite Samba décapotable à toutes les femmes enceintes, je pense qu'elles seront contentes. » Il avait acheté toute une fin de série, environ trois mille voitures, et il voulait les offrir au cours du spectacle de Chantal. Restait à résoudre le problème des mirlitons : il avait donné rendez-vous à un fabricant pour choisir le modèle qui lui convenait et m'a prié de l'excuser pendant une heure, le temps pour lui de faire ce choix crucial.

Je suis allé boire un café ; une heure plus tard, quand je suis revenu, l'annonceur a dit mon nom à Marcel Dassault qui a crié : « Qu'il entre ! » Je me suis avancé et j'ai vu Marcel Dassault rire à gorge déployée derrière son bureau. Il pouffait tout seul ; sur son bureau se trouvaient des dizaines de mirlitons de grandeurs et de couleurs différentes. Il y en avait un grand rouge, un doré, un jaune, un vert, un phosphorescent, un qui s'allumait tout seul, un autre qui faisait de la musique quand on soufflait dedans. Marcel Dassault soufflait dans tous les mirlitons, les uns derrière les autres, en me demandant : « Et celui-là ? Comment le trouvez-vous ? » Il les a tous essayés pour moi avant de conclure : « C'est celui qui fait de la musique le plus drôle. Les enfants vont avoir envie d'avoir le plus grand dans leurs mains ; il est rouge et doré, mais il ne fait pas de musique. Et finalement, celui-là, qui est moins grand, qui me plaît moins, se déplie mieux que le grand et produit un joli son. Mon choix va donc vers celui-là. Qu'en pensez-vous, mon cher Jean-Jacques ? » J'étais évidemment d'accord avec lui. Il en a commandé cinq mille au marchand en précisant : « Faites-moi un prix parce que je vais les distribuer gratuitement. Mais vous savez, je paie toujours rubis sur l'ongle ».

Le marchand de mirlitons est sorti du bureau. J'étais stupéfait de la scène à laquelle je venais d'assister. Dassault passait des avions supersoniques au mirliton à musique, des élections beauvaisiennes aux spectacles de Chantal... Je me suis alors permis de lui faire observer la chose suivante : « Mais il y a toujours un enfant en vous, monsieur Dassault !

— Vous ne m'avez pas mal jugé, mon cher Jean-Jacques, m'a-t-il répondu. C'est peut-être ce qui explique pourquoi j'aime beaucoup Chantal, pourquoi j'aime la façon dont elle joue, pourquoi j'aime cette joie qu'elle livre à travers les spectacles que vous lui écrivez si joliment. Et si je peux vous aider, modestement, à travers mes journaux et à Beauvais, eh bien, je le ferai volontiers. Voilà ce qui vous amène aujourd'hui dans mon bureau. Mais ce n'est pas fini : pouvez-vous rester encore un peu ? »

Il m'a alors annoncé qu'il s'apprêtait à produire un film avec Gaumont. « Bien sûr, si ça vous amuse d'en faire la musique, je vous la confie », m'a-t-il offert. Le titre du film n'était pas défini, il m'a expliqué pourquoi : « J'attendrai le dernier moment pour choisir le titre, en fonction des rushes que nous verrons, je déciderai de cela avec Marcel Jullian. » Puis il m'a raconté que les gens de Gaumont étaient très pris, qu'il devait superviser le casting lui-même, que cela ne l'arrangeait pas, parce qu'il devait partir le matin même avec sa femme, faire une cure à Gréoux-les-Bains. « J'aimerais que vous restiez avec moi et que vous me donniez votre avis. Voici déjà le scénario.

— Mais, monsieur Dassault, je n'ai pas le temps de le lire !

— Vous le lirez chez vous ! Mais je vous dis grosso modo : c'est l'histoire d'un ministre qui est très embêté car il rentre chez lui de plus en plus tard le soir. Sa femme commence à s'inquiéter parce qu'elle comprend qu'il a une maîtresse. Et un soir, alors qu'il rentre encore plus tard que d'ordinaire, d'un geste machinal, sa femme met la main dans la poche du manteau de son mari et elle en sort une petite culotte... Il nie qu'elle appartienne à une quelconque maîtresse, prétend qu'il s'agit d'un coup monté... À ce moment-là, sa femme s'effondre par terre, elle se met à pleurer. Il la prend dans ses bras, lui jure qu'il n'a pas de maîtresse, et on comprend qu'il se remet à l'aimer. Mais au même moment, un mainate placé dans l'entrée, qui a assisté à toute la scène, se met à dire : “ C'est pas vrai ! C'est pas vrai ! C'est pas vrai ! ” À ce moment-là... »

À ce moment-là, il était environ 11 heures ; j'étais dans son bureau depuis quatre heures au bas mot. Marcel Dassault s'est alors souvenu que les acteurs convoqués pour le casting attendaient sa venue dans le salon ; nous sommes donc descendus ensemble pour les voir. En chemin, nous avons rencontré Robert Sussfeld, Alain Poiré, le metteur en scène, Claude Vital, le fils de Jean-Jacques Vital, dont Marcel Dassault était le parrain. Et je revois les domestiques, tandis que Marcel Dassault arrivait, ouvrir les portes du grand salon, qui était plein de comédiens. À la vue de Marcel Dassault qui faisait son entrée, tout le monde s'est tu dans le grand salon, où étaient accrochés de nombreux tableaux de Renoir, Manet, Monet... On se serait cru à la cour, lorsque le roi faisait son entrée. Il ne manquait que quelques révérences.

Il était question que Marcel Dassault voie l'un après l'autre tous les acteurs pour les rôles écrits ; Robert Sussfeld et Alain Poiré devaient les lui présenter un par un. Il m'a demandé ce que je pensais des comédiens présents, comment je les trouvais. J'étais bien en peine de répondre : « Écoutez, monsieur Dassault, je n'ai pas lu le scénario, je connais un peu l'intrigue du film, mais je ne peux pas trop donner mon avis.

— Ils ne sont pas mal, hein ? »

Puis il s'est tourné vers la foule d'acteurs et leur a annoncé : « Je vous remercie d'être venus au rendez-vous. Normalement, je devrais vous faire passer une audition, mais bon... Ce que je voudrais, c'est que vous parliez entre vous, normalement, comme dans la vie quand les gens se parlent. »

Après un silence de mort, tous se sont mis à parler en même temps. Et tout à coup Dassault a crié : « Silence ! Bon, je vous ai entendus jouer, je vous engage tous. Bonne journée et à bientôt. » Il s'est tourné vers Robert Sussfeld et Alain Poiré : « Engagez-les tous, ils sont formidables. De toute façon, dedans, Claude Vital trouvera bien ses acteurs. » Puis il est monté à l'arrière de sa Rolls-Royce, qui était elle-même encadrée par deux Mercedes blindées, et il est parti pour Gréoux-les-Bains.

Le spectacle de Chantal à Beauvais a été une vraie réussite. Le chapiteau était au point, les mirlitons ont enchanté les enfants... Quelque temps plus tard, je me suis à nouveau retrouvé dans le bureau de Marcel Dassault, avec cette fois mon petit magnétophone sur lequel j'avais enregistré des chansons composées pour son film.

Il m'avait dit : « Je veux une très belle musique romantique qui me rappelle *Le Docteur Jivago.* » Je n'ai jamais aimé copier quoi que ce soit, mais, me basant un peu sur ce que j'avais vu du scénario et des premiers rushes, je m'étais fait une petite idée et j'avais composé quelques airs que je lui ai fait écouter.

« C'est parfait ! Les enregistrements se feront à Prague.

— Mais, monsieur Dassault, nos musiciens à l'Opéra de Paris jouent aussi bien que ceux de Prague ! »

— Oui, mais ce n'est pas tout à fait pareil.

— Mais ce serait moins cher. Il y en a au moins pour quinze jours d'enregistrement.

— Oui, mais je mettrai un avion à votre disposition. Vous irez à Prague, c'est tellement beau, les violons, là-bas.

— Vous savez, nous avons des violons aussi bons que ceux de Prague ! Et les plus grands chefs d'orchestre du monde entier se disputent pour venir diriger l'Opéra de Paris ou celui de Marseille...

— Oui, mais ce n'est pas pareil. Vous ne comprenez pas, de toute façon vous ne pouvez pas comprendre. »

En effet, je ne comprenais pas, mais je me suis tu. Et il a fini par m'expliquer le pourquoi de ce caprice : « Quand j'ai connu ma femme, je l'emmenais à Prague pour mes affaires. C'est là que j'ai découvert qu'elle savait valser, à cause de ces orchestres avec les violons, dans la salle de bal de l'hôtel où nous descendions. Et j'aimais valser avec elle sur les violons de cet orchestre de Prague, alors je les entends encore, et je sais que les meilleurs violons du monde sont à Prague. Ça, vous ne me l'ôterez pas de la tête. Et puis ça fera plaisir à ma femme : je lui dirai que la musique du film est enregistrée à Prague, ce qui lui rappellera quand nous dansions la valse ensemble. C'est pour ça, mon cher Jean-Jacques, que je voudrais que vous alliez à Prague enregistrer la musique. Ça y est, nous avons trouvé le titre, je suis tombé hier d'accord avec Marcel Jullian sur *Le Voyage en bateau*. Qu'est-ce que vous en pensez ? »

Deux jours plus tard, nous avions rendez-vous dans sa salle de projection au Paris, l'un des plus beaux cinémas des Champs-Élysées, qui était mieux aménagée encore que les salles ordinaires, avec la stéréo dans les fauteuils. Je pense que c'était la salle la plus performante du monde. Nous avons vu les rushes du *Voyage en bateau*, qui était sous-titré *Les parents ne sont pas sérieux cette année*. Quelque temps plus tard, le film est sorti en salles.

Il s'est trouvé que *Le Voyage en bateau* n'a eu aucun succès ; il s'est même transformé en véritable naufrage financier. Marcel Dassault en a été profondément affecté et m'a tenu à ce sujet des propos très amers : « Je crois que les gens n'ont plus envie d'aller au cinéma, ils sont gavés par la télévision ; ils ne veulent voir que des films à domicile. Moi, j'ai construit une salle dans laquelle j'ai mis tous mes efforts, j'ai fait ce que j'ai pu. Mais puisque c'est ainsi, je vais la faire démolir et j'en ferai des bureaux que je louerai », a-t-il annoncé.

La société Gaumont a lutté, Robert Sussfeld a tout fait ; Alain Poiré a passé des heures entières à essayer de le dissuader. Cela n'a servi à rien. Marcel Dassault a fait démolir le cinéma Le Paris, comme il aurait cassé un jouet qui ne lui plaisait plus. Le plus beau cinéma des Champs-Élysées, et le plus performant, a disparu parce que son propriétaire n'a pas supporté l'échec d'un film. Cet homme allait au bout de ses idées, tout le temps, pour le meilleur comme pour le pire.

32

Dans la dernière lettre que j'ai reçue de Jacky, juste avant qu'il ne s'évade de la Santé avec Jean-Charles Willoquet, il m'écrivait ceci : « Mon cher Jean-Jacques, je t'ai vu dimanche dernier à la télé, dans l'émission *Les Rendez-vous du dimanche*. Michel Drucker a l'air d'être un brave type ; pourrais-tu m'avoir un autographe de lui, ainsi que pour Willoquet qui l'aime beaucoup ? J'ai remarqué que tu n'avais pas la langue dans ta poche et Michel Sardou non plus. Je vois que Johnny est un chic type, qui a l'air de bien t'aimer. Vous formez là une belle bande de copains dont j'aimerais faire partie. Je joins à cette lettre une photo de moi prise à la Santé. Ici, je suis mieux gardé que la couronne de la reine d'Angleterre, car il faudrait au moins quinze armoires pour pouvoir contenir l'ensemble de mes dossiers. Que c'est loin Juilly, que c'est loin tout ça. Je t'embrasse en espérant peut-être te revoir, mais cette lettre est sans doute la dernière que je t'envoie. J'ai bien l'intention de partir, de m'évader et d'en buter une bonne cinquantaine avant de me faire buter moi-même. Ainsi, je t'envoie la bise des voyous. Ta vie s'est accompagnée de 45 tours, la mienne de 6.35. Adieu. Jacky. »

Peu après, il s'est en effet évadé de la Santé. Il a

commis, entre autres, un fameux casse à Deauville. Quelques jours plus tard, un homme portant une barbe et des lunettes est arrivé devant ma maison de La Troque, près de Houdan, dans une Citroën. Seule Chantal était présente.

« Je suis un ami de Jean-Jacques, est-ce qu'il est là ? a demandé l'homme.

— Non, il est parti voir sa mère. »

Il lui a demandé de lui indiquer la route pour Paris. Chantal s'est alors approchée de la voiture ; à ce moment-là, en le voyant de près, elle a compris de qui il s'agissait. Elle avait vu des photos de lui, naturellement. Jacky lui a dit : « Vous direz bien bonjour à Jean-Jacques pour moi. » Il a redémarré en trombe et il est parti à toute allure.

Je suis rentré une heure plus tard. Ce soir-là, le réalisateur Rémy Grumbach devait venir dîner à la maison. Comme il n'arrivait pas, j'ai appelé chez lui : « Écoute, c'est impossible d'arriver chez toi car toutes les routes sont barrées par des CRS. D'après ce que je comprends, ils cherchent quelqu'un qui arriverait de Deauville. »

Je me trouvais dans un hôtel à Broadway lorsque j'ai eu pour la dernière fois des nouvelles de Jacky. J'avais laissé la télévision allumée et j'ai tout à coup entendu « *french connection* », « Jacques Mesrine ». Puis la télévision a diffusé des images tournées en France : un journaliste parlait à côté d'une voiture où l'on voyait Jacky effondré sur le volant d'une voiture, la tête pleine de sang.

Plusieurs années plus tard, j'ai déjeuné chez Anne d'Ornano, en compagnie de personnalités politiques. Michel Poniatowski, qui prenait un verre au bord de la piscine, s'est approché de moi discrètement. « Je sais que vous étiez un ami de Mesrine, m'a-t-il dit. Nous avions tous les doubles des lettres que vous lui envoyiez, puisque tout était lu. Et quand il vous adressait une lettre, nous en avions également une copie. » Je n'étais pas surpris : il est d'usage que le courrier des prisonniers soit lu intégralement.

Voilà ce que je sais de l'histoire de Jacky Mesrine. Je ne crois pas qu'on puisse en connaître beaucoup plus.

33

« Écris un nouveau spectacle pour Chantal », m'a suggéré Roland Hubert, après le triomphe du *Soulier qui vole* au Palais des Congrès. Dans les premières chansons que j'avais écrites pour Chantal intervenaient des personnages de Walt Disney : Mickey et Minnie, mais aussi les cannetons Riri, Fifi et Loulou, Donald, etc. J'avais obtenu l'autorisation de la firme américaine pour ce faire, mais il s'est trouvé que le succès remporté par Chantal en a effrayé certains. Les directeurs des salles de cinéma qui diffusaient des dessins animés ont redouté que le music-hall ne porte ombrage aux films destinés aux enfants, et se sont plaints aux dirigeants de la firme américaine. Voilà pourquoi, lorsque j'ai voulu monter un nouveau spectacle pour Chantal, je me suis entendu dire : « Désolé, mais nous ne souhaitons plus que vous fassiez référence aux personnages de Walt Disney. » *Allons chanter avec Mickey* et *Riri, Fifi, Loulou* étaient pourtant d'énormes succès et avaient rapporté à leurs ayants droit de confortables revenus, mais j'ai compris que c'était fini.

Je me suis donc mis en quête d'autres sources d'inspiration ; c'est ainsi qu'un jour d'automne, je me suis retrouvé devant une vitrine où figuraient tous les albums de Bécassine. J'ai poussé la porte, et j'ai fait la connaissance de M. Moreau, directeur des éditions Gautier-Languereau. Éditeur de cette bande dessinée, il en avait aussi été le scénariste, sous le pseudonyme de Caumery.

Je lui ai parlé de mon affection pour le personnage de Bécassine, que je connaissais depuis mon enfance. Ma sœur Claudie possédait tous ses albums, que j'ai lus moi aussi avec délices. J'aimais ce personnage naïf et dévoué, à qui il arrivait des aventures simples et touchantes. M. Moreau m'a raconté que son héroïne lui avait causé de nombreux soucis : des extrémistes bretons, mécontents de l'image que Bécassine donnait de la Bretagne, avaient par le passé plastiqué et fait exploser sa vitrine. On lui avait également beaucoup reproché l'apparition d'un avion arborant une croix gammée, lors de la seconde guerre ; on avait vu là l'aveu d'une attitude favorable à l'occupant. Mais surtout, depuis les années 1950, Bécassine était peu à peu tombée dans l'oubli. Pour beaucoup, elle appartenait à une période révolue.

J'ai expliqué que, pour un spectacle musical destiné aux enfants, je souhaitais écrire une chanson qui fasse intervenir cette héroïne chère à mon cœur. M. Moreau n'avait rien contre. « La seule chose, m'a-t-il dit, c'est que Mme Pinchon, la veuve du dessinateur Émile Pinchon, doit donner son autorisation. » Devant moi, il a composé son numéro de téléphone. On a décroché immédiatement. M. Moreau a organisé une rencontre entre Mme Pinchon et moi-même, qui a eu lieu quelques jours plus tard, à la maison d'édition. Mme Pinchon était venue avec une amie, qu'elle appelait Loulotte. Elle nous a raconté comment le personnage de Bécassine avait été inspiré à son mari par une jeune fille qui travaillait chez eux et commettait nombre de bêtises. Son amie Loulotte avait inspiré au dessinateur le personnage de l'enfant dont Bécassine a la garde dans la bande dessinée. « Surtout, m'a recommandé Mme Pinchon, dans votre chanson, n'oubliez pas de mettre Loulotte ! » J'ai promis de ne rien oublier et annoncé que, dans le spectacle, il y aurait de beaux costumes et de beaux décors ; je comptais notamment placer un camion, un avion... « Surtout, m'a dit M. Moreau, ne donnez pas une mauvais image de la Bretagne, et ne mettez pas de croix gammée sur l'avion ! Sinon, je serai à nouveau plastiqué, c'est certain ! » Je l'ai rassuré de mon mieux.

Quelque temps plus tard, Chantal, costumée en Loulotte, a fait un triomphe avec sa cousine Bécassine, qui a connu une seconde jeunesse au Palais des Congrès, puis dans toute la France.

De même, j'ai obtenu de la descendante de Sophie Rostopchine l'autorisation de mettre en scène des personnages de l'œuvre de la célèbre comtesse. Deux ans après, je suis également allé trouver M. Hergé en Belgique, pour le prier de m'autoriser à faire figurer ses personnages dans un spectacle de Chantal. « Il n'acceptera jamais ! » m'avait-on dit. M. Hergé a accepté de me recevoir. Lorsque je suis arrivé chez lui, il était en train de déballer un immense colis, dont il m'a fait admirer le contenu : il s'agissait de son portrait, peint par Andy Warhol.

Hergé était alors fort malade, de la leucémie qui devait l'emporter quelque temps plus tard. Néanmoins, après m'avoir donné son accord sans faire aucune difficulté, il a tenu à mettre lui-même la touche finale à ses personnages. Quand les masques destinés à représenter Tintin, le capitaine Haddock, les Dupond et Dupont, la Castafiore et le professeur Tournesol ont été réalisés en résine quelques mois plus tard, comme convenu, je suis retourné le voir en les lui apportant. Et c'est lui-même qui a peint ces masques, et leur a donné l'expression finale. Malgré sa maladie, il est venu assister au spectacle dans la grande salle du Forest National à Bruxelles, où il a vu Chantal chanter et danser en compagnie de Tintin. « Voilà, m'a-t-il déclaré fort réjoui, mon Tintin qu'on accusait d'être misogyne a désormais une fiancée ! »

En 1981, j'avais déjà composé de la musique pour des dessins animés : j'avais écrit la bande-son des *Trois Mousquetaires*, celle des *Misérables*. Et un jour, un producteur m'a appelé en me disant qu'il venait d'acheter un dessin animé pour lequel il lui fallait une nouvelle bande-son. « La chanson japonaise ne plaira pas au public français, il faut que tu m'en écrives une », m'a-t-il annoncé un mercredi matin. Il lui fallait cette bande-son pour le lundi suivant, date à laquelle il devait livrer à Antenne 2 le dessin animé terminé. J'ai regardé le pilote, dans lequel intervenait un capitaine de vaisseau intersidéral, à qui il arrivait des aventures dans l'espace ; je me suis rendu au studio d'enregistrement du Palais des Congrès. J'ai appelé mon ami Roger Dumas, à qui j'ai appris que le dessin animé allait s'intituler *Capitaine Flam*. J'ai commencé à jouer sur le piano en composant la mélodie. Au fur et à mesure, Roger Dumas écrivait les paroles sur la musique, les musiciens du studio me suivaient; nous ne disposions même pas du temps nécessaire à l'écriture d'une orchestration. Tout a été fait dans l'urgence : voilà comment est née cette chanson.

Dès les premières diffusions à la télé, le dessin animé a énormément plu. Il comportait cinquante-neuf épisodes : les enfants ont donc entendu cinquante-neuf fois la chanson du générique. Je sais que la chanson a contribué pour une bonne part au succès de ce dessin animé. Quand d'autres télévisions l'ont acheté, il a fallu traduire la chanson dans toutes les langues; elle a même été traduite en japonais et, au Japon, elle a relancé le dessin animé.

Aujourd'hui, dans les boîtes branchées, en fin de soirée, il n'est pas rare d'entendre cette chanson, que tout le monde reprend en chœur. On voit alors les jeunes porter l'un des leurs et le faire voler en chantant « Capitaine Flam, tu n'es pas de notre galaxie... Mais du fond de la nuit, Capitaine Flam... D'aussi loin que l'infini, tu descends jusqu'ici, pour sauver tout les hommes ». À les entendre, on pourrait croire qu'il s'agit d'un hymne national. Et dans le fond, c'en est un, puisque cet air est en quelque sorte devenu l'hymne de leur enfance.

34

J'ai rencontré François Mitterrand à plusieurs reprises, mais toujours dans des circonstances particulières. En Mai 68, pendant les manifestations étudiantes, je suis passé un jour en voiture devant l'École de médecine. Les heurts entre étudiants et CRS étaient très violents ; je me souviens d'avoir vu des hordes de CRS casqués, avec leurs matraques, qui tapaient sur tout ce qui bougeait, aveuglément. Moi qui me contentais de passer là par hasard, j'ai eu peur : je me suis dit qu'ils allaient donner des coups même sur ma voiture. J'ai donc accéléré. J'ai pratiquement brûlé le feu rouge qui me séparait de l'autre partie de la rue des Saints-Pères et du boulevard Saint-Germain pour arriver plus vite devant le 74, rue des Saints-Pères, où j'habitais. En jetant un coup d'œil dans le rétroviseur, j'y ai vu que les CRS commençaient à se rapprocher. Ce n'était pas après moi qu'ils en avaient, mais le hasard a fait qu'ils suivaient ma route en distribuant des coups à tous ceux qu'ils croisaient sur leur passage. Au moment où j'ai tourné le volant pour passer sous le porche de mon immeuble et garer ma voiture dans la cour, j'ai vu trois hommes qui étaient en train de se concerter pour savoir quelle attitude adopter. Je ne savais pas qui ils étaient, mais je me suis dit que mon devoir était de les protéger.

Je suis descendu en vitesse de voiture, je leur ai ouvert le portail en disant : « Venez vite dans la cour. » Ils sont entrés et j'ai refermé le porche tout de suite derrière eux. C'est seulement alors que je les ai reconnus : il s'agissait de François Mitterrand, Gaston Defferre et Pierre Mendès France. À l'abri dans ma cour, ils ont ainsi pu échapper aux coups des CRS qui ne les auraient sûrement pas épargnés, car ils matraquaient tout sans distinction.

Par la suite, j'ai revu François Mitterrand au Twickenham, le pub qui se trouvait à côté de chez moi. À l'époque, il venait attendre Anne Pingeot, non loin de la bibliothèque Mazarine. C'était en 1980, avant la campagne présidentielle. Il est entré dans le pub et s'est assis dans le box voisin du mien. Je l'avais vu la veille à la télévision dans le face-à-face avec Giscard, et je l'avais trouvé dur. J'avais été un peu déçu de la façon dont il agressait son adversaire. Évidemment, je savais que deux hommes politiques mis face à face ne sont pas là pour s'offrir des dragées de chez Martial, mais j'avais tout de même été choqué par l'attitude de Mitterrand. Et le lendemain de ce face-à-face, le hasard m'a mis en sa présence.

Depuis la banquette du Twickenham, François Mitterrand a tourné la tête vers moi et m'a demandé : « Comment allez-vous, monsieur Debout ? » Nous avons engagé la conversation et, en bavardant, je n'ai pas pu m'empêcher de lui dire : « Je vous ai vu hier soir, dans le face-à-face avec le président Giscard d'Estaing. Mais à mon avis, vous pouvez toujours ramer : je pense que vous ne serez jamais élu président de la République. » Mitterrand m'a regardé sans s'émouvoir, avant de répondre : « C'est votre point de vue. J'en prends bonne note. » Mais bien entendu, il n'avait pas trop apprécié ma remarque. Je le sais parce que, lorsque nous nous sommes croisés chez Lipp, peu après, il a détourné la tête de façon à ne pas avoir à me saluer. Peu après, comme chacun sait, il était élu président de la République...

Par la suite, je l'ai revu avec Charles Trenet. Il ne m'en voulait plus. Il ne m'a même jamais reparlé de cette prédiction maladroite que je lui avais faite. La seule chose qu'il m'a dite, en me prenant le bras, c'est : « Je me souviens de vous, quand vous étiez rue des Saints-Pères, pendant Mai 68. Vous avez eu un très beau geste pour M. Defferre, M. Mendès France et moi-même. Je vous en remercie. » De ceci, j'ai inféré que François Mitterrand était beau joueur. Il avait feint d'oublier ce que je lui avais dit au Twickenham, mais s'était souvenu de ce que j'avais fait pour lui (tout comme je l'aurais fait pour n'importe qui, d'ailleurs).

Le début des années 1980 était un moment où Charles Trenet allait très mal. Vingt ans avant sa disparition, il ne croyait plus en lui ; il savait qu'il avait été Trenet, mais se considérait comme fini. Il ne voulait plus entendre parler de chanson, ni de rien du tout. Je me souviens d'un jour où nous sommes allés ensemble, Mme Breton, Charles et moi, au ministère de la Culture, où on lui a remis la médaille des Arts et des Lettres en même temps qu'à Mireille, avec qui il a chanté en duo au piano dans l'après-midi. Vers 19 heures, nous sommes sortis du ministère et allés à la brasserie Chez Ruck. Nous étions à peine arrivés qu'il s'est mis à pleuvoir violemment. Par les grandes vitres derrière lesquelles nous étions assis, nous avons vu passer une femme habillée de noir ; la pluie était tellement intense que, devant nous, cette femme a glissé sur un passage clouté et est tombée par terre.

Le secrétaire de Charles et moi, nous nous sommes levés et nous sommes sortis aider cette femme à se relever. Elle n'était pas blessée, heureusement, et a continué son chemin. Nous sommes retournés nous asseoir et Charles a eu ces paroles d'un pessimisme glaçant : « Quand cette femme est tombée, j'ai vu que c'était moi qui tombais. Je me suis vu chuter et j'ai compris que toute cette pluie me recouvrait entièrement, que je ne me relèverais jamais. » Mme Breton et moi avons essayé de lui remonter le moral. « Charles, tu n'as jamais eu autant de talent de ta vie ! Tu te rends compte de tout ce que tu connais ? Aujourd'hui, tu sais tout de ton métier et tu es dans une forme fantastique ! » Comme à son habitude, il m'a répondu d'une boutade : « Tu as vu pourquoi cette femme est tombée ? Elle a marché sur un clou, or je sais qu'un clou chasse l'autre. »

Il se sentait vieilli, démodé, et pensait que des chanteurs plus jeunes l'avaient irrémédiablement remplacé dans le cœur du public. Nous avions beau essayer de le rassurer, nos paroles ne lui faisaient aucun effet. Il lui en fallait davantage pour reprendre confiance en lui. Heureusement, c'est arrivé.

Peu de temps après, en effet, François Mitterrand est devenu président. Et comme on lui demandait ce qu'il souhaitait pour son premier anniversaire à l'Élysée, il a fait part de son désir à Jack Lang, son ministre de la Culture : « Je serais content que Charles Trenet vienne chanter ne seraient-ce que trois chansons.

— Lesquelles ? a demandé Jack Lang.

— *Douce France*, *L'Âme des poètes* et *Que reste-t-il de nos amours*. Demandez-lui simplement ces trois chansons et je serai comblé. »

Charles a bien évidemment été très flatté. Il ne s'attendait pas à une invitation pareille, lui qui se sentait devenu un *has been*, qui pensait que tout le monde l'avait oublié. Son tour de chant pour l'anniversaire du président a été retransmis depuis l'Élysée à travers l'émission de Pascal Sevran, *La Chance aux chansons*, sur

Antenne 2. L'émission a connu un triomphe sans précédent, à tel point qu'elle repassait la nuit sur cette chaîne et sur toutes les autres. De ce fait, Charles a plus ou moins repris confiance en lui, en prenant conscience que son œuvre avait nourri plusieurs générations. D'être aimé par le nouveau président de la République l'a fait se sentir moins seul et moins abandonné du public.

Peu après, Jack Lang lui a demandé de chanter sur l'esplanade du Trocadéro lors de la création de la fête de la Musique. Charles s'est préparé avec ardeur pour ce gala. Mais la chance ne semblait pas être de son côté : ce soir-là, il tombait des hallebardes sur Paris. Tout le monde a pris peur en se disant que le concert et la fête de la Musique elle-même allaient être un échec sans précédent. Or, non seulement les gens ne se sont pas enfuis, mais la place du Trocadéro était plus remplie qu'on ne l'a jamais vue.

La Ville de Paris a distribué des sacs-poubelles, que les gens ouvraient en deux et sous lesquels ils se sont abrités. Certains avaient percé seulement deux trous devant pour les yeux et les avaient carrément enfilés. Plus de vingt mille personnes ont assisté au concert sur la place du Trocadéro. J'y étais, sous la pluie, moi aussi. J'avais un peu le trac pour Charles, ce soir-là, mais j'avais peur aussi à cause des intempéries. Ce n'est pas bon la pluie, pour un concert. L'eau risque toujours d'entrer dans les amplis, c'est dangereux... Puis Charles est entré en scène. Quand je l'ai vu, j'ai pensé au général de Gaulle, qui, à soixante-quatre ans, avait coutume de dire : « Vous ne voulez tout de même pas qu'à mon âge, je saute comme un cabri. » Charles en avait alors soixante-dix-neuf, et je peux dire qu'il est arrivé sur scène en sautant littéralement comme un cabri en face du Trocadéro.

Et là, devant le public, il a été génial. C'était un artiste qui donnait le meilleur de lui-même devant un auditoire, ce qui n'est pas toujours le cas. J'ai vu certains chanteurs être meilleurs chez eux que sur une scène, mais Charles Trenet, lui, était galvanisé par la présence de la foule. Il s'est mis à chanter : « Une étoile m'a dit, deux étoiles m'ont dit, connais-tu l'pays du rêve... La jeunesse est là qui te tend les bras partout partout et l'amour c'est ta fortune », et au moment où il a prononcé ces mots, les éclairs et le tonnerre ont retenti dans le ciel. Il était face à la tour Eiffel. Il chantait : « Viens, c'est du mystère, viens avec nous, tu verras, pars, oublie la terre... » Et plus il chantait, plus les éclairs illuminaient et tonnaient en tous sens. Le fou chantant était une fois de plus en train de reconquérir une nouvelle jeunesse.

Sous une tribune couverte, François Mitterrand et Jack Lang assistaient au concert. La tour Eiffel était illuminée ce soir-là, et Charles chantait : « Y a de la joie, la tour Eiffel part en balade, comme une folle, elle saute la Seine à pieds joints, puis elle dit : Tant pis pour moi si j'suis malade, j'm'ennuyais toute seule dans mon coin. » Tout le public s'est levé, tout le monde a ovationné Charles, car chacun s'est aperçu que Mitterrand avait eu raison de continuer à l'aimer.

Si Mitterrand avait voulu suivre la tendance, il aurait choisi de confier le concert à un jeune de la chanson, quelqu'un qui avait alors le vent en poupe... Il aurait pu vouloir entendre Juliette Gréco, qui est une magnifique artiste, un génie, quelqu'un d'unique, une icône à laquelle personne ne peut toucher; il aurait pu dire : « On va programmer Barbara », qui était alors très proche de lui, ou Reggiani. Mais non. Et le fait que le président Mitterrand demande à entendre Charles Trenet a surpris toute une jeunesse. Pour Charles, ce choix a été vécu comme une renaissance. Un soir, il était tellement heureux de ce qui lui arrivait qu'il m'a dit : « Finalement, je suis redevenu le fou chantant. Mais j'espère qu'avec tout ce succès, je ne deviendrai pas un jour le flou sans dents. »

En 1981, peu après cette renaissance de Trenet, un ami qui habitait à New York nous a invités à passer chez lui, une fois que la tournée de Chantal toucherait à sa fin. Ainsi donc, après le 14 Juillet, nous sommes allés une dizaine de jours chez Roger Prigent, dans la 72e Avenue, là où il y avait son grand studio de photographe. Il avait mis à notre disposition une chambre avec salle de bains au deuxième étage de sa maison.

Un dimanche soir, vers 18 heures, alors que je m'apprêtais à remonter vers Central Park, dans la rue, j'ai entendu quelqu'un appeler : « Jean-Jacques ! Jean-Jacques ! » En me retournant, j'ai reconnu une jeune femme brune que je n'avais pas revue depuis une éternité.

C'était une amie d'enfance, que j'avais connue en 1950, quand ma grand-mère paternelle, Clarisse Loyot-Debout, m'emmenait avec elle voir Colette dans son appartement, rue de Beaujolais. Elle venait régulièrement rendre visite au grand écrivain qui ne se levait presque plus et qui écrivait allongée près de sa fenêtre. Je dois dire la vérité : je refusais quelquefois d'entrer dans cet appartement quand ma grand-mère s'y rendait, car Colette avait onze chats qui faisaient régulièrement leurs besoins sur la moquette. Ainsi, pendant que ma grand-mère bavardait avec son amie, je préférais pour ma part m'amuser avec la fille de la gardienne, que je trouvais dans la cour ou dans les jardins du Palais-Royal, et qui avait de magnifiques yeux verts. C'était cette même fille aux yeux verts qui se tenait devant moi, ce dimanche soir, à New York.

Elle m'a proposé de venir dîner chez elle le soir même. Chantal avait un rendez-vous avec RCA, mais Roger Prigent et moi n'avions rien de prévu. « À ce soir ! » m'a dit mon amie d'enfance en s'engouffrant dans un taxi.

Après un apéritif chez Roger, nous sommes partis la retrouver. Son appartement donnait sur Central Park. Depuis l'entrée, on apercevait un magnifique piano à queue noir, sur lequel se trouvaient de très nombreuses photographies d'un seul et même homme : le célèbre compositeur George Gershwin.

Un homme grand, au visage émacié, et très aimable, est alors sorti d'une pièce adjacente. Mon amie s'est exclamée : « Allan, je te présente Jean-Jacques Debout et son ami Roger Prigent. » Elle m'a appris qu'elle était mariée depuis cinq ans à Allan Gershwin, qui n'était autre que le fils de George Gershwin. Ils avaient un petit garçon qui venait de subir une très grosse opération. Sa maman lui avait rapporté de France les cassettes et les vidéos du *Soulier qui vole* et de *La Planète merveilleuse*, les deux premiers spectacles que j'avais écrits et composés pour Chantal.

C'est alors qu'Allan s'est assis devant le piano de son père, celui-là même où jadis l'immense génie avait composé *Porgy and Bess*, *Un Américain à Paris*, *Rhapsody in Blue*, tous ces chefs-d'œuvre qui ont fait chanter le monde entier... Devant moi, sur cet instrument de légende, il a joué les thèmes principaux des deux spectacles de Chantal. Je n'en revenais pas ; j'avais le souffle coupé d'entendre cela, moi qui, durant toute ma vie, avais voué à Gershwin une admiration sans bornes. Je ne me doutais pas qu'un jour, à New York, son propre fils allait interpréter ma musique sur son piano. Je me pinçais le bras pour ne pas en pleurer.

Après avoir fait la connaissance de leur fils, nous sommes allés dîner dans un restaurant de Broadway, la

Brasserie Sardes, où Mme Gershwin avait retenu une table. À côté de nous, Paul Newman dînait en compagnie de sa femme, une Française qui jouait dans une pièce qui avait beaucoup de succès à Broadway. Après le dîner, nous sommes repassés chez Allan Gershwin, et il m'a dédicacé une photo sur laquelle il figurait en compagnie de son père, et moi qui n'avais rien sur moi, j'ai pris la liberté de retirer mon ruban bleu ciel de la croix des Arts et des Lettres pour l'accrocher à la boutonnière d'Allan. Il ne voulait pas l'accepter et répétait qu'il ne la méritait pas. Face à mon insistance, il a fini par mettre le petit ruban bleu avec un peu de colle blanche sur une photo de son père. Que M. le ministre de la Culture me pardonne, j'ai fait cela de bon cœur.

Quelque temps plus tard, alors que j'étais de retour à Paris, Gérard Louvin, le producteur de *Sacrée soirée*, sachant que je connaissais très bien Charles Trenet, m'a demandé des conseils pour l'émission spéciale qu'il lui consacrait à l'occasion de ses quatre-vingts printemps. Et l'idée m'est venue de demander à Allan Gershwin de venir à Paris pour jouer au piano *Que reste-t-il de nos amours*, puisque cette chanson est devenue un grand standard en Amérique. Allan a accepté très volontiers. Pour l'émission, il est donc venu à Paris. Gérard Louvin l'a installé à l'hôtel Ritz, place Vendôme.

Le lendemain, le grand Charles a été très ému de cet invité inattendu. « Je n'aurais pas pensé une seconde qu'on puisse me faire un cadeau aussi émouvant, m'a-t-il dit. C'est comme si mon frère aîné, tout à coup, revenait à table pour fêter mes quatre-vingts ans avec moi. » Charles et Allan ont dîné ensemble au Pied de Cochon. Charles a alors expliqué qu'il n'aurait sans doute jamais écrit de chansons s'il n'avait pas écouté celles de George Gershwin. Et après l'émission, après lui avoir renouvelé tous ses remerciements, Charles a dit à Allan que grâce à lui, il avait eu l'idée d'écrire une nouvelle version de sa chanson. Cette version s'appellerait *Que reste-t-il de nos armures*. Allan a souri, un peu désemparé, tout de même.

Pour en revenir à Charles, à quatre-vingts ans passés, il a vu que son public était toujours au rendez-vous. Les gens qui l'écoutaient, quelle que soit leur génération, ont redécouvert des textes bien écrits, accompagnés de vraies mélodies, sans chiqué, sans artifices. Celui qui avait enchanté nos grands-parents et nos parents est redevenu subitement un poète moderne, le chef de file de toute une génération d'auteurs-compositeurs. C'est pour cela qu'il a fait cette carrière invraisemblable de durée. Il existait avant la Seconde Guerre mondiale ; il a continué après et il nous laisse d'immortels chefs-d'œuvre comme *Fidèle, Il y avait des arbres, Ne cherchez pas dans les pianos ce qu'il n'y a pas...* et bien d'autres.

Aujourd'hui encore, de jeunes chanteurs comme Bénabar, Jeanne Cherhal, Mano Solo, et d'autres encore, se réclament de lui.

35

Je voudrais en finir une bonne fois pour toutes avec ce maudit *Jeu de la vérité*. La vérité, au fond, je la connais ; il m'a fallu du temps pour la découvrir, mais désormais c'est chose faite. Je me suis rendu compte que Patrick Sabatier avait été manipulé et que ce qui s'est produit n'était pas de son fait.

Chantal avait été plusieurs fois sollicitée pour participer au *Jeu de la vérité*, sans avoir jamais accepté de le faire. Pour ma part, je le lui avais vivement déconseillé ; mais, en 1985, j'ai dû partir chanter à la Réunion et à l'île Maurice. En mon absence, l'attaché de presse de Chantal et les producteurs de l'émission sont allés la voir pour la convaincre. Ils lui ont promis que seuls des enfants interviendraient en direct pour lui poser des questions ; ils lui ont rappelé que Patrick Sabatier la soutiendrait et lui ont dit qu'il fallait faire cette jolie émission comme un cadeau pour les enfants à Noël. Chantal avait confiance en Patrick Sabatier ; elle a fini par dire oui à un enregistrement le vendredi 13 décembre 1985, après son concert au Palais des Sports de Lyon.

Je suis rentré la veille de l'émission de l'océan Indien et, dès mon arrivée à Lyon, j'ai senti monter une tension épouvantable. Le principe de l'émission consistait à mettre une célébrité en rapport avec les téléspectateurs en direct intégral et donc, bien évidemment, sans aucune possibilité de censure ou de montage. Le jeudi 12, nous avons dîné avec Thierry Le Luron ; et, comme moi, Thierry a cherché à mettre en garde Chantal contre ce qui allait se produire. Conformément à ce qui avait été convenu avec la production, Chantal s'attendait à des appels d'enfants. Thierry, en plus de son travail artistique, était aussi producteur de télévision et savait comment les choses se passent : « On ne te fera pas de cadeaux, a-t-il averti. La formule de l'émission suscite du spectaculaire ; pour faire beaucoup d'écoute, les questions sont téléguidées par la production. Et la seule chose qui les intéresse, c'est de battre ce soir-là la chaîne concurrente. » Thierry avait annoncé à Chantal qu'elle pouvait s'attendre à tous les coups tordus. Mais la réalité a été bien pire que ce que nous pouvions imaginer.

Le 13 décembre au soir, j'ai assisté impuissant à ce que je pressentais devoir être une catastrophe. Un des assistants de l'émission était chargé de ne pas me quitter une seconde. J'ai voulu faire arranger des lumières qui ne me plaisaient pas ; ils comptaient éclairer Chantal en vert. Or, n'importe quel éclairagiste débutant le sait : on n'envoie jamais de vert sur un artiste et surtout pas sur son visage. En me voyant frapper à la porte du car régie, l'assistant a commencé à paniquer.

On m'a prié de sortir du car régie et un technicien m'a refermé la porte au nez. L'assistant m'a fait revenir dans une loge où une bouteille de whisky et du Coca ainsi qu'un seau à glace avaient été préparés à mon intention. Là, il m'a versé verre sur verre.

Et, sur le petit écran témoin placé dans la loge, j'ai assisté impuissant à ce qui aurait dû s'appeler le Jeu du massacre. J'ai vu des personnes aigries qui attaquaient Chantal de façon hargneuse. « Vos spectacles abrutissent les enfants. » Que répondre à cela? J'ai entendu leurs questions pleines de fiel : « Vous êtes trop vieille; quel âge avez-vous? » Face à ces agressions, j'ai vu Chantal perdre pied.

Plutôt que de répondre à ces propos hostiles, elle s'est tournée vers le public et a commencé à mimer pour les enfants les personnages de ses spectacles. Elle s'est efforcée de rire, de faire le clown. Mais l'irritation transparaissait dans chacun de ses gestes. De plus, à aucun moment, les caméras n'ont montré à qui Chantal s'adressait : à l'écran, on la voyait donc faire des grimaces, sans apercevoir les enfants du Palais des Sports, toujours présents au moment de l'enregistrement. Les spectateurs pouvaient donc légitimement penser que ces mimiques leur étaient destinées. Ils devaient croire que Chantal refusait de répondre aux questions, qu'elle se moquait d'eux. Comment n'en auraient-ils pas été choqués? À ce moment-là, j'ai senti que l'image de Chantal volait en éclats et l'injustice de la situation m'a frappé au cœur. Mes pires pressentiments s'étaient réalisés.

De fait, du jour au lendemain, beaucoup de choses se sont arrêtées. Nous avons dû nous séparer d'un grand nombre de gens qui constituaient notre équipe : jusque-là, les spectacles de Chantal faisaient travailler presque deux cents personnes, acteurs, danseurs et techniciens confondus. Ces personnes avec qui nous avions un lien d'amitié se sont retrouvées au chômage. Les spectacles de Chantal ont continué, mais selon des modes beaucoup plus restreints, bien moins coûteux. Nous sommes passés dans des salles moins importantes et moins prestigieuses que les Zénith.

Pour ma part, dans cette affaire, j'ai failli perdre le peu de moral qui me restait. Je suis resté plus d'un an et demi sans jouer une note de piano ou de quelque autre instrument de musique tant cet événement m'avait affecté. Chantal prenait sur elle et s'efforçait de masquer sa peine pour ne pas augmenter la mienne.

J'ai cru que je ne me remettrais pas de cette catastrophe ; ce qui venait de nous arriver était injuste, évidemment inspiré par l'envie. Mais surtout, la débâcle semblait ne pas devoir prendre fin : des gens que nous avions considérés comme des amis se détournaient de nous.

Quoi qu'il en soit, j'étais fatigué d'un certain mode de vie qui ne m'intéressait plus. Je suis parti vivre à la campagne. J'ai monté *La Légende de Saint-Loup* au château de Saint-Loup, avec Roger Dumas, mon fidèle ami, et mon fils Jean-Paul. Ce château avait été bâti au XVIIe siècle par Claude Gouffier. Je considérais ce lieu comme l'endroit qui me permettait de créer les spectacles qu'on m'aurait sans doute refusés ailleurs. Nous y jouions un soir sur deux, avec tous les gens du village, et c'était magnifique : l'histoire mettait en scène un loup qui, d'ennemi du village, devenait peu à peu son protecteur et son ami... Le public est venu nombreux à *La Légende de Saint-Loup* ; Chantal donnait en alternance un spectacle que je lui avais réglé et où elle rejouait les passages les plus importants de sa carrière.

J'avais emprunté à une banque pour acheter le château et l'aménager de façon à pouvoir y monter nos spectacles. Il avait été en partie abandonné et les travaux de rénovation coûtaient des sommes faramineuses. Comme Jean-Paul II venait de béatifier Loup – il s'agissait d'un missionnaire qui était allé jusqu'à la citadelle de Hanoi, où il avait été martyrisé –, une messe a été célébrée sur la grande scène du château de Saint-Loup par l'évêque de Poitiers. Plus de trois mille prêtres venus de tous les coins du monde, même du Viêtnam, du Cambodge, et tout l'évêché de Poitiers y ont assisté. J'avais écrit un cantique à cette occasion, « Théophane, petit enfant de Saint-Loup », que toutes les chorales des alentours sont venues chanter. Il y avait cinq mille personnes et j'ai dû faire préparer par les bénévoles cinq mille repas.

Le conseiller régional, M. Bouchet, qui travaillait à l'époque avec Jean-Pierre Raffarin, m'avait demandé de prêter les éléments de sonorisation, la scène, les projecteurs et tous les gradins... J'ai eu une addition qui a avoisiné vingt-cinq mille euros... Le conseiller régional m'avait promis une aide que j'attends toujours. Et à la fin de la saison, j'ai compris qu'il me fallait renoncer à ce rêve d'un lieu où je pouvais monter mes spectacles.

Alors que je désespérais de boucler les comptes du château, quelqu'un m'a proposé de l'acheter, à condition de pouvoir s'y installer le week-end suivant. J'ai accepté et fait mes bagages. La mort dans l'âme, je me suis séparé de Saint-Loup, que j'avais voulu faire revivre en le transformant en lieu culturel. « Ne comptez plus sur l'Oncle Archibald pour payer les violons du bal », chantait joliment Georges Brassens. J'avais travaillé pendant trois ans pour le remettre en état, alors que je l'avais trouvé dans un état pitoyable. J'y avais englouti mes droits d'auteur. Les Anglais ont un proverbe qui s'applique bien à mon cas : les fous se ruinent pour restaurer des demeures qu'ils revendront plus tard à des gens raisonnables.

Je ne suis plus jamais revenu à Saint-Loup. Récemment, dans une revue spécialisée, j'ai vu une publicité : au premier plan, on distinguait la grille majestueuse que j'avais dessinée et fait réaliser par un forgeron. Quinze ans plus tard, j'ai enfin vu cette grille que j'avais réglée avec mes droits d'auteur pendant dix ans !

Ensuite, il m'a fallu vendre notre petite bergerie, sise à Moissac-Bellevue, dans le Var. C'était là, dans une petite pièce taillée dans le roc, que j'avais écrit les spectacles les plus importants de ma vie : *Le soulier qui vole*, *La Planète merveilleuse*, presque tous les *Numéro 1* des Carpentier. C'est là encore que j'avais composé nombre de musiques de génériques pour la télévision comme *Les Malheurs de Sophie*, *Églantine*, le premier long-métrage de Jean-Claude Brialy produit par mon ami Jacques Charrier, *Les Misérables* en dessin animé, *Bouba le petit ourson*, *Les Quatre Filles du Dr March*, *L'Oiseau bleu*, *Les Trois Mousquetaires* et ce fameux *Capitaine Flam* qui est toujours repris dans les discothèques et chanté par la jeune génération...

J'avais à peine terminé les travaux qu'il fallait y faire, quand on m'a demandé si la maison était à vendre. Profondément déprimé à ce moment-là, pris à la gorge par des problèmes financiers, j'ai accepté. Ce n'est certes pas ce que j'ai fait de mieux : la bergerie était le seul endroit où je me sentais vraiment inspiré pour créer... J'y avais passé des moments bénis à élaborer les projets que j'avais en commun avec Chantal.

36

J'ai toujours aimé l'architecture, la décoration, les maisons anciennes qui me paraissaient avoir une âme et méritaient d'être sauvées. J'ai d'ailleurs un joli palmarès à mon actif : à ce jour, j'ai restauré vingt-quatre maisons et quatre châteaux. Ce goût des vieilles pierres, je le partageais avec Jean-Claude Brialy.

J'ai fait sa connaissance en 1959, alors qu'il se remettait d'un accident. Pendant le tournage du film de Claude Chabrol, *Les Cousins*, il avait fait une chute qui avait endommagé sa colonne vertébrale. On l'a opéré et, à la suite de cette intervention, il a dû rester allongé plusieurs mois, à son domicile, sur les hauteurs de Saint-Cloud. Du fait de son immobilisation, il passait beaucoup de temps à écouter la radio ou à regarder les émissions de variétés. Certains de mes copains comédiens qui le connaissaient me disaient donc de temps à autre : « Tiens, il t'a entendu chanter, il t'a vu dans telle émission. » Ils me disaient aussi que Jean-Claude aurait volontiers fait ma connaissance. Je l'avais vu au cinéma dans *Le Beau Serge* et *Les Cousins*, mais je ne l'avais encore jamais rencontré.

À cette époque-là, je passais beaucoup de temps avec Roger Dumas et Marie-José Nat qui venaient de se fiancer. Ils cherchaient une maison entre Senlis et Meaux et je faisais les visites avec eux. Je tâchais d'expliquer à l'agent immobilier ce qui, selon moi, aurait convenu à mes amis. « Essayez de leur trouver une maison qui sorte un peu de l'ordinaire, disais-je. Je ne vois pas Marie-José Nat et Roger Dumas s'installer au bord d'une route dans une maison de garde-barrière ! Ils vont tellement s'ennuyer qu'ils n'iront jamais ! Ils fermeront un jour les volets et ils n'y reviendront pas. » À Roger et Marie-José, je précisais : « Si la maison est assez grande, je pourrais m'installer avec vous. On partagerait les frais. » C'est déjà ainsi que nous avions vécu, avec Roger, à Nogent. Personnellement, je préfère mille fois diviser une jolie maison pour y vivre avec des amis qu'habiter seul dans un affreux pavillon. Partager sa vie avec des gens qu'on apprécie et se répartir les frais m'a toujours semblé plus intelligent.

L'agent immobilier, qui m'entendait tenir ce discours, m'a dit qu'il avait bien une maison sortant de l'ordinaire, mais, a-t-il précisé, tout y était à refaire. « Pouvez-vous nous y emmener ? » lui ai-je demandé. Roger avait un rendez-vous pour un film à Paris ; nous ne disposions pas de beaucoup de temps. L'agent nous a convaincus d'aller jeter un coup d'œil. « Je vais rouler vite, on va y arriver. Vous ne visiterez pas tout, mais vous la verrez au moins de l'extérieur. »

La nuit commençait à tomber et il nous a conduits à l'entrée d'un petit domaine, à Monthyon-sur-Seine : là, j'ai aperçu une tour, puis une deuxième, et enfin une façade à la fois très simple et très élégante. Nous nous trouvions face à un petit château dont certaines parties étaient de style Régence et d'autres plus tardives. « Il a appartenu à un ministre de Louis XV », a précisé l'agent immobilier. Nous avons visité le rez-de-chaussée au pas de course. Le salon comportait d'admirables boiseries d'origine, malheureusement complètement vermoulues L'agent nous a montré les plans du sol, du château, ainsi qu'une carte postale assez ancienne représentant la façade. Je lui ai demandé de nous la prêter, car nous n'avions pas le temps de faire une vraie visite et je voulais pouvoir contempler le château à loisir. En quittant le château, Roger était tout sauf emballé : « Ça, Marie-José, c'est inutile d'y penser, ça fait partie encore des rêves de Jean-Jacques ! Ce sont des conneries qu'il nous met en tête ! Vu les travaux qu'il y a à faire là-dedans, je préfère rester dans le grenier de mes parents à Senlis. » Roger a repris sa voiture et nous sommes rentrés à Paris. Le lendemain, j'avais un coup de téléphone de Jean-Claude Brialy, me disant qu'il s'ennuyait terriblement et me demandant de passer le voir. J'ai donc pris rendez-vous et j'ai emmené chez lui Roger et Marie-José. Dans la voiture, celle-ci répétait : « Qu'il est beau, ce Jean-Claude Brialy ! Comme j'aimerais un jour jouer avec lui !

— Tu n'as qu'à le lui demander ! » lui ai-je conseillé.

Durant le peu de temps que j'avais passé avec lui au téléphone, Brialy m'avait fait l'effet d'être quelqu'un d'ouvert et d'agréable. Une personne avec qui on pouvait parler. Il ne faisait pas partie de ces gens qui vous coupent la parole pour dire ce qu'ils ont envie de dire ou qui, quand ils vous laissent parler, ne prêtent aucune attention à ce que vous dites. J'avais eu le sentiment qu'il écoutait vraiment, ce qui est une qualité assez rare. « À mon avis, ai-je conclu, c'est quelqu'un avec qui tu pourrais t'entendre. »

Vers 19 heures, nous sommes donc arrivés chez Brialy, dans l'immeuble moderne où il vivait alors, sur les hauteurs de Saint-Cloud. Ce n'était pas un appartement très luxueux. On voyait que Jean-Claude trouvait cette installation commode, en attendant mieux. C'est du reste ce qu'il nous a dit lorsque nous sommes arrivés. Il nous a présenté le jeune homme avec qui il vivait alors, qui était décorateur, qui répondait au nom de Michel et manifestait une timidité élégante.

Jean-Claude connaissait un peu Roger, qu'il avait croisé quelquefois. En revanche, il voyait Marie-José pour la première fois et n'a cessé de la complimenter sur sa beauté. « Vous avez des traits si fins, qu'on dirait que vous êtes une poupée ! Asseyez-vous à côté de moi », lui a-t-il dit. Il nous a remerciés d'être venus le voir. Il nous a parlé de son enfance mouvementée en Algérie, de sa grand-mère qui l'aimait et de son père avec qui il ne s'entendait pas. Il m'a dit que *Les Boutons dorés* l'émouvaient beaucoup. Puis il a demandé à Marie-José ce qu'elle faisait en ce moment. Elle s'est mise à rire et lui a répondu : « Ce n'est pas très intéressant à raconter : nous visitons des châteaux avec Jean-Jacques, qui est un fou de vieilles baraques ! Si nous l'écoutions, il nous ferait restaurer toutes les bâtisses qui s'écroulent en France !

— Ah bon ? a répondu Jean-Claude. Moi aussi, en ce moment, je cherche une maison pour mes week-ends. Il faudrait que je me repose à la campagne d'une part et, d'autre part, j'ai envie d'arranger une maison. D'autant plus que mon ami est décorateur.

— Nous avons vu le plus beau des petits châteaux hier soir, à la tombée de la nuit », lui ai-je dit.

Marie-José avait la carte postale sur elle et la lui a montrée. Jean-Claude l'a regardée et a appelé son ami. « Michel, viens voir ! Regarde cette beauté ! Regarde le toit ! C'est la maison de famille dont on rêve quand on est enfant ! » Il a demandé à Marie-José si elle ne verrait pas d'inconvénient à ce qu'il la visite. Marie-José l'a entièrement rassuré sur ce point et lui a donné le numéro de téléphone de l'agent immobilier. « Pour nous, a-t-elle dit, c'est beaucoup trop de travaux. »

Jean-Claude a appelé l'agent devant nous et a pris rendez-vous avec lui. « J'ai bien vu que M. Debout a trouvé l'endroit à son goût, a dit l'agent immobilier, il a même remarqué les boiseries qu'il fallait sauver d'urgence. » Jean-Claude a sursauté, intéressé : « Des boiseries ?

— Oui, tout le château en a ! Le ministre de Louis XV qui l'a fait construire y a reçu toutes les sommités de l'époque. Cela lui a d'ailleurs valu, un peu comme à Fouquet, quelques jalousies. »

Cette remarque a fait rire Jean-Claude, qui a objecté qu'il n'était pas surintendant des Finances et qu'il ne pensait pas devenir aussi riche que Fouquet. Finalement, il a pris rendez-vous pour une visite. Le lendemain, il s'est rendu à Monthyon en ambulance, puisqu'il ne pouvait pas se lever, avec Michel. Là, on lui a fait visiter le château sur un brancard et, à la fin de la visite, il a dit : « Je vous offre onze millions pour ce château. »

Il avait alors trois films signés d'avance, étant donné qu'il connaissait un énorme succès avec *Le Beau Serge* et *Les Cousins*. Il avait par conséquent pas mal d'économies. Les propriétaires voulaient seize millions, mais Brialy a expliqué une fois de plus qu'il n'était pas Fouquet : « Malheureusement, je ne peux pas proposer plus. » Les propriétaires ont accepté, et le soir même, Brialy était possesseur du château de Monthyon.

Jean-Claude était quelqu'un de très accrocheur : quand il avait une idée derrière la tête, il se battait pour la réaliser. En plus d'être le comédien qu'on connaît, il avait un sens des affaires très développé, qui m'impressionnait beaucoup. Il avait de l'humour, il jouait bien, mais, s'il n'avait pas été acteur, je pense qu'il aurait été un très grand homme d'affaires. C'est d'ailleurs à cause de cette disposition qu'il a pu faire vivre son théâtre et son restaurant tout en jouant la comédie, en faisant des films, beaucoup d'émissions de variétés, et en restaurant son château... Il savait faire beaucoup de choses différentes ; il savait aussi les mener de front.

Par la suite, Michel et lui ont entièrement rénové Monthyon et nous avons passé là des soirées mémorables.

J'y ai souvent amené des amis pour dîner. Les soirées se terminaient toujours au piano, dans le salon. Je faisais le clown ; nous buvions du bon vin. Jean-Claude était content, il allumait toutes les bougies. Il n'aimait pas tellement la lumière électrique, surtout au château. De ce fait, la majeure partie des pièces était éclairée seulement à la bougie. Il avait fait le choix de préserver l'authenticité des lieux. Tous ses cachets de cinéma, de théâtre, étaient investis là, dans cet endroit qu'il aimait beaucoup et qu'il a su restaurer magnifiquement.

Je lui avais présenté Marlène. Par la suite, il l'a revue sans moi. Un jour, après l'une de ces entrevues, il m'a d'ailleurs rapporté ses propos. Marlène s'était plainte de moi : « Vous vous rendez compte que Jean-Jacques m'a fait un enfant dans le dos ? lui avait-elle dit. Jean-Jacques que j'aimais tellement ! » Jean-Claude lui avait demandé ce qu'elle me reprochait exactement. « Il a écrit *Comme un garçon*, pour la petite Sylvie Vartan au lieu de me la donner... Cette chanson-là était faite pour moi ! »

J'ai aussi présenté Barbara à Jean-Claude, et, comme moi, il est tombé en extase devant son talent. Il lui a donné le rôle principal du film *Les Volets clos*. Entre eux, une complicité s'est installée, comparable selon moi à celle qui existait entre Jean Cocteau et Francine Weisweiller, dont on disait qu'elle était un peu sa muse, son mentor. Jean-Claude emmenait Barbara partout où il allait ; il la faisait chanter. Il ne pouvait plus concevoir sa vie sans elle et je le comprenais parfaitement car c'était une femme absolument passionnante. À l'époque où je les avais présentés l'un à l'autre, Barbara rêvait de quitter Paris. Or Jean-Claude avait repéré une petite maison sise à quelques kilomètres de Monthyon, dans le village de Précy-sur-Marne. Ils étaient donc devenus voisins.

À la fin de sa vie, Jean-Claude, aidé en cela par Bruno Finck, avait entièrement fait réhabiliter Monthyon, en y engloutissant d'ailleurs tous ses gains. En 2007, quand il a senti ses derniers instants arriver, il a demandé à être installé dans le salon : « Je voudrais mourir là où j'ai aimé ce château pour la première fois. » On lui a descendu un lit au rez-de-chaussée, on l'y a installé et il a rendu son dernier souffle au milieu de ces belles boiseries qu'il avait fait restaurer.

37

« Viens avec moi, il y a une barmaid d'enfer ! J'ai envie de me la faire, mais elle n'est pas facile à allumer », m'a dit un soir Serge Gainsbourg en m'entraînant à La Coupole.

C'est dans le cabaret qu'animait Cora Vaucaire, le Colleg'In, que je l'avais rencontré. En 1958, il débutait, tout comme moi, et se produisait à droite et à gauche pour se faire connaître. Après nos tours de chant respectifs, nous allions souvent boire des verres ensemble.

À l'époque, le bar de La Coupole se trouvait le long du mur d'entrée, dans la salle du restaurant. Ce soir-là, après avoir commandé deux scotchs et avoir vainement proposé à la barmaid de sortir avec lui après son service, Gainsbourg a sorti de la poche de sa veste une lame de rasoir. Il s'est mis à la promener sur sa gorge et, par petits coups, se faisait saigner en répétant : « Ah, tu ne veux pas sortir avec moi ! Eh bien, regarde, ma petite poupée, ce que je vais faire à cause de toi... Tu auras ma mort sur la conscience ! » La jeune barmaid le regardait fixement, tremblante de peur à l'idée qu'il se tranche carrément la gorge. Et tout d'un coup, la pauvre fille s'est effondrée par terre, derrière son comptoir, évanouie. À cause du bar, je ne pouvais même pas lui venir en aide. Les pompiers sont arrivés, suivis de l'ambulance et de deux infirmiers de l'hôpital Necker. Pendant ce temps, Serge était allé m'attendre en face, au bar du Select, après m'avoir fait jurer de venir le rejoindre et de le tenir au courant de tout le déroulement de cette affaire.

Je suis monté dans l'ambulance où la jeune fille avait repris connaissance : afin de la rassurer, je lui ai dit que mon ami aimait plaisanter. Qu'elle lui plaisait énormément, mais qu'à mon avis, les jours de Serge n'étaient pas pour autant en danger. Ensuite, j'ai rejoint Gainsbourg au Select et je l'ai rassuré à son tour. Il s'était tout de même fait du souci pour elle. Il m'a promis de laisser le lendemain un petit mot au bar, destiné à lui présenter ses excuses. Quoi qu'il en soit, même s'il était vraiment amoureux d'elle, cet incident m'a montré quel provocateur il était. Notre amitié a démarré ainsi. Son audace, son originalité m'ont intrigué.

À l'époque, il était déjà très entouré. Il attirait les journalistes, les femmes; il avait plein d'amis musiciens. Il commençait à écrire pour Juliette Gréco, Michèle Arnaud... Il avait déjà *La Javanaise, L'Accordéon, La Recette de l'amour fou* à son actif... De ce fait, beaucoup de jeunes chanteuses lui tournaient aussi autour, en se disant qu'il leur écrirait peut-être des chansons. Mais surtout, Serge était drôle; il n'était pas banal. Avec lui, on pouvait parler cinq ou six heures d'affilée sans jamais s'ennuyer. Nous faisions des virées ensemble, puis je le raccompagnais; il habitait en face de l'île Saint-Louis, dans une résidence destinée aux artistes de la Ville de Paris. Car avant d'être chanteur, auteur et compositeur, il avait voulu être peintre, comme on le sait. Mais, dans les années 1957 et 1958, il vivait déjà de ses tours de chant dans de petits cabarets. Comme moi, il en faisait deux ou trois dans la soirée. Pour autant, il était loin de rouler sur l'or. À l'époque, nos revenus auraient pu donner naissance à une chanson intitulée *Autant en emporte le ventre* !

Nous nous sommes toujours bien entendus. J'admirais beaucoup son talent. À dire vrai, comme Trenet, il avait même un certain génie. À partir d'un coup de vent, d'une goutte d'eau, d'un orage, l'un et l'autre étaient capables d'écrire un opéra.

Dans la vie aussi, Serge était divertissant, changeant, toujours inattendu. Il adorait les stylos, les montres et les bijoux. Quand nous nous promenions, il s'arrêtait souvent devant les bijouteries et commentait chaque bijou. « Tu vois, celui-ci est raté ; il manque une pierre à celui-là ; si j'avais été le sertisseur, j'aurais mis une pierre rouge au milieu des deux blanches. » Il s'intéressait à tout, il avait un goût remarquable. De ce fait, la moindre promenade avec lui était instructive et enrichissante. Je ne perdais pas mon temps en sa compagnie ; j'apprenais sans cesse de nouvelles choses.

Je me souviens d'un soir où il avait des bijoux de femme épinglés sur son blazer. Je l'avais questionné à ce sujet et il m'avait dit : « Ce sont les bijoux de ma petite maman. Je les mets parce que ainsi, je pense à elle. Ça me rapproche d'elle d'accrocher ses bijoux sur ma veste. » J'avais trouvé ça d'une intelligence et d'une sensibilité rares. Du reste, cela n'étonnera personne : il a tout de même écrit des chansons d'une délicatesse merveilleuse. Je ne parle pas de ses couplets provocateurs, mais de ses mélodies romantiques qui donnaient les larmes aux yeux. Pour moi, ces chansons-là sont de véritables bijoux.

Je me souviens d'un soir où nous dînions à La Coupole, en face d'une table où étaient installés le sculpteur César et le peintre Foujita, avec d'autres personnes. Foujita dînait là tous les soirs ; il avait même sa table attitrée. Serge a sorti son stylo : à l'époque, les nappes étaient en papier blanc. Foujita était à un mètre de nous; nous entendions des bribes de conversation. Il était question d'expositions, de cote, de Picasso... En regardant attentivement Foujita, Serge m'a dit : « Tu sais, c'est un immense peintre, mais c'est surtout un grand dessinateur. Je vais faire son portrait. » Et il a commencé à dessiner Foujita, avec ses lunettes rondes en écaille, sur la nappe de La Coupole. Au bout d'un petit moment, les peintres en face de nous ont repéré que Serge était en train de dessiner; ils ont commencé à être intrigués. Mais Serge n'était pas satisfait de son esquisse. Tout à coup, il a attrapé la nappe, en a fait une boule et l'a jetée par terre. Il en a demandé une autre au garçon et s'est remis au travail. Cette fois-là, il a commencé par les cheveux, puis la tête a suivi. Serge dessinait assez vite, comme Cocteau. En deux ou trois coups de crayon, il avait donné l'allure générale à son dessin. Celui-ci était magnifique : il ressemblait davantage à Foujita que Foujita lui-même. En quelques traits, il avait réussi à saisir l'essence même de ce personnage. Et quand il a eu fini, Foujita s'est approché de nous.

« Est-ce que je peux regarder ce que vous avez fait de moi?

— Tenez.

— Jamais personne ne m'a dessiné aussi bien, a dit Foujita après avoir contemplé le dessin. Même Picasso m'a moins bien campé que vous.

— Ben, mon salaud, a surenchéri César, qu'est-ce que j'aimerais crayonner comme toi!

— Est-ce que vous voulez bien m'offrir votre dessin en souvenir de cette soirée? a demandé Foujita. Quand nous nous reverrons, je ferai votre portrait et je vous l'offrirai. »

Serge lui a tapé dans la main en disant : « Chiche! Marché conclu! » Il a signé le dessin : « Avec toute mon admiration pour vous, Serge Gainsbourg. » Quelque temps plus tard, je lui ai demandé s'il avait eu son portrait. « Oui, il me l'a fait il y a deux jours. J'ai dîné à La Coupole. Foujita était là ; je n'ai même pas eu besoin de poser. Au moment de partir, il m'a fait un petit signe pour que je vienne à sa table et il m'a dit : "Ça y est, j'ai fait votre portrait." Alors, j'ai roulé le papier et je l'ai emporté chez moi. »

Le soir, nous allions souvent au bar du Ritz, qui s'appelle le bar Hemingway. Serge adorait y aller parce qu'il y avait un Steinway et qu'il pouvait jouer du piano. Il enchaînait les mélodies ; ensuite, il reprenait un verre et me demandait de jouer tandis qu'il le buvait. Je lui jouais ses chansons, mais pas ses grands succès, des chansons dont, à l'époque, seuls ses premiers fans se souvenaient. Tout le monde connaissait *Je suis venu te dire que je m'en vais*, mais personne ne se souvenait de *Ce mortel ennui*, de *L'Accident de voiture*, ses toutes premières chansons. Je les interprétais pour lui, jusqu'au moment où il m'attrapait par le bras, me tirait du piano en disant : « Allez, maintenant, c'est à moi. » Il reprenait sa place au Steinway et me jouait ses dernières compositions, *Love on the Beat*, *Sorry Angel*, *No comment*... Dans le bar, les gens l'écoutaient fascinés. Serge était si profondément atypique qu'on le regardait avec le même intérêt, la même curiosité que s'il avait été un phénomène. En le voyant, on savait qu'on avait affaire à une personnalité unique.

Un soir où nous étions venus jouer du piano ensemble, nous sommes restés jusqu'à la fermeture du bar Hemingway. Nous avons appelé un taxi et nous attendions qu'il arrive. Sur le piano se trouvait un plateau d'argent, sur lequel le monogramme du Ritz était gravé. Au moment où notre taxi est arrivé, Serge a attrapé le plateau et l'a glissé sous ma veste. « Tiens ! Toi qui aimes les antiquités, ça devrait te plaire ! » m'a-t-il dit. J'étais très embêté. Je risquais de passer pour un voleur. Mais lui était tout content de son coup. C'était son cadeau ; un cadeau légèrement empoisonné. Nous sommes sortis du Ritz, alors que je tenais le plateau dissimulé sous ma veste. Je l'ai rapporté chez moi. De temps en temps, il me demandait : « Tu as toujours le plateau, hein ? » Je l'ai toujours. Chaque fois que je le regarde, naturellement, je pense à lui.

Un jour, Catherine Corbineau, qui produisait les émissions *Cocoricoco boy* avec Stéphane Collaro, m'a appelé au téléphone. Elle était en train de préparer une émission spécialement dédiée à Serge. Le hasard avait voulu qu'elle reçoive à ce moment-là un enregistrement du nouveau spectacle de Chantal ; le hasard encore a fait que Serge est entré dans le bureau de Catherine au moment où elle écoutait le disque. « Chut ! Laisse la chanson jusqu'au bout », lui a-t-il dit. Puis il lui a demandé de m'appeler. « Je te le passe ! » m'a dit Catherine.

« Allô, comment tu vas ? m'a demandé Serge. Écoute, c'est génial, ce que je viens d'entendre ! Ce *Papa mille-pattes* est formidable ! Comme j'aurais aimé écrire une chanson comme ça ! » Et il chantait dans le téléphone : « C'est le papa mille-pattes, il avance, il recule, de gauche à droite, il déambule. » J'étais un peu surpris de son enthousiasme, mais content que cet air lui plaise. Puis il m'a demandé : « Peux-tu me faire porter le play-back ? Tu dois bien avoir le play-back quelque part. » J'ai promis de lui en faire envoyer une copie le jour même. En retour, sans rien m'expliquer, Serge a dit : « Regarde mon *Cocoricoco boy* demain soir. Je ne te dis rien, mais tu seras étonné. »

Le lundi soir, j'ai allumé ma télé à l'heure de *Cocoricoco boy*. Serge était présent, accoudé à un bar, une cravache à la main, en train de parler à une fille ravissante, très dévêtue. Puis d'autres jeunes filles sont arrivées. Pour cette occasion, les Coco girls avaient accueilli en renfort une quinzaine de filles du Crazy Horse, plus belles les unes que les autres, qui entouraient le bar. À ce moment-là, j'ai entendu l'intro de ma chanson, sur laquelle Serge s'est mis à chanter. Je ne me souviens plus des couplets, mais le refrain m'est resté en tête : « C'est le papa mille-putes, il avance, il recule, de gauche à droite. Il les encule... C'est le papa mille-putes qui fait peur aux enfants, mais fait marrer tous les parents. » Il chantait ça tout en cravachant les fesses des filles autour de lui. Voilà le souvenir vivant qui me reste de lui et de cette amitié qui a duré longtemps et qui dure toujours.

Les provocations de Serge, tout le monde s'en souvient. S'il était si distrayant, c'est sans doute parce que, quand il rencontrait un copain, il n'avait qu'une idée en tête : inventer une connerie, quelque chose d'inédit qui fasse rire. Chacun se souvient de ce qu'il a fait chez Drucker avec Whitney Houston, à qui il a dit en direct « *I want to fuck you* » (j'ai envie de te baiser). Mais moi, je l'ai vu faire pire.

J'habitais l'hôtel de La Rochefoucaud, rue du Bac, non loin de la rue de Verneuil, quand j'ai invité chez moi Sammy Davis Jr et son chef d'orchestre. Ils s'étaient produits au Théâtre des Champs-Élysées, où Sammy avait chanté pour l'association Perce-Neige. Je savais que c'était son anniversaire et je lui ai donc dit : « Sammy, j'ai la chance d'avoir un jardin à Paris. Si cela vous fait plaisir, je vous invite à la maison où vous pourrez convier votre orchestre, vos amis, qui vous voulez. »

Le jour venu, deux heures avant de recevoir Sammy Davis et ses invités, je suis allé au marché couvert, rue du Bac, pour acheter des fruits et des boissons. Quand on attend une vingtaine de personnes, il y a toujours de petites choses qui manquent à la dernière minute. J'avais invité Régine, le photographe Luc Fournol, Thierry Le Luron, qui rêvait de faire la connaissance de Sammy... Tout à coup, tandis que je faisais mon marché, j'ai entendu une voix appeler derrière moi : « Jean-Jacques ! Qu'est-ce que tu fous là ? » En me retournant, j'ai vu Serge, vêtu d'une chemise kaki avec des décorations à la Che Guevara et d'un jean, un cabas à la main. « J'attends Bambou, qui achète des fromages », m'a-t-il expliqué. Il adorait le fromage aux noix vendu dans une crémerie du marché. « Un fromage comme celui-là, c'est classieux ! Même le caviar, c'est moins bon. » Quand Bambou nous a rejoints, je leur ai proposé de venir dîner à la maison. J'ai acheté ce dont j'avais besoin, puis je suis rentré chez moi et j'ai dit à Chantal : « Ça va être formidable pour Sammy : je vais lui présenter Serge et Bambou. » Dans mon esprit, si deux artistes devaient se rencontrer, c'étaient bien ces deux-là.

Vers 20 heures, une Mercedes avec chauffeur s'est arrêtée devant notre grille. Sammy Davis en est descendu, habillé comme un prince : blazer bleu marine très foncé avec boutons en or, mocassins en cuir noir impeccablement cirés, gourmette en or, une cravate club... Il était très élégant ; comme quoi l'allure n'a rien à voir avec la beauté. Nous étions fin mai, il faisait très beau. Chantal avait dressé une table dans le jardin, et j'avais prévu de faire asseoir Serge et Sammy côte à côte. Martine et Patrick Guerrand-Hermès, Régine, Roger Thérond, Maritie et Gilbert Carpentier se trouvaient déjà là quand on a sonné à la grille ; c'était Serge, toujours en chemise Che Guevara, une bouteille de pastis sous le bras droit, Bambou à son autre bras. Il semblait avoir déjà pas mal arrosé la soirée. Ce soir-là, Bambou était particulièrement ravissante : elle portait une petite robe courte taillée dans un tissu très léger et fluide.

Serge a salué Régine : « Comment tu vas, ma poule ? » ; il a posé sa bouteille de pastis sur la table, puis je lui ai présenté Sammy Davis. Bambou était alors en train de parler avec Chantal. Serge l'a appelée ; quand elle s'est approchée, il l'a prise par le bras. « Retourne-toi ! » Bambou s'est exécutée. Serge a attrapé la main droite de Sammy, il a soulevé la petite robe de Bambou, et il a mis la main de Sammy Davis sur les fesses de Bambou. Sammy a immédiatement retiré sa main en criant « Fuck ! ». Il était outré, comme aurait pu l'être n'importe qui, mais tout particulièrement un Américain un peu puritain. Comme tout le monde, j'ai assisté à cela, médusé.

Sammy a ensuite attrapé Gainsbourg par le col de sa veste et l'a repoussé violemment. Serge est tombé à la renverse avec sa bouteille. On les a séparés. On a relevé Serge et Régine l'a emmené faire un tour dans le jardin... Bambou pleurait. Sammy Davis ne décolérait pas.

Nous sommes ensuite passés à table ; les invités se regardaient en silence, bien embêtés. Finalement, j'ai installé Serge à l'autre extrémité de la table.

Je bavardais avec Sammy, pour essayer de faire descendre un peu la tension. Puis Serge lui a adressé la parole. Sammy ne lui a pas répondu. Serge s'est alors mis à faire : « Bip bi bi bi bip, bip, tut, tut, tut, bip, bip, bi, bi, bip... J'entends dix sur dix ! » tout en mimant un extraterrestre. Sammy, qui avait un œil de verre et de surcroît un visage assez spécial, s'est encore une fois senti offensé. Il s'est levé de table et a déclaré en anglais qu'il reviendrait à table lorsque Serge n'y serait plus. Je l'ai suivi en expliquant que Serge avait trop bu, qu'il ne fallait pas lui en vouloir... Mais c'était peine perdue, et je comprenais bien que Sammy se soit fâché.

Heureusement pour moi et pour la soirée, Régine s'est alors dévouée. Elle a annoncé à la cantonade : « Serge est fatigué, vous le comprenez tous... Jean-Jacques, appelle-moi un taxi, je vais le ramener chez lui. » J'ai commandé un taxi, mais Serge refusait obstinément de rentrer chez lui. Régine lui a alors annoncé qu'elle l'emmenait faire un tour dans sa boîte et, pour mieux le convaincre, elle lui a expliqué : « Il n'y a que des cons, ici ! Personne ne peut te comprendre ! » Elle a ensuite pris Serge par un bras, tandis que Bambou lui tenait l'autre... Ils sont montés dans le taxi. Tout le monde a respiré. Après cela, nous avons fait de notre mieux pour fêter l'anniversaire de Sammy comme il se devait.

Quelque temps plus tard, Gainsbourg est revenu dîner chez moi. Ce soir-là, il n'y avait plus Sammy Davis et Serge a été charmant. Il a joué sur mon piano d'anciennes chansons qu'il avait composées à l'époque où je l'ai rencontré, à Montparnasse, au Colleg'In. Il ne s'est pas excusé de ce qui s'était passé avec Sammy Davis ; à mon avis, il ne s'en souvenait même pas. Du reste, il ne reparlait généralement pas de ce qu'il avait dit ou fait la veille. Il passait à autre chose. Nous avons rigolé toute la soirée, et ce devait être le dernier moment que j'ai passé avec lui.

Peu après, je suis allé dîner chez Françoise Gallimard, qui habitait rue de Verneuil. Quand je me suis garé, j'ai vu qu'il y avait de la lumière sous la porte de Serge. J'ai sonné chez lui pour lui dire un petit bonjour. Personne n'a répondu. Je n'ai pas insisté, sachant que quand un artiste travaille, ce n'est pas très délicat de passer sans prévenir. Chantal et moi, nous sommes montés directement chez Françoise.

Au milieu du repas, nous avons entendu les pompiers. Les fenêtres du salon donnaient sur la maison de Serge. Je suis allé à la fenêtre ; dans la rue, des gens commençaient à arriver en criant : « C'est Gainsbourg ! » Un pompier a cassé une fenêtre pour pouvoir entrer. Au bout d'un quart d'heure, il est ressorti. À partir de ce moment-là, dans la rue, des gens ont crié : « Gainsbourg est mort! Gainsbourg est mort! » Des filles sont arrivées, certaines se trouvaient mal devant sa porte. D'autres ont laissé des graffitis sur les murs de sa maison : « Adieu, Serge. » Et dans la nuit, au fur et à mesure que la nouvelle se répandait, tout Paris a défilé rue de Verneuil.

Le lendemain, je suis allé le voir une dernière fois au funérarium où on l'avait amené. Sa mort m'a évidemment fait beaucoup de peine. Une fois de plus, je savais que nous perdions un être irremplaçable. Avec ce qu'il avait de talentueux et de provocateur, Serge était un immense artiste.

38

En 2003, il m'est arrivé une mésaventure dont je ne suis pas très fier. On m'avait retiré mon permis pour conduite en état d'ivresse quelque temps auparavant. Or, un soir où je devais me rendre à la Maison de la Radio pour une émission, ne trouvant pas de taxi et habitant le 14e arrondissement, j'ai commencé à paniquer. Il fallait absolument que je me rende à cette émission et les minutes passaient à toute allure. C'est alors que, dans l'urgence, j'ai décidé de braver la loi et d'emprunter la voiture de Chantal, qui se trouvait au parking.

Je me suis rendu sans dommage à la Maison de la Radio ; j'ai garé à toute vitesse la voiture de Chantal devant des panneaux de travaux publics et je me suis dépêché de rejoindre Serge Levaillant et son émission *Sous les étoiles exactement*. L'émission s'est bien passée ; j'ai toujours trouvé intéressant de parler avec Serge. En sortant, je suis allé dîner à Denfert-Rochereau, à la brasserie Le Rendez-Vous. C'était le premier soir de canicule ; sur la place, des intermittents du spectacle manifestaient contre les changements apportés à leur statut. Je savais qu'en parallèle, leurs mouvements bloquaient les festivals d'été. À la brasserie, des jeunes se sont rapprochés de moi et m'ont demandé ce que je pensais de leur mouvement. J'ai commencé à leur dire que je me mettais à leur place, mais que ce n'était pas en interdisant le Festival d'Avignon qu'ils allaient se faire comprendre. Je les sentais sincères et perdus devant tous leurs problèmes de survie et de logement. J'ai commandé des œufs sur le plat et un petit verre de brouilly frais ; ne pouvant pas boire tout seul, j'ai demandé au garçon d'apporter deux bouteilles du même cru aux jeunes intermittents assis à la table voisine, avec qui j'ai continué à bavarder agréablement. Nous avons ainsi échangé des idées pendant un bon moment. Puis, dans la chaleur de la nuit, j'ai réalisé que la voiture de Chantal ne pouvait pas rester garée devant des panneaux de travaux publics.

Le petit jour se levait quand j'ai retrouvé la voiture. Je suis reparti en direction de la maison. Il faisait une canicule encore plus terrible que durant la nuit. Je ne roulais pas vite car je n'ai jamais aimé la vitesse. Pourtant, à un moment donné, j'ai heurté légèrement l'arrière d'un car de police qui redémarrait à un feu rouge. Plusieurs agents de police en sont sortis, dont une femme qui m'a dit d'un ton menaçant qu'elle allait m'emmener au poste. Un autre gardien a essayé d'arranger les choses, mais cette femme était très remontée contre moi ; elle m'a passé les menottes en hurlant, au point que, dans la rue, les rares personnes qui passaient se retournaient sur moi. Je suis monté dans le car de police et on m'a emmené au commissariat du 13e arrondissement. Là, on m'a enfermé dans une cellule avec un médecin qui venait de se faire arrêter pour avoir brûlé un feu rouge. Puis, au bout de trois heures, on m'a déféré quai de l'Horloge, à la Conciergerie, après m'avoir confisqué ma montre et ma monnaie. On m'avait fait mettre entièrement nu, dans une pièce éclairée par des néons d'une blancheur terrible. On a pris ma tension : j'avais 9. Une infirmière m'a fait une piqûre et on m'a fait entrer dans une petite cellule étroite ; là, j'ai dû m'allonger sur une planche. Il y avait un jeune Malien couché au-dessus de moi. Ce pauvre garçon était très nerveux. Il m'a raconté qu'il avait volé un coffre-fort qu'il avait ramené chez lui, à la Plaine-Saint-Denis. À l'arrivée d'une voiture de police en bas de son immeuble, il avait eu peur de se faire prendre. Avec l'aide d'un drap, il avait soulevé le petit coffre-fort jusqu'à la fenêtre et l'avait jeté, espérant ne pas se faire prendre. Manque de chance : le petit coffre était tombé sur le toit de la voiture de police. Je lui ai demandé ce que le coffre renfermait : « Surtout des Chèque-Restaurant », m'a-t-il répondu.

Je commençais à me sentir très mal et je me suis évanoui. Mon compagnon a appuyé sur la sonnette d'alarme ; une infirmière est venue me donner un verre d'eau et un cachet. Je ne me rappelle pas très bien ce qui est arrivé ensuite. J'ai commencé à prendre conscience de ce qui m'arrivait. Je pensais à Chantal qui était en tournée, à mes petits-enfants, à ma mère qui est âgée... Je voyais le pire arriver quand la porte s'est ouverte. Un homme nous a donné une pomme et un morceau de pain rassis, immangeable, puis un verre d'eau.

Je suis resté plusieurs heures allongé sur la planche, les yeux fermés. J'entendais les cris de certains hommes incarcérés, les coups de poing et de pied que d'autres donnaient dans la porte de leur cellule. Un policier m'a annoncé la visite de mon avocate pour l'après-midi, juste avant ma comparution immédiate. Quand je suis retourné dans ma cellule, le jeune Malien avait eu mal au ventre. Il avait fait partout sous lui et cela tombait sur ma planche. Mon cauchemar continuait.

Vers 16 heures, on m'a donné l'ordre de me préparer à être présenté au juge d'instruction. Celui-ci m'a dit que j'avais commis un délit grave en conduisant malgré ma suspension de permis, et en état d'ébriété de surcroît ; j'encourais trois mois de prison ferme. Je devais comparaître devant la cour vers 17 heures. Mon avocate n'était pas très optimiste, car le juge d'instruction lui avait laissé entendre que je partirais pour une prison en fonction des places disponibles.

La canicule battait toujours son plein. J'avais soif, comme mes camarades, et, pour boire, il fallait faire la queue devant un petit robinet. Au fond du lavabo se trouvait une flaque de vomi.

Le procès en comparution immédiate a eu lieu. Le procureur a demandé pour moi une peine maximale avec annulation définitive de mon permis de conduire, trois mois de prison ferme et mon emprisonnement dès la fin de l'audience. Puis il a demandé qu'on me place en garde à vue, ce qui, à mon avis, était déjà fait depuis la veille. Après les délibérations de la cour, on m'a en effet signifié mon incarcération immédiate. J'ai compris qu'il allait falloir que je m'habitue à ces grandes vacances un peu étranges que je venais d'entamer.

Le départ du quai de l'Horloge a été très dur : les prisonniers dont je faisais partie étaient entassés comme dans une boîte de sardines derrière d'épais grillages. Le gros car bleu reculait, avançait, donnait des coups de frein très secs qui nous faisaient nous cogner les uns contre les autres et perdre l'équilibre. J'avais mal au cœur et la chaleur de la fin de journée était accablante. Nous sommes d'abord allés à Fresnes, puis à Fleury-Mérogis et enfin le car m'a conduit à la prison de la Santé. J'y suis arrivé, toujours menotté. On m'a fait me déshabiller à nouveau et on a cherché sur moi si je cachais quelque chose. J'ai donné ma montre, ma ceinture, défait mes lacets de chaussures. On m'a aussi demandé si je portais une décoration, j'ai répondu que je ne la portais pas sur moi mais que j'avais la médaille des Arts et des Lettres ; l'instructeur carcéral m'a alors appris qu'elle était automatiquement suspendue. À vrai dire, je n'étais jamais allé la racheter après l'avoir donnée à Allan Gershwin. Je n'étais donc pas trop attristé de la savoir suspendue.

On m'a donné une feuille pour noter ce dont j'avais besoin. J'ai donc inscrit : une serviette de toilette, un savon, un dentifrice, une brosse à dents et un peigne. Le peigne était interdit. Peu importait : je n'allais pas entrer en scène. On m'a donné un sandwich au jambon avec une tasse de café et on m'a appris que je serais placé au deuxième étage, qui constituait le quartier VIP de la prison. Un gardien m'a amené dans le bureau du directeur, qui m'a accueilli aimablement : « Vous serez seul dans votre cellule. Vous pourrez sortir dans la cour une fois le matin et une fois l'après-midi. À 17 heures, vous retournerez dans votre cellule où le repas vous sera servi. Un gardien allumera toutes les heures votre cellule et entrera pour voir si vous ne faites pas de tentative de suicide. Vous savez, je ne vous ai pas placé n'importe où. Dernièrement, cette cellule fut occupée par Maurice Papon. » J'ai alors demandé des cartons afin de les disposer partout sur le lit : je ne voulais pas être en contact avec les endroits qu'avait touchés Maurice Papon. J'ai aussi demandé si je pouvais avoir du papier pour écrire un mot à Chantal. Le directeur m'a tendu un crayon et un cahier d'écolier, et m'a suggéré de donner quelques euros pour faire marcher une petite télévision noire qui me tiendrait au courant de ce qui se passait à l'extérieur.

À peine arrivé dans ma cellule, j'ai commencé à écrire à Chantal. J'ai rédigé une petite lettre dans laquelle je lui expliquais que j'avais fait une bêtise en prenant sa voiture. Je lui disais aussi de ne pas venir me voir. Je savais que, devant la Santé, il y a toujours des photographes et je ne voulais pas attiser le scandale. *France Dimanche* et *Ici Paris* la montraient déjà en première page : « Chantal Goya inquiète : son mari est incarcéré à la Santé ». Je trouvais que ce n'était pas la peine d'en rajouter. Je lui ai donc écrit le début d'une chanson :

Ne viens pas me voir à la Santé,
Je reprendrai courage, sois rassurée.
J'assumerai ma peine, incarcéré,
Et je pense à tous ceux qui sont enfermés.
Tout est de ma faute si je suis écroué.
Les hauts murs, la grande porte de fer et les papiers.
Tu auras trop de peine pour me parler,
Ne viens pas me voir à la Santé.

À dire vrai, je n'avais pourtant pas du tout le moral ; je ne pouvais pas me faire à l'idée de me retrouver dans la cellule d'un personnage sans pitié. Tout à coup, le gardien est entré ; il portait une soupe chinoise qu'il m'a donnée. « C'est de la part de votre voisin », m'a-t-il dit. Mon voisin de cellule était Alfred Sirven, que j'avais connu bien des années auparavant, par l'intermédiaire de mon ami Léo Guido ; Sirven travaillait alors avec son père, qui possédait les Messageries maritimes.

Je lui ai demandé comment Sirven pouvait savoir que je me trouvais incarcéré à côté de lui : « Ici, tout le monde sait qui est là », m'a-t-il répondu. Je l'ai chargé de remercier Sirven, et de lui dire que grâce à lui et à sa soupe chinoise, cet étage méritait de s'appeler le Plaza Atténué.

Il était minuit. Je pensais au travail que je n'allais pas pouvoir accomplir – sans mon piano, je ne pouvais plus rien faire ; aux galas que mon producteur allait être obligé d'annuler. J'envisageais d'envoyer quelques lettres d'excuse aux gens qui m'avaient fait confiance. Mais, tout doucement, je me faisais à ma nouvelle situation de prisonnier.

La première lettre qui est arrivée pour moi, le lendemain matin, a été celle de Sylvie Vartan. Elle l'avait carrément envoyée au directeur, sur son adresse mail personnelle. On me l'a transmise presque aussitôt. J'étais surpris car il y avait bien longtemps que je n'avais pas eu de ses nouvelles. Puis j'ai reçu des messages de Carlos et Mimie, Vonny et Jean Becker, et d'autres amis proches. L'avocat Thierry Herzog m'a envoyé une vingtaine d'enveloppes timbrées, avec des feuilles de papier à l'intérieur et un mot de réconfort : « Tu verras, à force d'écrire, on finit par tout oublier. » J'ai reçu cela avec beaucoup de joie. Puis, au bout de quelques jours, au fur et à mesure que la nouvelle de mon incarcération était diffusée, j'ai reçu un courrier énorme qui venait de partout. Le policier chargé de me l'apporter tous les matins me disait : « Tenez, monsieur Debout, toute la terre vous écrit. » Cela me redonnait du courage, bien évidemment.

Au bout de quelques semaines, mon avocate m'a appris que, compte tenu de mon bon comportement, le juge d'application des peines allait peut-être me faire sortir de façon anticipée, avec un bracelet électronique, une dizaine de jours plus tard. De fait, le moment venu, ce juge d'application a demandé ma relaxation sous contrôle. Ce jour-là, le directeur est venu lui-même dans ma cellule pour m'annoncer que dans une heure je serais libre de rentrer chez moi.

« Vous savez, monsieur Debout, on va s'ennuyer de vous », m'a-t-il déclaré gentiment. Il faut dire que tous les soirs, vers 1 heure du matin, des prisonniers se mettaient aux fenêtres dans le bâtiment en face du mien. Ils criaient : « Debout ! Montre-toi ! » et ils me chantaient avec l'accent arabe *Bécassine, c'est ma cousine*... Un jeune détenu maghrébin qui avait une voix formidable avait composé des paroles en arabe sur cette chanson... Il la chantait à la façon arabe ; puis tous les autres se mettaient aux fenêtres et reprenaient le refrain, entraînés par lui. Ensuite, il chantait *C'est Guignol*, *Capitaine Flam*... tout un répertoire qui variait selon les soirs.

D'une manière générale, je m'étais somme toute bien habitué à ma vie de détenu. Tout le monde était très gentil avec moi. Je pouvais lire sans être dérangé par la sonnerie de mon portable ; j'avais fini par bien me reposer dans cette prison de la Santé. Et comme je n'ai pas eu le temps de dire au revoir à tous les gens que j'avais connus là-bas, je leur ai écrit par la suite pour les saluer et leur souhaiter bon courage.

Épilogue

Malgré les prédictions funestes, Chantal a toujours continué à chanter, même si ses spectacles se sont faits à partir de 1985 à une échelle plus modeste. À l'heure actuelle, les enfants qui venaient la voir à ses débuts sont devenus adultes ; à leur tour, ils emmènent leurs enfants au spectacle pour leur faire découvrir les chansons de Chantal Goya.

Récemment, elle a fêté ses trente ans de scène, avec le spectacle *Happy Birthday Marie-Rose* que je lui ai écrit. Avec ce spectacle, elle a fait tous les Zénith de France. La tournée n'est pas finie : Chantal passera bientôt au Palais des Congrès, avant de repartir en tournée à l'étranger. Elle est attendue au Liban, en Espagne, en Allemagne, au Japon... On n'a pas réussi à la détruire.

De mon côté, j'ai continué à chanter, mais aussi à écrire et à composer. En 1996, incité en cela par mon producteur Daniel Apache, j'ai fêté mes cinquante ans au Palais des Congrès, à Paris, accompagné par quarante musiciens. À la dernière répétition, j'ai demandé à l'orchestre s'ils pouvaient répéter *La Mer*, de Charles Trenet, que j'ai toujours aimé chanter. Je savais que Charles n'aimait pas monter sur scène de façon improvisée. Après avoir fini mon tour de chant, je l'ai donc appelé pour lui dire que j'avais très envie de chanter en duo avec lui. Je lui ai demandé de me faire ce cadeau d'anniversaire, lui que je connaissais depuis plus de cinquante ans ! Beaucoup de gens, dont son chef d'orchestre, avec qui je répétais, m'avaient mis en garde : « Ça m'étonnerait qu'il accepte... »

Le soir du gala, je me suis adressé au public, à qui j'ai dit : « Ce soir, nous avons le plaisir de compter parmi nous le Roi-Soleil de la chanson française, et nous serions tous très heureux si ce grand souverain acceptait de monter sur scène pour chanter *La Mer* avec moi. » Dans la salle, tout le monde s'est levé afin de deviner où était assis Charles et s'il allait se lever. Mais Charles était déjà en train de fendre la foule pour me rejoindre sur scène. Nous avons chanté *La Mer* ensemble, et toute la salle chantait avec nous. « Il ne l'aurait fait pour personne d'autre », m'ont dit par la suite certains de ses proches. Le lendemain, le fou chantant m'a envoyé une lettre très touchante. « J'ai encore dans le cœur cette soirée en cavalcade de chansons, nos mains électrisées par ton triomphe, les lumières, le micro sans fil, le mariage de nos voix, dispensé de fiançailles, mais pas de filles en salle hurlantes de bonheur en cette heure tardive. » La lettre m'était adressée à mon domicile – j'habitais alors dans les Yvelines, une bourgade du nom de Fourqueux. La missive de Charles se concluait sur ces mots : « Il ne reste plus que nous deux. Pourquoi ? Parce que nous faisons moins de fours qu'eux ! »

J'espère qu'un enregistrement de ce duo cher à mon cœur sortira prochainement sur un de mes disques.

Avec un grand nombre d'artistes, plus récemment, j'ai fait la tournée *Âge tendre et Têtes de bois*, au cours de laquelle j'ai chanté dans tous les Zénith de France. Je continue de composer et d'écrire pour les uns et les autres...

Je travaille actuellement à adapter plusieurs comédies musicales, parmi lesquelles *Sans famille*, d'après Hector Malot, et *Claudine à Paris,* l'un des romans de Colette. Willy, l'amant de Colette, l'avait adapté pour en faire une pièce de théâtre... en oubliant de mentionner le nom de Colette. C'est ma grand-mère qui, en tant que présidente de la Société des gens de lettres, en avait averti l'écrivain ; celle-ci avait alors pris la décision de se séparer de Willy.

En travaillant sur cette œuvre à laquelle l'histoire de ma grand-mère est rattachée, en adaptant ce beau roman pour le music-hall, je renoue une fois de plus avec l'univers de mon enfance et avec celles et ceux qui ont si souvent nourri mon inspiration. Me voici une fois encore au travail, avec de l'énergie et l'envie d'écrire de belles chansons qui fassent rêver le public...

Et puis je termine les chansons de *Gigola*, le film de Laure Charpentier, qu'elle a adapté avec Denise Petitdidier, et songe à remonter *L'Etrange Histoire du château hanté* avec Chantal, après avoir fêté sur la scène d'un grand music-hall mes cinquante années de chanson.

Je n'ai pas dit mon dernier mot.

Remerciements

Je dédie ce récit de ma vie à ma maman, Juliette Bonaventure, qui va vers ses cent trois printemps ; à Chantal avec qui je vis depuis quarante-deux ans, avec qui j'ai eu la chance de me marier et qui fut le témoin des joies mais aussi des peines de ma vie ; à mes enfants, Jean-Paul et Clarisse ; à mes grands-mères, Clarisse Loyot-Debout et Henriette Coudray ; à mes deux sœurs, Paule Métois et Claudie Verdier ; à mes petits-enfants, Samantha, Sanjay, Alexandre et Noé ; à Jean Debout, à mes neveux et nièces, et aussi à tous ceux que j'aime, comme mon petit Jacky et son papa Pierrot.

Je tiens à remercier Denis Taranto pour sa belle patience, mais aussi et surtout mon éditeur Bernard Fixot, dont la ténacité a permis à ce livre de voir un jour le jour après tant d'années.

Merci à Jean-Yves Douzouer, Françoise Casamatta et Caroline Ferreux.

Merci à Marianne Jaeglé.

Que certains me pardonnent si j'ai oublié de les citer.

Sainte-Clarisse, le 12 août 2009

Discographie sélective

Jean-Jacques Debout
Les Boutons dorés, Vogue, 1959
Midi, Midinette, Vogue, 1961
La Voix qui change, Vogue, 1962
Les feux rouges, Vogue, 1963
J'embrasse les filles, Vogue, 1963
Quand tu t'en vas, Barclay, 1963
Nos doigts se sont croisés, Vogue, 1964
Les cloches d'Écosse, Vogue, 1965
Préviens les amis, préviens les copains, Vogue, 1965
L'Étranger, Vogue, 1965
Cendrillon, Vogue, 1965
Mon capitaine, Vogue, 1966
Les Anges noirs
Galaxie, Vogue, 1968
Où es-tu ma Colombine
Un mot, CBS, 1971
Antequilla, CBS, 1971
Églantine (B.O.F. « Films) Barclay, 1972
Seul, RCA Victor, 1973
Redeviens Virginie, RCA Victor/RCA, 1973
Alleluia, CBS, 1974
Elle a les plus beaux yeux du monde, RCA, 1974
Le Père Noël est un metteur en scène, RCA Victor, 1974
Horsanna, RCA, 1975
Si tu reviens, viens, RCA
La case créole, RCA Victor, 1977
Éva, Tréma, 1978
Je t'aimerai comme le Grand Meaulnes, Tréma, 1978
Les rues de Paris, Tréma, 1979
Je l'ai suivie, RCA/Ariola, 1986

Chantal Goya
Adieu Les jolis foulaards, RCA Victor, 1975
Notre chanson d'amour, RCA, 1976
Mon ami le pélican, RCA, 1979
Chante avec Chantal Goya vol.2, RCA, 1979 (?)
Si tu gagnes au flipper, RCA Victor, 1965
D'abord dis-moi ton nom, RCA Victor, 1966
Chante avec Chantal Goya, RCA Victor, 1977
Le Coucou, RCA Victor, 1981
Mecky le hérisson, RCA, 1984
Pandi-Panda, RCA, 1984
Les champignoux, 1986
Pierrot Gourmand / Maman chanson, RCA Victor, 1983
La danse de Piou Piou, petit poussin, RCA Victor, 1983
Chante avec Chantal Goya vol.4, RCA, 1983
ABCD
Babar-Babar
C'est Guignol
La Leçon de musique

Anne-Marie Michel
Le mal d'aimer, Barclay, 1966

Christophe
Excusez-moi Mr le Professeur, Disc'AZ, 1966

Marie Laforêt
La voix du silence, Festival, 1966

Dalida
Comme disait Mistinguett, 1979
Bye, bye, 1982
Pour toi Louis, 1982

Demis Roussos
Sarah

Ginette Reno
Partir, 1986

Patricia
On n'oublie pas ça

Georgette Lemaire
Ton amour est partout, Philips, 1967
C'est trop facile monsieur, 1967

Vous étiez belle Madame, 1968
Si Dieu nous prête chance, 1969

Chantal KELLY
La fille aux pieds nus, Philips, 1967

Paul MAURIAT
Love is blue, Philips, 1967

Robert BAIRRAY
Sylvie, Welp, 1967

Mireille DARC
Ah! les hommes, Philips, 1968

Michel DELPECH
Poupée cassée, Barclay, 1968

Charlotte LESLIE
Sur la montagne, Barclay, 1968

Natacha
Poppy le clown, Disc'AZ, 1968

Bernard Laféraud
Un peu de toi, un peu de moi, Vogue, 1968

Dick RIVERS
Éléna
Il y a tout juste un an, 1969

Richard ANTHONY
Petite Anglaise, 1967
Je n'aime pas le bruit, Columbia, 1968

BARBARA (intègre en 1970 à son répertoire)
Hop là
Le Zinzin

Yves MONTAND
Madrid, 1968

DANI
Darling Dollar, 1968
Comme tu les aimes, Pathé/EMI, 1968
Papa vient d'épouser la bonne, 1969
Elle récitait sa prière, Pathé/Emi, 1969

Yvette Horner
J'ai tant de rêves dans mes bagages, Pathé/Emi, 1968

André Verchuren
Casatschok, Festival, 1969

Sylvie Vartan
Comme un garçon, 1968
On a toutes besoin d'un homme, RCA Victor, 1969
C'est un jour à rester couché, RCA Victor, 1969
Baby Capone, RCA Victor, 1968/9
Mon père, RCA, 1972
Riche, RCA, 1972
Tout au fond des tiroirs (avec Fernand Sardou), RCA, 1975
Je vis en illustré, RCA, 1976
Tous mes copains
Dilindam
Je chante pour Swany

Johnny Hallyday
Deux amis pour un amour, Philips, 1970
Hallyday story 20 « Ceux que l'amour a blessés », Philips, 1974

Rika Zaraï
Trois perles de pluie, 1969
On change tout, 1973

Jean-Pierre Cassel
En souvenir des souvenirs, Cathala
On s'accorde et on..., Cathala
À pied dans mes souliers, Cathala

Sophie Darel et Jacques Dutronc
Quand un garçon, Vogue, 1972

Joël Prévost
Amélie Granville, CBS, 1973

Thierry Le Luron
La leçon de musique, Lederman/Pathé, 1974

Bruno
Mon p'tit costume marin, RCA, 1985

Didier et Daniel Cauchy
La communication, Barclay/Pathé-Marconi/Dyna Melody, 1986

Ophélie Winter
Poil de carotte, Baby records/Polydor, 1987

Poppy
Le cheval blanc, Disques déesse/CBS, 1988
Tes yeux noirs, maman, Disques déesse, 1989

Les DS 21
Les années femmes, Zone Music/BMG, 1990

TV
Capitaine Flam, Charles Talar Records/Narcissex4, 1980
Judo boy, Polydor, 1983
Les Mondes engloutis, Carrère, 1985

Quelques spectacles
1968 : *Du bleu, du blanc, du rouge* (La Revue de Roland Petit au Casino de Paris)
1971 : *Double V* (théâtre du Châtelet)
1979 : *La Forêt magique* (Olympia)
1980 : *Le Soulier qui vole* (palais des Congrès de Paris)
1982 : *La Planète merveilleuse* (palais des Congrès de Paris)
1984-1986 : *Le Mystérieux Voyage de Marie-Rose* (palais des Congrès de Paris)
1988 : *La Légende de Saint-Loup* (château de Saint-Loup sur Thouet)
1989 : *L'Étrange Histoire du château hanté* (palais des Congrès de Paris)
1992 : *Paul et Virginie* (comédie musicale, Théâtre de Paris)
1997 : *Le Grenier aux trésors* (Casino de Paris)
2006-2007 : Jean-Jacques Debout dans la tournée *Âge tendre et tête de bois*, tournée des Zénith dans toute la France.
2008-2009 : *Happy Birthday Marie-Rose* (30 ans de scène de Chantal Goya, tournée des Zénith de France)

Bandes originales de films
1963 : *D'où viens-tu Johnny ?*
1966 : *Masculin, féminin*
1971 : *L'Amour c'est gai, l'amour c'est triste*
1979 : *Le Temps des vacances*
1983 : *Les parents ne sont pas simples cette année*
2001 : *Absolument fabuleux*
2004 : *Michel Strogoff*

Génériques de séries ou téléfilms
1972 : *Églantine*
Les Malheurs de Sophie
1975 : *Les noces de porcelaine*, Galloway records
1978 : *Les Quatre filles du docteur March*
1980 : *Les Misérables*
1984 : *Les Trois Mousquetaires*
Les Parents ne sont pas simples cette année !, B.O.F. « Films », AZ
1987 : *David le Gnome*
1998 : *Michel Strogoff*
2001 : *Conan, le fils du futur*
2009 : générique pour la chaîne Playhouse Disney avec *Allons chanter avec Mickey*

Index

Crédits photographiques

Cahier de 8 pages :

Pages 1 à 5 :
Collection personnelle Jean-Jacques Debout

Page 6 :
— sur scène et avec Patachou : collection personnelle Jean-Jacques Debout
— Avec Jacqueline Joubert : INA

Page 7 :
— Cocteau et M. Dietrich : RUE DES ARCHIVES
— Avec Marlène fumant : collection personnelle Jean-Jacques Debout
— Avec Marlène à table : AZOULAY / PARIS MATCH / SCOOP

Page 8 :
Collection personnelle Jean-Jacques Debout

Cahier de 16 pages :

Page 1 :
— Avec Vartan : DALMAS /SIPA
— Pochette de disque : collection personnelle Jean-Jacques Debout
— Avec Johnny : BOTTI / STILLS

Page 2 :
— Avec Barclay et Aznavour : RUE DES ARCHIVES
— Avec Olivier Despax : collection personnelle Jean-Jacques Debout
— Léo Ferré : RUE DES ARCHIVES

Page 3 :
Collection personnelle Jean-Jacques Debout

Page 4-5 :
Salut les Copains : JEAN-MARIE PERIER / PHOTO 12.COM

Page 6 :
— Chantal et Gainsbourg : KEYSTONE

Page 7 :
— Avec Dalida : ROGER VIOLLET
— Avec F. Hardy : DALMAS / SIPA
— Avec Charles Trenet : DALMAS / SIPA

Page 8 :
— Chantal et bébé, Jean-Jacques au piano : ROGER VIOLLET
— Avec Alain Delon : ANGELI

Page 9 :
— Colonne Morris : ROGER VIOLLET
— Avec Zizi Jeanmaire, YSL, etc. : JEAN-PIERRE FIZET / ANGELI

Page 10 :
— Avec Johnny dans la salle : LECOEUVRE PHOTOTHÈQUE
— Télégramme : collection personnelle Jean-Jacques Debout
— Avec J. C. Brialy : ANGELI

Page 11 :
— Chantal et enfants, les 2 enfants seuls : collection personnelle Jean-Jacques Debout
— Avec Chantal dans la piscine : DANIEL ANGELI / ANGELI

Page 12 :
— Avec Carlos : JEAN-PIERRE LETEUIL / INA
— Avec Chantal et Maritie Carpentier : URLI / STILLS / GAMMA
— Avec Brialy « Les Malheurs de Sophie » : PICOT / STILLS

Page 13 :
— Chantal en spectacle : collection personnelle Jean-Jacques Debout

Page 14 :
— Avec Thierry Le Luron : LIDO / SIPA
— Avec C. Trenet : ANDANSON / CORBIS / SYGMA
— Avec Mireille : ANDANSON / CORBIS / SYGMA

Ma vie à dormir debout

Pages 15 et 16 :
Collection personnelle Jean-Jacques Debout

Les ayant-droits de certaines des photos n'ont pu être identifiés, qu'ils soient assurés que leurs droits sont préservés et se mettent en contact avec nos services.

Cet ouvrage a été composé et imprimé par

CPI
Firmin Didot

Mesnil-sur-l'Estrée

pour le compte de XO Éditions
en octobre 2009

Imprimé en France
Dépôt légal : octobre 2009
N° d'édition : 1579/01 – N° d'impression : 96824